Daniel Luz & Mayara Baeza

DISC
de A a Z

Literare Books
INTERNATIONAL
BRASIL · EUROPA · USA · JAPÃO

Presidente do conselho:
Maurício Sita

Presidente:
Alessandra Ksenhuck

Vice-presidentes:
Cláudia Pires e Julyana Rosa

Diretora de projetos:
Gleide Santos

Editor:
Helder Novaes

Assistentes editoriais:
Emerson Xavier e Júlia Almeida

Capa:
Candido Ferreira

Projeto gráfico e diagramação:
Gabriel Uchima

Revisão:
Luísa Bérgami e Jayne Oliveira

Impressão:
Printi

Dados Internacionais de Catalogação na Publicação (CIP)
(Câmara Brasileira do Livro, SP, Brasil)

Luz, Daniel
DISC de A a Z / Daniel Luz & Mayara Baeza. -- São Paulo : Literare Books International, 2025.

ISBN 978-85-9455-319-5

1. Análise comportamental 2. Carreira profissional - Desenvolvimento 3. Psicologia comportamental I. Baeza, Mayara. II. Título.

24-239437 CDD-150.1943

Índices para catálogo sistemático:

1. Análise comportamental : Psicologia 150.1943

Eliete Marques da Silva - Bibliotecária - CRB-8/9380

Literare Books International.
Alameda dos Guatás, 102 – Saúde – São Paulo, SP.
CEP 04053-040
Fone: +55 (0**11) 2659-0968
site: www.literarebooks.com.br
e-mail: literare@literarebooks.com.br

MISTO
Papel | Apoiando o manejo florestal responsável
FSC® C196274

Daniel Luz & Mayara Baeza

DISC

de A a Z

Palavras dos autores: nossa missão com este conteúdo

Acreditamos ser fundamental que as pessoas que desejam utilizar a metodologia DISC saibam, de fato, como ela funciona. Infelizmente, há uma proliferação de cursos e publicações sem profundidade sobre a metodologia DISC, e gostaríamos de fazer uma distinção clara. Muitas vezes, ela é usada de forma muito restrita ou parece estimular o "pensamento de caixa" ou rotular pessoas. Nada poderia estar mais longe da verdade! Estamos empenhados em dar à metodologia DISC o lugar que ela merece.

Em nosso conteúdo *DISC de A a Z*, você também receberá uma explicação completa sobre as bases da metodologia DISC, com a qual será perfeitamente capaz de caracterizar o comportamento preferencial e, assim, entender como pode descrever seu colega, funcionário, gerente, parceiro ou amigo, e se conectar melhor com eles. Todos nós temos pessoas em nosso ambiente com quem nos conectamos bem ou não. Com esta leitura, você será capaz de entender por que isso acontece e, principalmente, o que pode fazer ativamente para elevar essa conexão/comunicação a um nível superior ou melhorá-la.

DISC de A a Z nos dá a oportunidade de chamar ainda mais atenção para a metodologia DISC de uma maneira boa, evidenciando a todos o potencial de sua utilização e provando que ela simplesmente funciona!

Considerações iniciais

Agradecemos a você, leitor, pela aquisição desta publicação. Desejamos sinceramente que atenda às suas expectativas. Colocamos muito trabalho duro nisso e esperamos que você esteja suficientemente receptivo para obter uma nova perspectiva sobre as pessoas. Produzimos este conteúdo porque temos um imenso fascínio pelo comportamento humano e queremos ajudar as pessoas a entenderem a si mesmas e aos outros.

O que estamos prestes a compartilhar com você não é novo. Foi desenvolvido pela primeira vez por William Moulton Marston, que viveu há cem anos, e desde então as pessoas têm trabalhado com suas ideias. A metodologia DISC foi apresentada a cada um de nós em tempos e circunstâncias diferentes, e, a partir daí, não paramos de pensar nela e nem de usá-la na vida pessoal e profissional. Nosso objetivo nesta formação é ajudá-lo(a) a entender melhor as pessoas e a interagir com elas mais facilmente. Este conteúdo foi elaborado não apenas para entender os outros, mas também para fornecer estratégias-chave para ajudá-lo(a) a mudar nas áreas que podem dificultar o seu trato.

Existem muitos testes de personalidade por aí que as pessoas fazem e obtêm ótimos resultados. No entanto, fazer o mesmo teste duas vezes provavelmente fornecerá um resultado diferente. Nossa experiência mostra que as pessoas mudam com o tempo e, dependendo de seu humor, reagem de maneira diferente. Então, em vez de classificar uma pessoa em uma caixa ou com um rótulo, nós teorizamos que, se entendermos como as pessoas funcionam em termos de tendências comportamentais, podemos ajustar nossos comportamentos, forma de comunicação e liderança em tempo real.

Dito isso, é possível calcular aproximadamente como uma pessoa é por meio da observação durante um período de tempo. Com a prática e o estudo dos perfis, é possível fazer uma leitura e saber com que tipo de pessoa você está lidando. Os testes oferecem um tipo diferente de análise porque tentam definir exatamente que tipo de pessoa você é. Isso não ajuda em nada, porque o humor pode alterar as reações em várias situações. Se você está fazendo um teste e, enquanto faz isso, se sente deprimido, pode ter um resultado muito diferente se fizer novamente quando estiver dominado pela emoção.

Vivendo um dia de cada vez e observando as pessoas, podemos interagir e entender por que elas fazem o que fazem. Não basta saber que tipo de perfil comportamental alguém tem e esperar que ela faça exatamente o que você acha que deveria. As pessoas não são robôs e todos são únicos.

Antes de você dizer "mas ei, eu pensei que todo mundo fosse um indivíduo", deixe-nos explicar... Existe um padrão geral de comportamento nas personalidades. As pessoas reagem instintivamente quase em um nível inconsciente. Com o tempo, Marston (e outros) perceberam que nós, humanos, nos comportamos de certa maneira na maior parte do tempo. A diferença é que crescemos e amadurecemos, e nos ensinamos a nos comportar adequadamente. Isso é apenas a vida. A análise do comportamento é mais arte do que ciência. Portanto, encontre um lugar tranquilo para ler este conteúdo e junte-se a nós enquanto descobrimos os padrões de comportamento de seus amigos e de você mesmo.

SUMÁRIO

O DISC na prática 49

Apêndice: 15 combinações comportamentais (estilos) mais comuns no ambiente de trabalho moderno 307

12 coisas que todo gestor deve saber sobre o DISC

O DISC é um dos instrumentos mais usados e populares do planeta para identificar tendências de comportamento ou estilos de trabalho de candidatos ou funcionários. No entanto, como acontece com frequência com modelos, livros e pessoas de sucesso, ele atrai evangelistas dedicados e opositores apaixonados. Dedicamos este capítulo do livro para esclarecer o que o DISC é e o que **não é.**

1. DISC descreve quatro estilos de comportamento humano

É um modelo muito prático e simples. Apesar de toda a comoção, o DISC é baseado em apenas duas escalas de comportamento – orientação para tarefas/pessoas e tendência para dizer/perguntar (ou, se preferir, direto/indireto). A interseção dessas duas escalas produz os quatro estilos de atuação: Dominante, Influente, Estável e Conforme. Embora o DISC seja um primeiro passo para identificar tendências no comportamento humano, dificilmente é o microscópio do comportamento humano, especialmente quando se trata de adequação ao trabalho, como muitas pessoas promovem.

2. O DISC é tão antigo quanto os antigos gregos

Sim, está correto. Não é uma novidade criada recentemente por psicólogos ou consultores de empresas e indústrias. O modelo DISC foi proposto pela primeira vez por ninguém menos que Hipócrates, o pai da medicina moderna, no século 4 a.C. Ele acreditava que o corpo continha quatro fluidos que afetavam o humor de uma pessoa e, portanto, eram responsáveis por diferentes tipos de comportamento. Hipócrates foi o primeiro a descrever o comportamento de forma sistemática. Felizmente, o perfil moderno não depende da medição da quantidade de sangue, bile e fleuma em uma pessoa para determinar seu estilo, mas as ideias por trás disso podem ser rastreadas até as teorias de Hipócrates.

3. DISC é uma linguagem observável

Apesar da crença popular de que o DISC pode revelar os segredos mais profundos e obscuros de um indivíduo, isso não é verdade. Para identificar o estilo comportamental DISC de alguém, basta observar e ouvir. Cada um de nós tem um estilo preferido que pode ser claramente descrito por meio de uma linguagem corporal e de um tom característicos. Alguns estilos falam alto, outros suavemente. Alguns falam rápido, outros devagar. Alguns se comunicam com movimentos distintos e expressivos, enquanto outros são sutis e reservados. Até as palavras que as pessoas usam revelam seu estilo de comportamento. Como o DISC pode ser observado, outros podem ser ensinados a ler o estilo DISC de outra pessoa e adaptar sua comunicação de acordo para serem ouvidos e confiáveis.

4. DISC é uma linguagem neutra – sem estilo bom, ruim, melhor ou pior

Outro mito associado ao DISC é que alguns estilos são melhores que outros. Isso é completamente falso. O DISC é neutro – apenas revela como um indivíduo prefere se comunicar e abordar as tarefas e o trabalho. Com certeza, um estilo pode ser mais adequado ou mais confortável em diferentes situações, mas isso não torna a pessoa boa ou ruim. Felizmente, o comportamento pode ser modificado. DISC é um idioma, como inglês, espanhol, chinês e francês. Quanto mais idiomas você falar, mais oportunidades encontrará. Como humanos, podemos nos adaptar a diferentes experiências e situações quando quisermos e, então, retornar ao nosso estilo "nativo". Ao compreender os princípios do DISC, pode-se aprender a se comunicar em seu estilo natural, bem como em três estilos comportamentais adicionais.

5. O pai do moderno DISC é William Moulton Marston

Embora o Dr. Marston possa não ser um nome familiar por causa do DISC, a maioria das pessoas reconhecerá o personagem que ele criou – a Mulher Maravilha. Marston era um gênio e empresário um tanto excêntrico. Seu trabalho "diário" era como psicólogo, advogado e inventor. Com uma visão de mundo bastante revolucionária, o doutor em psicologia formado pela Universidade de Harvard escreveu o livro ***As emoções das pessoas normais*** em 1928. Na obra, ele analisa justamente os aspectos emocionais de pessoas sem psicopatologias e traz a **Teoria DISC**, atualmente amplamente utilizada por sua confiabilidade como ferramenta de **análise de perfil comportamental**.

6. Walter Clarke desenvolveu a primeira avaliação DISC

Clarke também era um psicólogo industrial que acidentalmente criou uma avaliação chamada *Activity Vector Analysis*, baseada na teoria de Marston. Mais tarde, ele se juntou a John Cleaver para uma versão melhorada, que serviu de base para muitos dos instrumentos DISC usados hoje.

7. Existem centenas de variações de DISC

Desde a década de 1970, quando John Geier criou o Sistema de Perfil Pessoal, baseado no trabalho de Cleaver e Clarke, muitos editores e psicólogos atualizaram, revisaram e geraram suas próprias versões da avaliação DISC. Isso criou muita confusão entre os consumidores, especialmente com o número de instrumentos do tipo DISC que proliferaram na internet. A partir daí, cresceu uma sensação de cautela entre os compradores – embora seja fácil criar uma avaliação, algumas avaliações DISC têm validade mais forte e confiável.

8. Nenhum teste de perfil DISC é a avaliação "melhor" ou "certa"

Compreender o modelo DISC é extremamente útil para a gerência e para os funcionários, mas também não é o santo graal das avaliações. O mesmo vale para todos os outros instrumentos. "Melhor" ou "certo" depende de como é usado e das expectativas dos usuários e participantes. O DISC deve ser incluído como parte de qualquer avaliação de funcionário, mas não como o único determinante para seleção ou desempenho.

9. Nenhuma empresa ou pessoa é proprietária do DISC

Para dissipar outro mito, não há nenhuma empresa que tenha "posse" do DISC (ao contrário da avaliação Myers-Briggs Type Indicator (MBTI), que é propriedade da Myers & Briggs Foundation e publicada pela CPP). Existem direitos autorais de marcas, como DiSC (com "i" minúsculo).

Quando uma empresa seleciona uma avaliação DISC em detrimento de outra, é importante trabalhar com um consultor certificado e treinado, que possa oferecer suporte e fornecer experiência. Também é importante que a empresa que fornece o DISC reconheça e aconselhe os usuários sobre as limitações da ferramenta.

10. O DISC mede a motivação!

Sim, isso mesmo - o DISC mede a motivação. Parece que todo gerente está procurando uma ferramenta para descobrir o que motiva os funcionários, e a ferramenta - DISC - está bem debaixo do nariz de todos. Cada estilo é realmente uma medida de quão energizado ou desenergizado um indivíduo está quando confrontado com a resolução de um problema, influenciando outras pessoas, lidando com uma mudança de ritmo e cumprindo as regras estabelecidas por outras pessoas. Quanto mais forte for um estilo, mais energizado (e motivado) o indivíduo estará ao lidar com esse aspecto da vida e do trabalho. Quanto mais fraco o estilo, mais desenergizado ele ou ela ficará.

11. O perfil DISC é uma ferramenta versátil... mas subutilizada na maioria das organizações

O melhor uso do DISC é aumentar a autoconsciência. Mas também é uma ferramenta poderosa para avaliar o ajuste da equipe ou da empresa, construir equipes de alto desempenho, entender diferentes estilos de liderança, melhorar o atendimento ao cliente e as apresentações de vendas, mediar conflitos e aprimorar a comunicação.

12. Mas o DISC NÃO descreve ou avalia habilidade, competência ou adequação ao trabalho

Muitos consultores e gerentes tentam extrair muito do DISC. Só porque alguém é energizado resolvendo problemas ou influenciando outras pessoas, não significa que seja bom nisso. Se fosse esse o caso, todo DI ou ID seria um vendedor ou gerente bem-sucedido e eficaz, todo CS prosperaria em contabilidade e engenharia, e todo SC se destacaria no atendimento ao cliente. Sabemos que esses estereótipos são apenas suposições e uma extensão exagerada do que o DISC pode realmente avaliar. Sim, muitas pessoas de determinado estilo têm afinidade para fazer um tipo de trabalho em detrimento de outro, mas uma afinidade não garante ou mesmo prevê habilidade, aptidão ou adequação ao trabalho.

Por que o DISC é a FERRAMENTA de levantamento de PERFIL comportamental e estilo de trabalho MAIS POPULAR DO MUNDO?

Devido à sua CONFIABILIDADE, SIMPLICIDADE e FACILIDADE de uso tanto para o respondente/avaliado quanto para o administrador/analista.

Introdução ao DISC

O DISC é um dos modelos comportamentais mais utilizados no mundo. Nós o usamos para ajudar a entender o comportamento humano, mas quão bem compreendido é o próprio modelo? Existem muitas variações desse modelo simples, mas poderoso, no mercado, usando diferentes terminologias e diferentes modelos teóricos como base. No interesse de contribuir para uma compreensão mais profunda desse modelo, decidimos compartilhar nossa abordagem simples e prática para entender o DISC e a teoria por trás dele.

A chave para usar o DISC de forma eficaz é entender que, qualquer que seja o seu perfil DISC, ele é perfeito para você. Não existem perfis bons ou ruins. Não importa qual seja o seu perfil, haverá momentos em que ser você mesmo funcionará muito bem e haverá momentos em que não funcionará. Às vezes, quando ser você mesmo não produz resultados positivos para você, você precisa ser capaz de adaptar seu pensamento e comportamento para ser mais eficaz.

A principal razão para levantar seu perfil DISC, eu diria, é aprender a ser mais adaptável. Não é uma ferramenta para classificar ou rotular as pessoas – é uma ferramenta libertadora. Isso o libera para ser você mesmo quando isso funciona para você, e para se adaptar e fazer algo diferente quando a situação exige.

Nossas informações são baseadas em pesquisas conduzidas por uma vasta referência bibliográfica, que apresentamos no final deste material. Nosso foco para usar o DISC é mantê-lo simples e prático. As pessoas são seres complexos, mas há algumas coisas que o DISC pode nos ajudar a aprender sobre nós mesmos e outras pessoas, que facilitam a comunicação eficaz com os outros e a construção de relacionamentos mais produtivos e baseados na confiança.

Quem criou o modelo DISC?

Ninguém é dono do DISC. O modelo DISC é de domínio público. É baseado no trabalho de Carl Gustav Jung, que criou um modelo inovador para o comportamento humano em seu livro de 1921, *Tipos psicológicos.* Dr. Jung reconheceu que as pessoas podem ser divididas em quatro estilos principais. Em 1928, William Moulton Marston publicou um livro, *As emoções das pessoas normais.* Ele se baseou no trabalho de Jung e nomeou os quatro principais estilos comportamentais: D, I, S e C.

Algumas organizações criaram suas próprias avaliações com base nos fundamentos do trabalho do Dr. Jung e do Dr. Marston.

Então, o que é exatamente DISC? Basicamente, é uma maneira de descrever os padrões de comportamento de uma pessoa e usar esse conhecimento para prever como ela provavelmente agirá no futuro. Ele funciona criando gráficos, como os mostrados na **Figura 1,** com base nas respostas a um questionário simples, de autopercepção. Quando analisamos melhor esses gráficos, podemos descobrir uma série de detalhes sobre a abordagem de uma pessoa em relação ao seu trabalho e as tendências de seu comportamento.

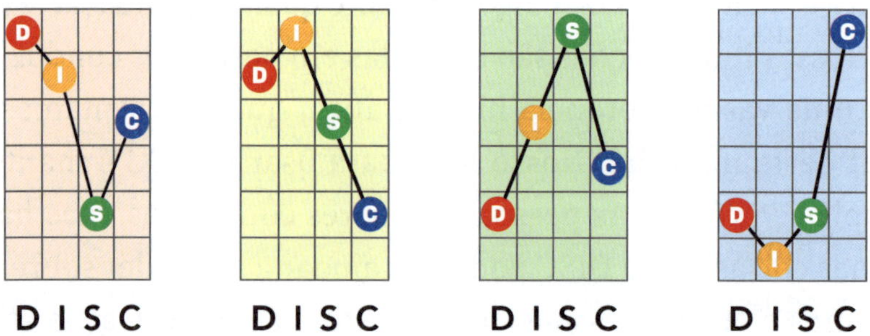

Figura 1. Representação gráfica de alguns estilos comportamentais.

Por que iríamos querer fazer isso? Bem, em termos de negócios, as vantagens são claras. De fato, o DISC se tornou uma parte indispensável da vida cotidiana em muitas áreas da indústria e do comércio. Isso é especialmente verdade em RH, é claro, onde é amplamente utilizado no recrutamento, mas – como veremos – também tem uma ampla gama de aplicações em áreas como gerenciamento, treinamento, vendas e formação de equipes.

Uma das razões pelas quais o DISC tem tanto valor prático é que ele foi projetado para examinar especificamente os comportamentos relacionados aos negócios. Não é um "teste de personalidade" propriamente dito, e não tenta construir uma imagem completa da psicologia de uma pessoa. Em vez disso, concentra-se apenas em descrever como diferentes indivíduos se comportam em um ambiente de trabalho. Essa abordagem mais simples, porém, concreta, significa que uma "avaliação" DISC é fácil de criar e direta de entender, ao mesmo tempo que fornece insights poderosos.

Antes de podermos examinar os detalhes de como o DISC funciona, precisaremos entender algo sobre as ideias básicas que estão por trás dele. A melhor maneira de fazer isso é conhecer um pouco mais sobre suas origens e sua história.

Origens e desenvolvimento

Os gregos foram os primeiros a tentar descrever o comportamento humano de forma científica. De nossa perspectiva, suas ideias podem parecer estranhas, mas alguns conceitos fundamentais subjacentes a essas ideias ainda são úteis hoje. Médicos como Hipócrates ensinavam que o comportamento de uma pessoa estava diretamente relacionado ao equilíbrio de quatro "humores" - como sangue ou fleuma - dentro de seus corpos. Cada um desses humores estava conectado a um dos quatro elementos clássicos da natureza - ar para sangue, por exemplo, ou água para fleuma, como demonstrado na **Figura 2.**

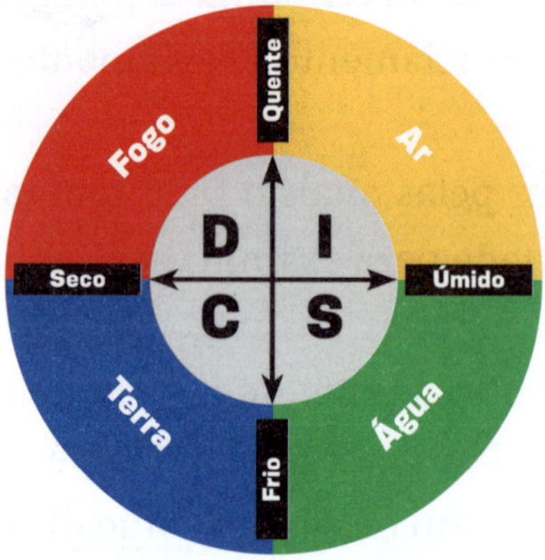

Figura 2. Modelo de equilíbrio dos quatro humores proposto pelos antigos gregos.

Também preocupado com a teoria psicológica, o pensador americano William Moulton Marston expôs suas ideias em seu livro de 1928, *As emoções das pessoas normais.* Embora muitas dessas ideias não tenham resistido ao teste do tempo, Marston fez uma contribuição valiosa. Ele desenvolveu um novo tipo de modelo biaxial para descrever as reações das pessoas comuns em situações cotidianas. Esse modelo biaxial forma a base final do DISC. O DISC, como o conhecemos hoje, evoluiu do trabalho teórico de Marston, com alguns termos e princípios mudando no processo. No entanto, o DISC moderno pode traçar suas raízes até o trabalho de Marston, na década de 1920, e o modelo biaxial único que ele criou.

Teoria subjacente

O sucesso do modelo de Marston reside na natureza dos eixos que ele selecionou e como eles se combinam. Em um sistema moderno, esses eixos são referidos como **Assertividade** e **Abertura.**

Na **Figura 3,** é demonstrado o modelo biaxial criado por William Moulton Marston na década de 1920.

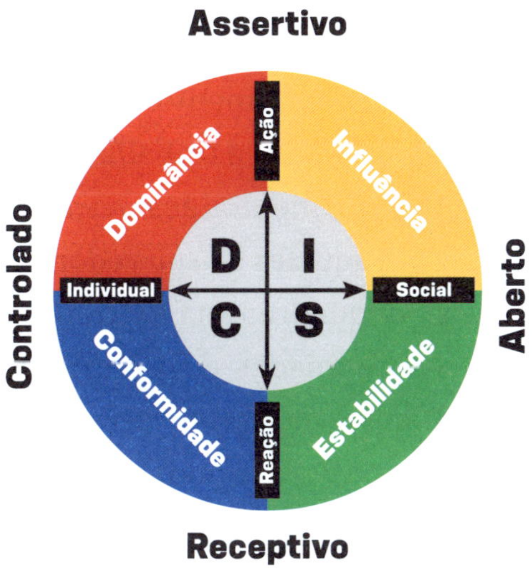

Figura 3. Modelo biaxial.

Pessoas assertivas são proativas e diretas. Elas lideram em vez de seguir e gostam de agir imediatamente sempre que podem. Elas acreditam em agarrar oportunidades e fazer as coisas à sua maneira. Frequentemente independentes e autoritárias, preferem dar ordens a aceitá-las e darão instruções a pedir cooperação.

No extremo oposto deste primeiro eixo, temos pessoas com baixa assertividade, descritas como receptivas. Esse termo descreve pessoas que são pacientes e cautelosas. Elas preferem evitar correr riscos e raramente tomam ações decisivas, a menos que a pressão para isso seja inevitável. Elas não gostam de mudanças ou surpresas e buscam situações calmas e previsíveis. Assim, o eixo Assertividade trata de quão prontamente uma pessoa está para tomar uma ação direta. De um lado, temos pessoas que tendem a agir e, do outro, pessoas que tendem a reagir.

O segundo eixo, cruzando o primeiro em ângulos retos, mede o conceito de Abertura. Pessoas extremamente abertas são amigáveis, confiantes e ingênuas. Elas se expressam com facilidade e valorizam relacionamentos fortes com outras pessoas. Indivíduos abertos tendem a trabalhar em um nível emocional, revelando seus sentimentos aos outros e estando prontos para simpatizar com aqueles ao seu redor.

As pessoas que se enquadram na extremidade inferior do eixo da Abertura são chamadas de Controladas. Indivíduos controlados são práticos e um tanto céticos. Eles valorizam fatos concretos e argumentos racionais acima de considerações emocionais e preferem seguir suas próprias ideias a confiar em outras pessoas. Uma característica definidora desse tipo de pessoa é que elas raramente fornecem informações sobre si mesmas a outras pessoas. Assim, o eixo Abertura descreve o quão pronta uma pessoa está para se comunicar com os outros. Em um nível básico, pessoas mais abertas tendem a se comportar mais socialmente, enquanto pessoas controladas tendem a trabalhar individualmente.

No modelo biaxial (**Figura 3**), o verdadeiro poder dessa estrutura surge quando consideramos como os dois eixos interagem. Há sempre quatro combinações possíveis - ou quadrantes - em um modelo como este, e vamos dar uma olhada em cada uma delas.

Os fatores DISC

Cada um dos quatro quadrantes do modelo biaxial se relaciona a um tipo particular de comportamento. No **DISC,** nos referimos a eles como **Dominância, Influência, Estabilidade e Conformidade** - as quatro ideias vitais que estão no cerne da teoria. Agora, examinaremos cada um desses conceitos com mais detalhes.

O primeiro quadrante (**Figura 4**) descreve pessoas com medidas altas na escala de assertividade e baixas na escala de abertura (ou seja, são controladas). Como se comporta uma pessoa assertiva e controlada? Sua assertividade ativa os torna impacientes para ver os resultados, e esse senso de urgência os torna diretos e eficientes. O controle traz um senso de individualidade, de modo que as pessoas desse tipo são ativamente automotivadas e preferem trabalhar de forma independente. Por causa de sua independência direta, os outros podem frequentemente vê-los como exigentes por natureza, enquanto seu senso de autoconfiança os torna competitivos e ambiciosos.

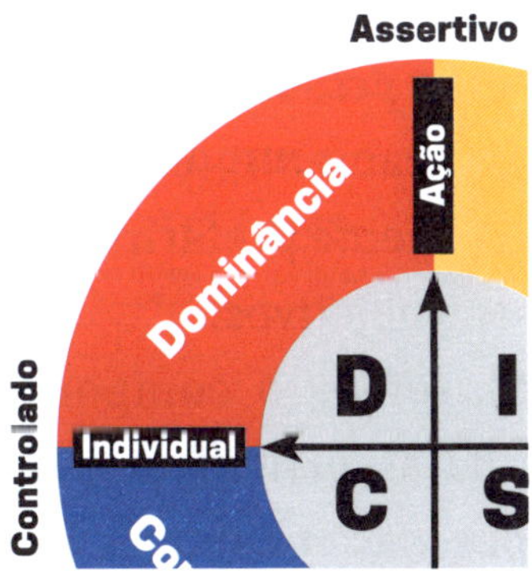

Figura 4. Primeiro quadrante.

No DISC, os comportamentos que combinam elementos de Assertividade e Controle são descritos pelo termo Dominância. Indivíduos dominantes são atraídos por papéis que lhes dão independência e poder pessoal, onde são capazes de enfrentar desafios com energia e determinação.

O próximo quadrante (**Figura 5**) também contém pessoas com alta assertividade, mas aqui ela se mistura com Abertura, em vez de Controle, e o resultado é uma abordagem pessoal bem diferente. O elemento Aberto em seu comportamento os torna muito mais sociáveis do que os tipos Dominantes de mentalidade independente. Eles aceitam mais os outros, tornando-se amigáveis e gregários – na verdade, pessoas desse tipo dão grande importância a relações positivas com os outros. Apesar de toda a sua simpatia e sociabilidade, eles ainda têm a franqueza e a energia associadas a tipos assertivos, e isso os torna extrovertidos e entusiasmados. Nos tipos Dominantes, essa natureza proativa tende a aparecer como autoconfiança, mas, neste caso, a vemos como autoconfiança expressiva.

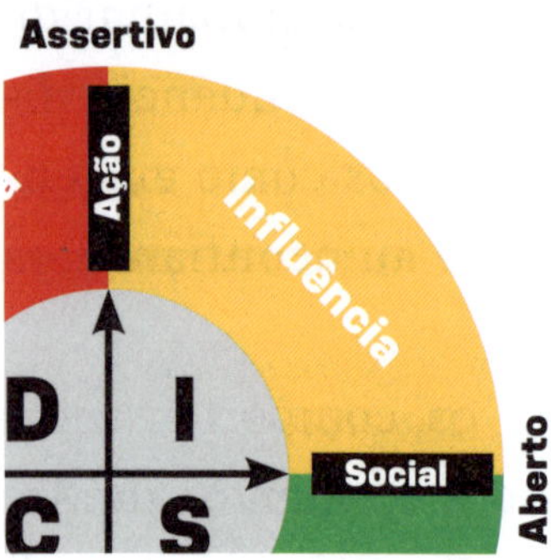

Figura 5. Segundo quadrante.

No DISC, comportamentos que combinam elementos de Assertividade e Abertura são descritos pelo termo Influência. Pode-se esperar que pessoas assim mostrem uma natureza persuasiva e até encantadora. Onde uma pessoa dominante pode ser francamente exigente, uma pessoa influente preferirá usar uma comunicação forte para atingir seus objetivos.

No terceiro quadrante (**Figura 6**), temos o comportamento aberto, mas agora passamos da assertividade para características mais receptivas. As pessoas receptivas não mostram os mesmos níveis de energia e impulso que as do lado assertivo do modelo. Em vez disso, esperamos ver mais personagens pacientes, iguais e calmos nesta área. As pessoas com esse tipo de comportamento tendem a não gostar de mudanças ou incertezas, então planejam suas ações cuidadosamente e tendem a trabalhar com persistência depois de iniciar uma tarefa. Embora geralmente sejam menos confiantes ou extrovertidos do que os tipos influentes, as pessoas desse tipo ainda são abertas, mas essa abertura para os outros tende a ser demonstrada de forma amável e generosa.

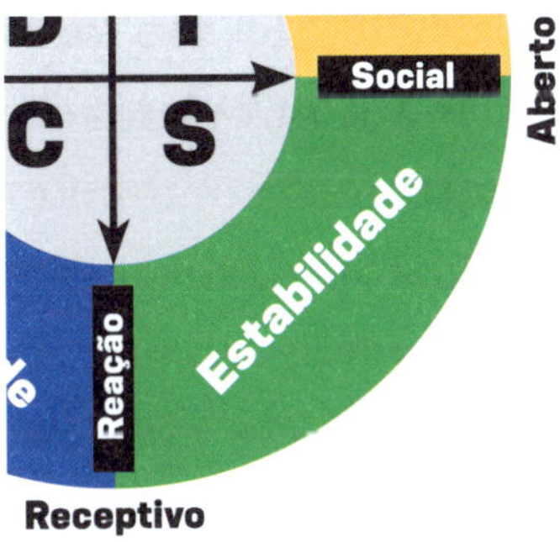

Figura 6. Terceiro quadrante.

No DISC, comportamentos que combinam elementos de Receptividade e Abertura são descritos pelo termo Estabilidade. As pessoas estáveis combinam a natureza pouco exigente associada à Receptividade com uma abordagem positiva para com os outros, uma combinação que as torna geralmente pacientes e receptivas em estilo.

Finalmente, completamos o círculo, chegando ao quarto e último quadrante (**Figura 7**), onde o elemento Receptivo encontra o Controle. Igual aos tipos firmes que conhecemos no quadrante anterior, as pessoas nesta área também são geralmente pouco demonstrativas e pouco exigentes, mas seu elemento Controlado significa que elas têm uma abordagem mais individualista. Elas tendem a ver a vida em termos de estrutura e regras, e estão preocupadas em serem o mais precisas possível. Por causa disso, costumam ser cautelosas por natureza e sensíveis a grandes mudanças.

Com outras pessoas, seu lado receptivo as tornam bastante contidas, enquanto seu estilo de comunicação cauteloso e controlado significa que elas também são bastante diplomáticas. Embora as pessoas desse tipo não sejam tão naturalmente sociáveis quanto as que mostram Estabilidade, elas podem ver o valor em cooperar com os outros para atingir um objetivo.

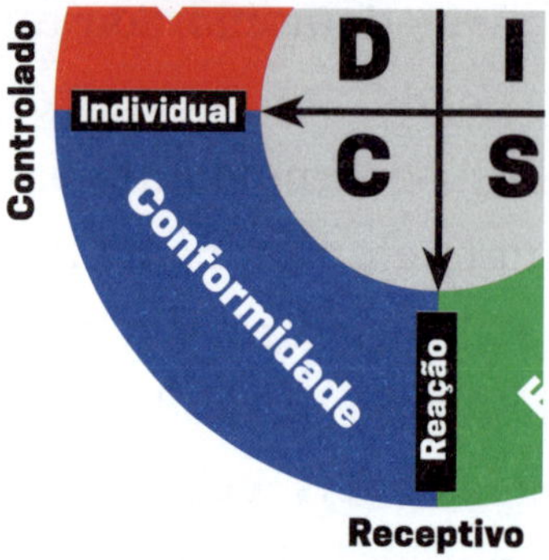

Figura 7. Quarto quadrante.

No DISC, comportamentos que combinam elementos de Receptividade e Controle são descritos pelo termo Conformidade. As pessoas conformes combinam a natureza pouco exigente associada à Receptividade com uma abordagem Controlada aos outros, e essa combinação as torna geralmente focadas em regras.

Assim, o modelo biaxial nos dá quatro elementos comportamentais distintos, ou "fatores", correspondentes aos quatro quadrantes. Eles são **Dominância, Influência, Estabilidade e Conformidade** (em inglês *Dominance, Influence, Steadiness and Compliance*) - D, I, S e C - e essas iniciais formam a sigla DISC. Juntos, eles criam uma linguagem comum útil para discutir atributos e comportamentos pessoais. Até agora, apresentamos os quatro fatores DISC independentemente uns dos outros, para destacar seus principais recursos. Na realidade, é claro, as pessoas tendem a combinar aspectos desses padrões subjacentes em seu comportamento. Precisamos de uma ferramenta que nos ajude a entender as relações entre todos esses fatores e eixos comportamentais de forma compreensível. É nessa área que o DISC realmente se destaca.

Gráficos DISC

A metodologia DISC mede cada um dos quatro fatores comportamentais independentemente. Isso é feito por meio de um questionário com escolhas de autopercepção. As respostas a esse questionário são classificadas em termos de Dominância, Influência, Estabilidade e Conformidade, das quais derivamos uma "pontuação" separada para cada um, geralmente expressa como um valor entre zero e cem.

Existe um meio padrão de expressar essas pontuações de forma que seus valores se destaquem imediatamente: o "gráfico DISC". Em um gráfico DISC, cada um dos quatro fatores é plotado, por sua vez, e unido por linhas de conexão. A rede de linhas traz uma "forma" característica para cada combinação de fatores, permitindo que até mesmo usuários não treinados associem rapidamente diferentes formas de gráfico a diferentes padrões de comportamento.

Vamos dar uma olhada em um exemplo muito simples de um gráfico DISC. Na nossa discussão sobre o modelo biaxial do DISC, você se lembrará de que o quadrante superior esquerdo descreve o comportamento que combina Assertividade e Controle, ou seja, comportamento Dominante. Podemos imaginar uma pessoa cujo comportamento é ditado inteiramente por essa atitude: seu estilo seria direto, eficiente, automotivado, independente e assim por diante.

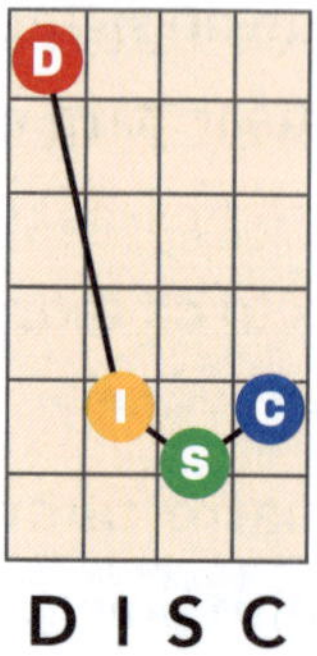

Figura 8. Gráfico de um perfil com fator "D" alto.

Esse tipo de pessoa seria mapeado em um gráfico DISC com um valor muito alto na pontuação de Dominância e pontuações muito baixas para os outros três fatores, como mostra a **Figura 8.** A forma resultante é tão familiar para os usuários do DISC que até tem seu próprio nome. Pelo que sabemos sobre o fator Dominância, não surpreende que essa forma tenha se tornado conhecida como o perfil "Autocrata".

Cada um dos quatro fatores tem seu próprio gráfico, mostrando aquele fator alto e todos os outros baixos, correspondendo diretamente a um quadrante do modelo biaxial original. Essas não são apenas possibilidades teóricas – quando criamos gráficos a partir de questionários DISC reais, não é incomum encontrar pessoas com esses tipos de comportamento, conforme mostra a **Figura 9.**

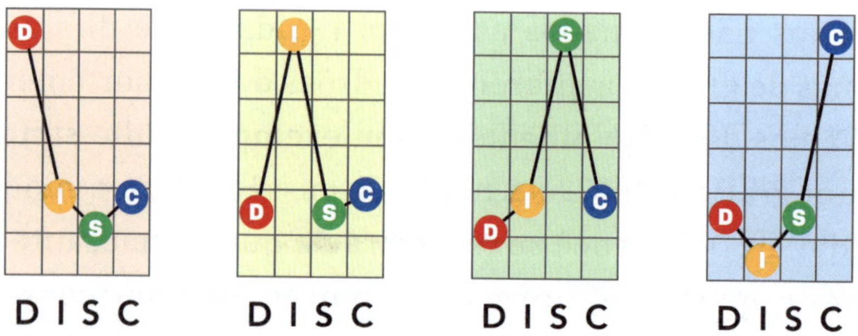

Figura 9. Gráficos mostrando os quatro fatores DISC com alta predominância.

Como medimos cada um dos quatro fatores independentemente, há muito mais formas de gráficos possíveis do que apenas essas quatro básicas. Uma parte importante do sistema DISC é o conjunto de ferramentas que podemos usar para entender as relações entre os diferentes fatores, e são nessas técnicas, talvez mais do que em qualquer outro aspecto da teoria, que reside o poder do DISC.

Uma seleção de combinações de fatores DISC

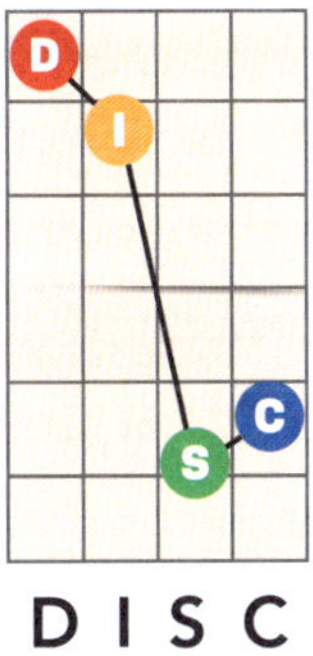

Figura 10. Representação gráfica do perfil DISC com fatores "D" e "I" altos.

Provavelmente, a maneira mais simples de ver esses níveis de interpretação em ação é observar alguns exemplos típicos.

Nosso primeiro exemplo descreve uma pessoa com alto domínio e alta influência, enquanto os outros fatores – Estabilidade e Conformidade – não são fortemente representados. Como podemos interpretar um perfil com dois fatores altos como este? Do modelo biaxial, você deve se lembrar que a Dominância está relacionada à Assertividade e Controle, enquanto a Influência está relacionada à Assertividade e Abertura. Para uma pessoa cujo comportamento combina os dois, a ênfase é fortemente na Assertividade, comum a ambos os fatores. Portanto, esperamos que essa pessoa seja direta, proativa e impaciente.

Em termos de Abertura e Controle, há um equilíbrio aqui. Uma pessoa com esse tipo de perfil não é fortemente orientada para nenhum dos extremos e é capaz de agir de forma independente ou trabalhar com outras pessoas, conforme a situação exigir. Essas combinações de qualidades são frequentemente necessárias, por exemplo, em funções de vendas – e não é coincidência que a forma do gráfico que estamos vendo aqui seja frequentemente usada para ajudar a selecionar vendedores bem-sucedidos.

Outro nível de análise DISC vem dos "subtraços" ou "subfatores" que analisam as relações entre pares de fatores. Por exemplo, na **Figura 10,** vemos uma alta pontuação de Dominância e uma baixa pontuação de Estabilidade. Chamamos essa combinação de "D sobre S" para abreviar, e ela se relaciona com o subfator de Automotivação: pessoas com essa característica tendem a mostrar um estilo de comportamento direto e impaciente e, como o nome sugere, são motivadas por seu próprio sucesso. Existem doze desses "subtraços", cada um relacionado a uma combinação diferente de fatores DISC altos e baixos.

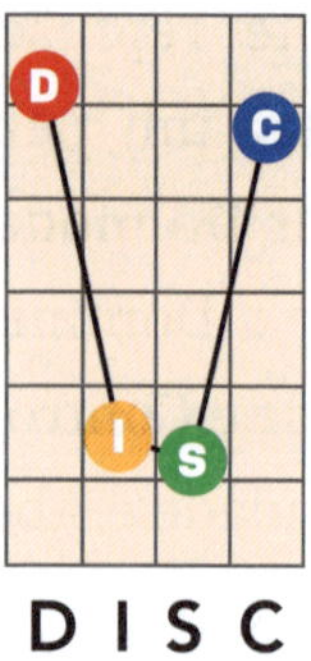

Figura 11. Representação gráfica do perfil DISC com fatores "D" e "C" altos.

Aqui está outro exemplo de combinação de fatores DISC. Novamente, temos dois fatores altos e dois fatores baixos, mas, neste caso, o alto fator de Dominância é acompanhado por uma alta pontuação de Conformidade. Por compartilhar alta Dominância com nosso exemplo anterior, não é surpreendente descobrir que pessoas de ambos os tipos compartilham certas características, mas também existem algumas diferenças significativas.

Voltando ao modelo biaxial, podemos ver que o eixo onde Dominância e Conformidade se unem não é Assertividade, mas Controle. Controle é, de fato, a palavra de ordem para essa forma de gráfico e para o tipo de pessoa que ela descreve. Uma pessoa assim vai querer ter poder sobre suas próprias condições e, muitas vezes, pode buscar isso por meio da característica "dominante", direta e determinada, de seu estilo. Observe, porém, que esse estilo é equilibrado entre assertividade e receptividade. Na prática, muitas vezes descobrimos que as pessoas com gráficos DISC como este preferem trabalhar dentro de um conjunto de regras e farão o possível para garantir que as pessoas ao seu redor também o façam.

Até agora, apenas examinamos os fatores altos no perfil, mas, na verdade, os fatores baixos podem nos dizer o mesmo. Observe neste gráfico que as pontuações de Influência e Estabilidade são muito baixas, e esses são os fatores relacionados aos comportamentos sociais e interpessoais em nosso modelo. Isso também é confirmado pela experiência: indivíduos com essa forma característica tendem a ser bastante formais e diretos na maneira como se comunicam com os outros.

Como nosso exemplo anterior, você notará que esta forma também tem uma alta pontuação de Dominância e uma baixa pontuação de Estabilidade. Você deve se lembrar que relacionamos isso com o subfator da Automotivação, e exatamente a mesma qualidade se aplica aqui. De fato, pode-se esperar que todos os perfis com essa combinação de fatores mostrem um comportamento automotivado. Claro, existem outras combinações em ação aqui também. Por exemplo, também podemos ver que a Conformidade é alta aqui, enquanto a Influência é baixa – chamamos esse subfator de Precisão e está relacionado ao desejo de certeza e precisão que já mencionamos.

Cada um dos exemplos que vimos até agora continha fatores altos ou baixos simples. Neste gráfico, no entanto, vemos fatores DISC em vários níveis do perfil. Na verdade, na prática, essa é uma configuração muito mais comum, embora as informações que carrega sobre um indivíduo possam ser um pouco mais difíceis de interpretar.

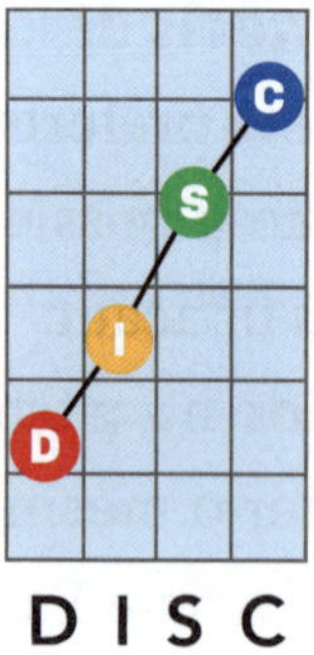

Figura 12. Representação gráfica do perfil DISC com fatores "S" e "C" altos.

Simplificando, onde existem fatores em diferentes níveis como este, da **Figura 12**, eles podem ser considerados em termos de prioridade. Por exemplo, este gráfico mostra tanto a Estabilidade quanto a Conformidade como relativamente altos, e isso significa que esperamos ver elementos correspondentes no comportamento da pessoa. Esses dois fatores costumam ser complementares, mas como a Conformidade é um pouco mais alta que a Estabilidade, ela tende a ter prioridade no comportamento de uma pessoa. Por exemplo, se uma pessoa assim precisasse escolher entre paciência (um comportamento estável) ou precisão (um comportamento complacente), normalmente esperaríamos que ela se concentrasse no último.

Esse senso de prioridade também se aplica a subfatores. Por exemplo, neste perfil podemos ver que a Conformidade é maior do que a Estabilidade (dizemos "C sobre S"), que se relaciona com o subfator que chamamos de Sensibilidade. Também podemos ver que S está "acima" de I, que é Pensamento, e que I está "acima" de D, que é Amizade. Portanto, pode-se esperar que essa pessoa aja de maneira sensível, atenciosa e amigável. Mas compare isso com o subfator de Conformidade "sobre" Dominância, que é enorme em comparação. Chamamos esse subfator de Cooperatividade: isto é, uma vontade de trabalhar produtivamente com os outros. Para uma pessoa assim, o aspecto cooperativo de seu comportamento terá precedência sobre todos os outros.

Perfis internos e externos (gráficos primários)

Até agora, falamos sobre DISC como se descrevesse toda a abordagem comportamental de uma pessoa com apenas um único gráfico. Na verdade, é um pouco mais sofisticado do que isso. Um questionário DISC típico produzirá dois gráficos primários e, geralmente, também vários outros gráficos desenvolvidos a partir dessas formas principais.

Os dois perfis principais são conhecidos como perfis **interno** e **externo** ou, respectivamente, **estrutural** e **situacional.** Eles refletem o fato de que a maneira como uma pessoa naturalmente deseja se comportar nem sempre será a maneira como ela realmente se comporta. Ambos são descrições válidas e úteis do comportamento de uma pessoa e, portanto, o DISC produz um conjunto duplo de resultados para descrever esses dois aspectos.

No perfil interno ou estrutural, observamos o nível mais natural do estilo de comportamento de uma pessoa, ou seja, as maneiras pelas quais ela tenderia a agir se não se sentisse constrangida por outras considerações. O comportamento descrito aqui geralmente surge quando uma pessoa não sente necessidade de se adaptar ao seu ambiente ou, inversamente, quando é incapaz de fazê-lo. Por exemplo, sob pressão incomum, não é raro ver as pessoas "retornarem ao perfil interno ou estrutural". Para a maioria das pessoas, especialmente em uma situação de trabalho, essas condições não se aplicam. Em vez disso, tendem a adaptar seu comportamento de acordo com as expectativas e necessidades dos outros. Claro, não podem saber com certeza quais são essas expectativas, então é mais preciso dizer que se adaptam à maneira como percebem o ambiente. Essas percepções estão refletidas no segundo gráfico, o perfil externo ou situacional, que mostra os tipos de comportamento mais prováveis de surgir em uma situação típica de trabalho.

Esses perfis são úteis por si só, mas as diferenças entre eles podem ser muito reveladoras. Entender as percepções de uma pessoa sobre seu ambiente de trabalho e as maneiras pelas quais ela se adapta a essas percepções pode ser extremamente útil. Uma forma de destacar essas adaptações é sobrepor os gráficos, gerando um terceiro, que mapeia as mudanças entre os perfis interno (estrutural) e externo (situacional).

Aplicações do DISC

Examinamos a teoria em detalhes, mas o teste final de qualquer teoria é o quão bem ela funciona na prática. O DISC é amplamente utilizado em várias aplicações, e agora veremos algumas das mais comuns. Assim como o DISC nos ajuda a entender o comportamento atual de uma pessoa, também nos ajuda a prever como ela provavelmente agirá no futuro. Essa informação pode ser particularmente útil para recrutadores, o que explica por que o recrutamento é uma área onde o DISC é amplamente utilizado. Antecipar como um candidato reagirá em diferentes situações é um benefício óbvio, e existem ferramentas DISC especializadas para facilitar essa correspondência.

A utilidade do DISC não se limita ao recrutamento. Ele pode fornecer uma visão sobre a percepção de uma pessoa sobre seu trabalho e como ela se adapta às suas necessidades. Para um gerente, esse insight pode ser inestimável, ajudando a motivar e desenvolver as pessoas de forma específica e individual. Esse nível de compreensão permite adaptar estilos de apresentação às motivações de outras pessoas. Pessoas de estilos diferentes respondem a diferentes tipos de ideias, e adaptar uma abordagem às necessidades pessoais de um indivíduo pode trazer recompensas significativas. No treinamento, por exemplo, essa técnica adaptativa é usada para tornar o público mais receptivo, e a mesma abordagem pode ser aplicada em vendas e marketing.

Compreender o estilo comportamental básico de uma pessoa e como ela reage ao seu ambiente de trabalho nos prepara para ajudá-la em seu desenvolvimento pessoal. Usar o DISC no coaching pode ajudar uma pessoa a entender seu próprio comportamento e aprender a adaptá-lo quando necessário.

Para o próximo nível

Até agora, vimos o DISC como uma ferramenta para entender o comportamento de um único indivíduo. Mas ele pode ser estendido para observar como esse indivíduo interage com os outros. Isso nos leva à aplicação final que vamos discutir: *team building*. Usando os recursos avançados do DISC, podemos modelar o comportamento não apenas de um indivíduo, mas de toda uma equipe. Nesse nível, podemos ver a dinâmica que impulsiona a equipe como um todo e o funcionamento das relações entre os membros.

O uso do DISC para perfis de equipe nos leva além do indivíduo e a um novo nível de compreensão das interações interpessoais. Essas técnicas mais avançadas estão além do escopo desta introdução, mas mostram exatamente o que a técnica pode alcançar.

O DISC na prática

O que é o DISC em termos práticos?

O DISC é uma autoavaliação que mede como um indivíduo prefere interagir com os outros. Ele cria uma linguagem comum e uma autoconsciência para entender melhor a nós mesmos e aos outros. Um questionário DISC online ou físico leva apenas 15 minutos para ser concluído. Organizações e facilitadores escolhem a avaliação DISC porque é fácil de administrar, fácil de usar e uma ferramenta poderosa com uma ampla gama de aplicações.

O que o DISC não é?

1. **NÃO é um teste**, pois não há certo ou errado. Não existe um perfil melhor ou pior; cada um é valioso e diferente.
2. **NÃO é um teste de personalidade**. Ele não mede sua composição psicológica, inteligência, quociente emocional ou índice de "dignidade de namoro".
3. **NÃO é uma classificação**. O DISC não se destina a ser usado como um sistema de rotulagem para definir os limites e capacidades das pessoas.
4. **NÃO é sua identidade**. Não define quem você é ou o que pode fazer.

O que é o DISC?

1. **É a medida das tendências comportamentais.** Dada a mesma situação, você naturalmente reagirá da mesma maneira repetidamente. Você pode escolher conscientemente reagir de maneira diferente, mas, se não for necessário, raramente o fará.

2. **É um preditor.** Você pode usar o perfil DISC para prever a resposta provável que alguém terá em uma determinada situação.

3. **É uma referência.** Você pode começar a entender as tendências de comportamento de outras pessoas e resultados semelhantes, com base no estímulo e no perfil.

4. **É um acrônimo de quatro letras.** Cada uma das letras **D – I – S – C** representa uma escala que mede os quatro fatores do DISC:

   - **D** é para a escala de Dominância.
   - **I** é para a escala de Influência.
   - **S** é para a escala de Estabilidade.
   - **C** é para a escala de Conformidade.

O que o DISC mede?

O DISC é uma ferramenta que ajuda a melhorar as interações com os outros. Ele se concentra em comportamentos e **mede tendências de comportamento, ou como os indivíduos naturalmente preferem fazer as coisas.** O DISC não faz julgamentos de valor sobre os resultados de uma pessoa. As pessoas são quem são. Uma pessoa não precisa mudar quem ela é; o objetivo é fazer ajustes temporários e eficazes nos comportamentos. A autoconsciência e a capacidade de adaptação tornarão os indivíduos mais bem-sucedidos.

Quão precisa é a avaliação de perfil DISC?

A avaliação DISC é precisa se você responder às perguntas de forma honesta e verdadeira. Não há respostas certas ou erradas.

Qual o objetivo da avaliação de perfil DISC?

Os perfis DISC são sobre autoconhecimento e comunicação. Eles são projetados para ajudar a melhorar a comunicação e a cooperação no local de trabalho, aumentar o desempenho das equipes e melhorar a eficácia dos líderes e gerentes. Os perfis DISC fornecem uma linguagem comum que as pessoas podem usar para entender melhor a si mesmas e aos colegas, e usar esse conhecimento para adaptar seus comportamentos e melhorar os relacionamentos.

O que uma avaliação de perfil DISC revela?

Os participantes das avaliações de tendências comportamentais DISC recebem insights personalizados que aprofundam sua compreensão de si mesmos e dos outros, tornando as interações no local de trabalho mais agradáveis e eficazes. O resultado pode ser uma força de trabalho mais engajada e colaborativa, gerando melhorias significativas em praticamente qualquer organização.

Como é pontuada a avaliação de perfil DISC?

Para iniciar o processo DISC, basta responder a um conjunto de perguntas sobre seu comportamento pessoal. Para avaliações on-line, um link para essas perguntas é enviado por e-mail com um código de acesso pessoal; para a versão em papel, elas são fornecidas em um livreto de autopercepção. Não há respostas certas ou erradas, boas ou ruins para essas perguntas – você é o especialista sobre o que é importante para você.

A partir disso, seu perfil DISC é avaliado eletronicamente ou manualmente e, em seguida, seu relatório é produzido.

Quantos perfis únicos de DISC existem?

O modelo DISC descreve quatro estilos principais: D, I, S e C. D é para Dominância, I é para Influência, S é para Estabilidade e C é para Conformidade. Todo mundo é uma mistura de cada estilo, mas a maioria das pessoas tende a se enquadrar em um ou dois quadrantes principais do estilo DISC. As pessoas cujas pontuações de avaliação do DISC as aproximam de outros estilos podem mostrar aspectos de vários estilos em seus comportamentos. Isso expande os estilos para um total de 12 tipos de perfis distintos: DC, D, DI, ID, I, IS, SI, S, SC, CS, C e CD.

Qual o perfil DISC mais raro (ou mais comum)?

Não há estilos discrepantes, ou *outliers*, no modelo DISC. Todas as avaliações do DISC são normatizadas, de modo que aproximadamente 25% da população cai em um dos quadrantes. Embora existam quatro estilos distintos, uma pessoa pode ser uma mistura de estilos, abrangendo, na verdade, os 12 tipos mencionados no parágrafo anterior.

Como a demografia afeta as tendências comportamentais de alguém?

Existem poucas diferenças de pontuação com base na demografia.

As tendências comportamentais são igualmente distribuídas entre a população:

- **Gênero**

Essas diferenças geralmente são pequenas. As maiores diferenças são observadas na escala IS, na qual o gênero representou 3,7% da variação da escala. As mulheres tendem a pontuar mais alto nas escalas I, IS, S e SC, e os homens tendem a pontuar mais alto nas escalas D, DI, C e CD.

- **Hereditariedade**

As maiores diferenças são vistas na escala CD, na qual a hereditariedade representou 2,5% da variação da escala.

- **Educação**

As maiores diferenças são vistas na escala DI, na qual a educação foi responsável por 0,7% da variação da escala.

- **Etnia**

Na prática, conhecer a etnia de alguém não dirá ao praticante quase nada sobre as tendências comportamentais dessa pessoa.

Seu perfil DISC pode mudar com o tempo?

O perfil da pessoa média tende a permanecer bastante con sistente ao longo do tempo. Quando alguém faz a avaliação DISC novamente, geralmente não responde às perguntas exatamente da mesma maneira. A variação é pequena nos percentuais de cada característica, mesmo quando a pessoa está fazendo o mesmo aplicativo. Se já se passaram dois anos ou mais desde a última vez que você fez o perfil, ou se você passou por uma grande mudança de vida, é uma boa ideia fazer a avaliação novamente para garantir informações mais atualizadas.

"O que muda ao longo da vida são seus papéis e as questões que mais importam para você. As pessoas podem pensar que sua personalidade mudou com a idade, mas são seus hábitos que mudam, seu vigor e saúde, suas responsabilidades e circunstâncias - não sua personalidade básica", sugeriu Daniel Goleman, em um artigo do New York Times.

Qual o melhor trabalho para cada perfil predominante?

A distribuição de pessoas bem-sucedidas em cada quadrante do DISC é bastante uniforme. As pessoas que trabalham com vendas tendem a aparecer no quadrante I, como você pode esperar, por exemplo, mas há muitos vendedores bem-sucedidos nos outros três. O DISC não foi projetado para triagem pré-emprego. Não mede uma habilidade particular, aptidão ou fator específico para uma posição. É uma avaliação de tendências comportamentais projetada para facilitar o trabalho em equipe e a comunicação. Para triagem precisa de candidatos, recomendamos o uso de uma avaliação pré-contratação comprovada e validada para esse fim.

As cores do DISC

As quatro cores de teste DISC explicadas

Os diferentes estilos comportamentais às vezes são difíceis de lembrar e fáceis de confundir. Muitas pessoas são visualmente orientadas. É por isso que as cores estão ligadas aos estilos DISC. Por exemplo, quando alguém fez análise DISC no passado, muitas vezes não se lembra de quais estilos comportamentais eram predominantes, mas as cores são lembradas. As cores associadas aos estilos comportamentais DISC não são escolhidas aleatoriamente. Na verdade, elas combinam com as características dos diferentes estilos.

As cores foram traduzidas para os estilos comportamentais DISC. As características dos estilos comportamentais DISC também são combinadas com as emoções que surgem com as cores. É por isso que o modelo DISC às vezes é chamado de "cores de personalidade".

Psicologia das cores vermelho, amarelo, verde e azul

Estilo D: Vermelho

Vermelho é uma cor ativa, faz as coisas acontecerem. Não tem medo de correr riscos. Não aceita o *status quo*. Vermelho avança e não faz prisioneiros, não olha para trás e rumina; já está na próxima coisa. É destemido. É dominante, decisivo e confiante. Vermelho é uma cor poderosa, é a cor do amor. É um estimulante e chama a atenção para si mesmo.

O vermelho é orientado para tarefas, como o centro em um alvo. Esta não é a cor para flores de parede. Vermelho está nisso para vencer. É a cor do sangue, da força vital. Ele vai mantê-lo em movimento e respirando. É emocionante e apaixonado. Nunca é quieto ou reservado. É ousado e energético. Vermelho é competitivo, agressivo e jovial. Vermelho é uma cor para líderes, em vez de seguidores. É dinâmico, não estático.

Estilo I: Amarelo ou Laranja

Amarelo é frequentemente associado à felicidade e otimismo. Perfis com fator "I" são os mais otimistas dos quatro. Assim como a cor amarela, os tipos "I" são calorosos, amigáveis, alegres e confiantes. Amarelo não é uma cor para introvertidos; ele se expõe. Amarelo e laranja são as cores para pessoas espontâneas.

Amarelo não é associado à cautela (exceto quando está em um semáforo). Não é recatado ou prático. É idealista, ousado, amigável, criativo, entusiasmado e divertido. Ninguém jamais diria que comprar um carro amarelo foi uma escolha prática ou previsível. E os perfis com "I" alto adoram isso! Eles ficam entediados com a rotina e odeiam a ideia de ser apenas mais um rosto na multidão.

Os perfis "I" precisam de tempo social e atenção. Amarelo e laranja são as cores que lhes dão essa atenção. Eles se destacam. Ao contrário do vermelho, o amarelo não é associado a sangue fervendo ou raiva, é ensolarado e mente aberta, não ousado e teimoso. Amarelo vê o copo meio cheio. Amarelo é simbólico dos raios solares que sustentam a vida. É a cor da esperança; da promessa de um futuro melhor. É assim que um "I" alto pensa também. Personalidades do estilo "I" veem os resultados positivos em potencial e se recusam a se deter na logística e nas armadilhas possíveis. Os tipos "I" despreocupados só querem ser como as cores amarelo e laranja - um raio de sol - e frequentemente são.

Estilo S: Verde

Personalidades do estilo "S" querem estabilidade e paz. Em uma época em que a conectividade constante e as pressões da modernidade aumentam nossa sensação de instabilidade, elas buscam calma e segurança. Verde é associado à confiança, confiabilidade, força e determinação. O verde é persistente, lento, constante e trabalhador.

Os tipos "S" são muito voltados para as pessoas e, normalmente, também para a equipe e a família. E os estilos "S" são todos sobre seus filhos. As personalidades "S" são naturalmente muito afinadas com os valores de estabilidade e segurança.

Estilo C: Azul

Os perfis "C" são pessoas extremamente práticas. Azul é cor associada com ordem e praticidade. Azul é associado à consciência, propósito, força e à integridade. Perfis "C" têm uma excelente ética de trabalho e são comunicadores honestos e diretos - os pilares da integridade.

Os estilos "C" temem críticas e gostam de fazer as coisas corretamente. Isso pode levar à paralisia de decisão em um "C", pois eles preferem pesquisar todas as opções potenciais para fazer uma escolha informada. Quando não há uma resposta correta, eles simplesmente escolherão algo que não incomode ninguém.

Descrevendo os perfis com predominâncias D, I, S ou C

Perfil D predominante

O perfil D é um dos quatro tipos de perfil DISC, representando aproximadamente 9% da população mundial.

Ao compreender qualquer um dos quatro perfis DISC, tenha em mente os seguintes pontos importantes: não existe um perfil DISC melhor ou pior. Todos os perfis têm pontos fortes e áreas de desenvolvimento; eles simplesmente são diferentes. O perfil DISC de uma pessoa não limita o que ela pode alcançar ou quão bem-sucedida pode ser, apenas prevê como tende a fazer as coisas.

Todos os quatro perfis do DISC estão representados por pessoas muito bem-sucedidas. No entanto, as pessoas mais bem-sucedidas sabem quem são e ajustam seu comportamento conforme necessário, em diferentes situações e com diferentes perfis de pessoas.

Descrevendo o perfil D predominante

O perfil D é o mais assertivo e exigente dos quatro perfis DISC. As pessoas com perfil D tendem a ser bastante competitivas e orientadas para resultados. Portanto, outros as veem como agressivas, contundentes e até rudes. Quando pressionadas, elas querem se concentrar ainda mais em fazer as coisas, podendo parecer insensíveis ou mostrar falta de preocupação com os outros. Não querem perder o controle, preferindo focar em estar ativamente no comando de tarefas e situações.

Os perfis D preferem se mover rapidamente, estão dispostos a correr riscos e gostam de mudanças e desafios. Eles também podem ser impacientes e autoritários porque querem que as coisas sejam feitas rapidamente e do jeito deles.

Geralmente, não são bons ouvintes e tendem a tomar decisões precipitadas, mas se destacam em olhar para o quadro geral e realizar várias tarefas ao mesmo tempo. O lema do perfil D é: "Eu faço do meu jeito". Eles podem ser limitados por sua falta de humildade, que outros podem ver como arrogância. Os perfis D gostam de fazer as perguntas: "O quê?", "Qual é o resultado final?" ou "O que eu ganho com isso?".

Como identificar o perfil D

Aqui estão algumas maneiras rápidas e simples de identificar o perfil D:

- Parece estar sempre com pressa.
- É direto e fala o que pensa.

- Pode ser contundente.
- Possui opiniões firmes e as leva como fatos.
- Interrompe os outros.
- Pode falar com várias pessoas ao mesmo tempo.
- É muito impaciente.
- Fica irritado facilmente.

Atributos do perfil D

Atributos são as palavras que as pessoas usam para descrever os possíveis comportamentos do perfil D. Nem sempre são as palavras que a pessoa usaria para descrever seu próprio comportamento.

- Competitivo.
- Exigente.
- Orientado para resultados.
- Assertivo.
- Decisivo.
- Difícil.
- Independente.
- Impaciente.
- Audaz.
- Forte.
- Direto.
- Exigente.
- Obstinado.

- Dominador.
- Corajoso.

Estilo de comunicação do perfil D

Os perfis D geralmente se comunicam de maneira unilateral. Eles falam e esperam que os outros ouçam. Os perfis D expressam suas próprias opiniões como se fossem fatos, o que significa que suas opiniões não precisam de mais discussão. Eles podem ser contundentes e frequentemente desafiam os outros.

Estilo de liderança do perfil D

O perfil D exerce autoridade baseada no medo, poder e distância. Eles se sentem confortáveis em situações de crise e mudanças constantes. Pensam de forma ampla e focam nos resultados, podendo ver as pessoas como apenas mais um recurso.

Perfil I predominante

O perfil I é um dos quatro tipos de perfil DISC, representando aproximadamente 29% da população mundial.

Descrevendo o perfil I predominante

Os perfis I são extrovertidos, sociais e falantes. Eles transbordam otimismo e querem ser o centro das atenções. Os perfis I desejam interações com os outros, não gostam de se concentrar em detalhes ou de passar muito tempo sozinhos. São bons em influenciar os outros e fazer com que as pessoas os sigam como líderes. Sabem o que querem e alinham as pessoas para que isso seja feito. Anseiam por aceitação social, gostam de ser amados e podem ser espontâneos e impulsivos.

Os perfis I podem ser excessivamente falantes, sem foco e emocionais, prometendo mais do que podem cumprir por serem muito otimistas e ansiosos para serem amados. São vistos como muito amigáveis, enérgicos e animados, mas também podem parecer descuidados e desorganizados. Quando sob pressão, tendem a se concentrar mais nas pessoas e podem negligenciar detalhes e tarefas.

Seu lema é: "Eu sou uma pessoa legal! Todos deveriam gostar de mim!". Os perfis I gostam de fazer as perguntas: "Quem?", "Quem está na reunião?" ou "Quem mais usa isso?".

Como identificar o perfil I

Aqui estão algumas maneiras rápidas e simples de identificar o perfil I:

- É aberto e amigável.
- Fala muito.
- Fica facilmente eufórico.
- É animado.
- Fala sobre pessoas que conhece.
- Prefere não se concentrar muito em detalhes.
- Não escuta por muito tempo.
- Não presta muita atenção.
- Pode fazer as mesmas perguntas várias vezes.
- Salta de assunto para assunto.
- Fica longe de fatos concretos.

Atributos do perfil I

Atributos são as palavras que as pessoas usam para descrever os possíveis comportamentos do perfil I. Nem sempre são as palavras que a pessoa usaria para descrever seu próprio comportamento.

- Social.
- Espontâneo.
- Falante.
- Enérgico.
- Visível.
- Amigável.
- Descuidado.
- Emocional.
- Carismático.
- Impulsivo.
- Otimista.
- Participativo.
- Inspirador.
- Animado.
- Persuasivo.
- Expressivo.

Estilo de comunicação do perfil I

Os perfis I se comunicam de maneira inspiradora. Vendem suas ideias e visões, falam muito e preferem olhar para o quadro geral, evitando detalhes. Focam no positivo e tendem a evitar assuntos desagradáveis. São bons em fornecer feedback positivo e construtivo, mas podem não ser diretos.

Estilo de liderança do perfil I

Os perfis I baseiam sua autoridade em seu carisma, capacidade de motivar as pessoas e em criar uma boa atmosfera. São líderes de "pessoas" e querem muitos contatos sociais. Prosperam nos desafios de organizações novas e em evolução.

Perfil S predominante

O perfil S é um dos quatro tipos de perfil DISC. Eles representam aproximadamente 31% da população mundial.

Descrevendo o perfil S predominante

Os perfis S são firmes, calmos e descontraídos. Preferem interagir com pessoas que conhecem, pois são mais reservados. Os perfis S gostam de estabilidade e segurança, por isso preferem que as coisas permaneçam iguais. Eles veem a família e os amigos como muito importantes e defenderão fortemente seu próprio grupo ou equipe, às vezes de forma emocional. Valorizam a imparcialidade e a justiça.

Os perfis S são confiáveis e estáveis, centrando-se na cooperação, principalmente com o responsável, para a realização das tarefas. Eles querem que você lhes diga o que, quando e como deseja que algo seja feito, e ficarão felizes em cumprir. Se não receberem detalhes suficientes, podem não começar, pois não querem cometer erros. Os perfis S são mais hesitantes em suas ações e tomadas de decisão, querendo considerar os outros e focar em acordos.

Como preferem estabilidade e segurança, tendem a resistir à mudança e precisam de apoio com ela. Seu lema é: "Se não está quebrado, não vamos consertar". Quando estão sob pressão, podem se tornar muito flexíveis e costumam dizer "sim" com muita facilidade. Seu maior medo é a perda de estabilidade, e a mudança pode ser um desafio para eles.

Como identificar o perfil S

Aqui estão algumas maneiras rápidas e simples de identificar o perfil S:

- É descontraído e parece calmo.
- Ouve atentamente, acena com a cabeça e vai junto.
- Parece pensativo.
- Gosta de espaço físico próprio.
- Não fica eufórico facilmente.
- Pondera alternativas, demora a tomar decisões.
- Faz perguntas e indaga sobre os detalhes.
- Parece ter opiniões fortes, mas não as expressa verbalmente.
- Ideias ou coisas completamente novas parecem deixá-lo desconfortável.

Atributos do perfil S

Atributos são as palavras que as pessoas usam para descrever os possíveis comportamentos do perfil S. Nem sempre são as palavras que a pessoa usaria para descrever seu próprio comportamento.

- Estável.
- Receptivo.
- Carinhoso.
- Permissivo.
- Apoiador.
- Sincero.
- Leal.
- Caloroso.
- Confiável.
- Cuidadoso.
- Emocional.
- Paciente.
- Calmo.
- Amável.

Estilo de comunicação do perfil S

Os perfis S, como os perfis D, também preferem uma comunicação direcional. No entanto, eles preferem interações em configurações individuais. Eles respondem quando solicitados, mas, fora isso, preferem ouvir a falar. Tendem a falar de maneira calma e amigável, procurando criar confiança durante a interação. Preferem falar sobre tópicos que dominam e explicam as coisas com calma e minuciosamente.

Estilo de liderança do perfil S

A autoridade do perfil S é baseada na experiência, especialização e status organizacional. Eles se sentem confortáveis, como líderes, em manter rotinas e estabilidade. São orientados para o serviço e preferem liderar equipes menores. Seu estilo de liderança é participativo.

Perfil C predominante

O perfil C é um dos quatro tipos de perfil DISC. Eles representam aproximadamente 31% da população mundial.

Descrevendo o perfil C predominante

Os perfis C são os mais analíticos e reservados dos quatro perfis DISC. Eles podem ser muito detalhistas e preferem focar em fatos, informações e provas. Sentem-se confortáveis trabalhando sozinhos e mantêm altos padrões. Concentram-se na análise de tarefas e na qualidade do produto ou serviço, garantindo que tudo funcione da maneira correta.

Os perfis C podem parecer críticos dos outros, focando em encontrar erros e esperando que todos sigam seus padrões. Outros podem perceber sua atenção aos detalhes e correção como exigência. O desejo dos perfis C de fazer as coisas corretamente também pode retardar sua tomada de decisão, pois podem analisar demais os problemas e precisam de muitas informações. Sob pressão, podem parecer excessivamente críticos.

O lema do perfil C é: "Se não temos tempo para fazer direito, temos tempo para fazer tudo de novo?". Gostam de fazer perguntas como: "Por quê?", "Por que funciona dessa maneira?" ou "Por que esta etapa é necessária?".

Como identificar o perfil C

Aqui estão algumas maneiras rápidas e simples de identificar perfil C:

- Silencioso e age cautelosamente.
- Concentra-se nos detalhes, faz muitas perguntas.
- É deliberado e controlado.
- Não se sente confortável com contato físico.
- Parece reservado e um tanto tímido.
- Não expressa pontos de vista discordantes facilmente.
- Está sempre bem-preparado, pode ter feito o dever de casa.
- Estuda especificações e outras informações cuidadosamente.
- Toma decisões somente após estudar fatos e questões pertinentes.
- Pode ser muito crítico, com críticas baseadas em fatos, não em opiniões.

Atributos do perfil C

Atributos são as palavras que as pessoas usam para descrever o estilo comportamental do perfil C. Nem sempre são as palavras que a pessoa usaria para descrever seu próprio comportamento.

- Analítico.
- Detalhista.
- Exato.
- Perfeccionista.
- Sistemático.
- Preciso.
- Cauteloso.
- Cuidadoso.
- Minucioso.
- Distante.
- Formal.
- Lógico.

Estilo de comunicação do perfil C

Os perfis C geralmente preferem usar comunicação escrita, como e-mails. Não expressam prontamente pontos de vista discordantes e querem informações detalhadas e baseadas em fatos para garantir que tomem as decisões corretas. Como se concentram tanto em detalhes e dados, podem perder o quadro geral. Preferem conversas em que não precisam se concentrar em opiniões ou assuntos abstratos. Podem ser extremamente formais e diplomáticos.

Estilo de liderança do perfil C

A autoridade do perfil C é baseada em regras e padrões comprovados. Preferem manter distância das pessoas e enfatizam as regras e o foco na qualidade. São líderes de "coisas" e se interessam mais por fatos, detalhes e análises.

Quadro resumo das tendências comportamentais dos fatores DISC

	D	I	S	C
Medidas (critérios para avaliar o fator)	Como uma pessoa resolve problemas e responde a desafios.	Como uma pessoa tenta influenciar ou persuadir os outros.	O ritmo em que uma pessoa realiza atividades e responsabilidades.	Como uma pessoa responde às regras e regulamentos estabelecidos por outras pessoas.
Fundo de escala (Quanto maior a pontuação, a pessoa será...)	Mais ativa e agressiva na tentativa de superar problemas e obstáculos; ficará com raiva mais rapidamente.	Mais verbal e persuasiva ao tentar influenciar sua maneira de pensar; será mais alegre e otimista.	Mais inclinada a começar e concluir um projeto de cada vez. Também será resistente a mudanças; será menos emocional, e mais difícil de ler sua expressão.	Mais cumpridora das regras estabelecidas pelos outros; será motivada pelo medo de desobedecer (evitará punições).
Quanto menor a pontuação	Maior a tendência de coletar dados antes de tomar uma decisão; será mais lenta para a raiva.	Usará dados e fatos; será mais pessimista.	Desejará ritmo e mudanças mais rápidas; será mais emocional e expressiva.	Desafiará as regras e buscará a independência; será mais destemida.
Emoção medida	Raiva.	Otimismo.	Frieza (passividade).	Temor.
Características gerais	Direto; Alta força de ego; Solucionador de problemas; Corre riscos; Proativo; Competitivo.	Entusiasmado; Otimista; Confiante; Persuasivo; Impulsivo; Bem-humorado.	Bom ouvinte; Paciente; Empático; Compreensivo; Amigável.	Preciso; Analítico; Cuidadoso; Sistemático; Realista.
Possíveis fraquezas	Argumentativo; Não tolera rotina; Impaciente para ouvir; Autoritário.	Desatento aos detalhes; Exagera nos gestos; Ouve quando conveniente; Indisciplinado.	Resiste à mudança; Guarda rancor; Dificuldade em priorizar; Teimoso.	Atolado em detalhes; Não verbalizará sentimentos; Precisa de limites claros; Temperamento negativo.
Tendências de orientação	Tarefa; Ação; Risco.	Pessoas; Extroversão; Toque humano.	Calma; Processos; Planejamento.	Normas; Introversão; Análise.

Quadro resumo das tendências comportamentais dos fatores DISC

	D	I	S	C
Padrão de comportamento	Direto e independente.	Aberto e direto.	Aberto e indireto.	Indireto e independente.
Aparência	Formal e funcional.	Na moda, informal e com estilo.	Casual.	Formal e conservador.
Espaço de trabalho	Ocupado, formal, eficiente e estruturado.	Amigável, desestruturado e pessoal.	Pessoal, descontraído, amigável e informal.	Organizado, estruturado, funcional e formal.
Ritmo	Ágil, rápido e decisivo.	Espontâneo e disperso.	Cadenciado.	Lento e sistemático.
Prioridade	Tarefa e resultados.	Relacionamentos e interação.	Manutenção do status.	Tarefa e processo.
Temores	Perda de controle.	Perda de prestígio.	Confronto.	Embaraço.
Atuação sob tensão	Ditar e afirmar.	Ataque e sarcasmo.	Submeter/ concordar.	Retirar ou evitar.
Busca	Produtividade.	Reconhecimento.	Atenção.	Precisão.
Necessita saber	O QUE faz, quando, quanto custa.	QUEM mais usa e como	COMO isso afetará suas circunstâncias pessoais.	Logicamente POR QUE eles justificariam o uso.
Sente-se seguro com	Total controle.	Melhoria do seu status.	Proximidade e relacionamentos.	Preparação.
Quer manter	Sucesso.	Flexibilidade.	Relacionamentos.	Preparação.
Apoia	Metas.	Status.	Sentimentos.	Pensamentos.
Espera dos outros	Objetividade.	Ideias.	Simpatia.	Precisão e acuracidade.
Consegue aceitação por	Liderança e competitividade.	Entusiasmo e otimismo.	Conformidade e lealdade.	Correção e meticulosidade.
Deseja ser/estar	No comando.	Descontraído e extrovertido.	Apreciado.	Correto.
Irrita-se com	Indecisões.	Admiração.	Insensibilidade e impaciência.	Surpresas e imprevisibilidade.
Medidas de avaliação pessoal	Acompanhamento dos resultados.	Tédio e rotina.	Compatibilidade com outros; Profundidade de relacionamentos.	Precisão, acuracidade e nível de atividade.
As decisões são	Definitivas.	Reconhecidas e elogiadas.	Planejadas e consideradas.	Metódicas e deliberadas.

As quatro frases que resumem a autopercepção de cada perfil DISC

Perfil D

1. Eu coloco as pessoas sob pressão.
2. Eu tenho uma forte necessidade de poder.
3. Eu tento superar os outros.
4. Estou sempre procurando maneiras de ganhar dinheiro.

Perfil I

1. Eu gosto de fazer parte de uma multidão barulhenta.
2. Eu quero que estranhos me amem.
3. Eu brinco muito.
4. Eu faço muito barulho.

Perfil S

1. Hesito em criticar as ideias dos outros.
2. Eu valorizo a cooperação sobre a competição.
3. Eu só quero que todos sejam iguais.
4. Raramente toco minha própria buzina.

Perfil C

1. Sou emocionalmente reservado.
2. Eu leio as letras miúdas.
3. Eu amo ordem e regularidade.
4. Minha primeira reação a uma ideia é ver suas falhas.

As perguntas dos perfis DISC

Somos bem-sucedidos porque fazemos todos os tipos de perguntas. No entanto, existem certas perguntas que os perfis DISC tendem a fazer.

Perfil/Estilo – D fazem as perguntas "O quê?"

Os estilos D são diretos, focados no objetivo, rápidos e decisivos. Eles tendem a pensar em si mesmos de forma individualista. Portanto, os estilos D fazem perguntas que os afetam diretamente. Eles não querem muitos detalhes, apenas os fatos que precisam saber. Os estilos D farão perguntas como: "Qual é o resultado final?" ou "O que há nisso para mim?".

Perfil/Estilo – I fazem as perguntas "Quem?"

Os estilos I são sociais, enérgicos e falantes. Eles gostam de ser amados e também de ser o centro das atenções. Os estilos I preferem se concentrar nas interações sobre as tarefas. Eles são voltados para as pessoas, então faz sentido que prefiram fazer as perguntas "quem?". Os estilos I tendem a fazer perguntas como: "Quem vai estar nesta reunião?" ou "Quem mais está usando isso?".

Perfil/Estilo – S fazem as perguntas "Como?"

Os estilos S são reservados e preferem ter o máximo de compreensão possível antes de tomar decisões. Eles farão muitas perguntas para garantir que a decisão seja certa para eles e para as pessoas próximas. Os estilos S tendem a fazer perguntas do tipo "como". Por exemplo, eles perguntam: "Como estamos fazendo isso?" ou "Como isso vai nos impactar?". Você percebe que os estilos S não apenas fazem perguntas "como", mas também tendem a fazer perguntas no plural?

Perfil/Estilo – C fazem as perguntas "Por quê?"

Os estilos C são analíticos e reservados. Eles querem saber o máximo possível de fatos e dados para tomar a decisão correta. Os estilos C são cautelosos e farão muitas perguntas. Eles tendem a fazer perguntas do tipo "por quê", como: "Por que funciona dessa maneira?" e "Por que essa etapa é necessária?".

Estilos de liderança pelo perfil DISC

- **O estilo perfil D** exerce autoridade baseada no medo, poder e distância. Eles se sentem confortáveis com situações de crise e mudanças constantes. Perfis D pensam de forma ampla e se concentram nos resultados. Eles podem ver as pessoas como apenas mais um recurso.
- **O estilo perfil I** baseia sua autoridade em seu carisma, em sua capacidade de motivar as pessoas e em criar uma boa atmosfera. Eles são líderes de "pessoas". Os líderes de perfil I querem e precisam de muitos contatos com as pessoas. Eles prosperam nos desafios de organizações novas e em evolução.
- **O estilo perfil S** baseia sua autoridade na experiência, especialização e status organizacional. Eles se sentem confortáveis, como líderes, em manter rotinas e estabilidade. Eles são orientados para o serviço. O perfil S prefere liderar equipes menores. Seu estilo de liderança é participativo.
- **O estilo perfil C** baseia sua autoridade em normas, regras e padrões comprovados. Eles preferem manter distância das

pessoas. Os líderes do estilo perfil C enfatizam as regras e o foco na qualidade. Eles são líderes de "coisas"; estão mais interessados em fatos, detalhes e análises.

Os desafios no ambiente de trabalho preferidos pelos perfis DISC

Perfil D:

- Quer obter resultados.
- Gosta de abordagens "faça e faça agora".
- Quer estar no comando.
- Gosta de novas oportunidades e desafios.
- Quer um amplo escopo de operações.

Citação ao estilo D:
"De que adianta jogar, se vencer não é o objetivo?" (Autor: J.D. Robb, pseudônimo da autora norte-americana Nora Roberts, que escreve uma série de livros policiais futuristas.)

Perfil I:

- Quer se envolver com as pessoas.
- Quer se divertir enquanto faz as coisas.
- Gosta de conversar com as pessoas (mesmo desconhecidas).
- Quer liberdade da responsabilidade de seguir os detalhes.

Citação ao estilo I:
"Quem está feliz fará os outros felizes também." (Autora: Anne Frank, ou Annelies Marie Frank, adolescente alemã de

origem judaica, vítima do Holocausto. Tornou-se uma das figuras mais discutidas da história após a divulgação póstuma do *Diário de Anne Frank*.)

Perfil S:

- Gosta de se envolver com pessoas.
- Quer que todos façam a sua parte.
- Gosta que as coisas funcionem sem problemas.
- Quer estabilidade e segurança.
- Quer um ambiente livre de conflitos.

Citação ao estilo S:
"A marca invariável da sabedoria é ver o milagroso no comum." (Autor: Ralph Waldo Emerson, escritor, ensaísta e filósofo americano do século XIX.)

Perfil C:

- Quer critérios específicos de desempenho.
- Gosta de precisão.
- Gosta de estabelecer e cumprir padrões elevados.
- Quer oportunidades para analisar e avaliar.
- Gosta de abordagens lógicas e sistemáticas de trabalho.

Citação ao estilo C:
"Leva menos tempo para fazer algo certo do que explicar por que você fez algo errado." (Autor: Henry Wadsworth Longfellow, poeta americano do século XIX.)

Dias bons e ruins para os estilos DISC

Um dia bom:

D	I	S	C
Competitivo Exigente Determinado Com força de vontade Com propósito	Sociável Dinâmico Expansivo Entusiasmado Persuasivo	Carinhoso Encorajador Generoso Paciente Descontraído	Criterioso Preciso Deliberado Questionador Formal

Um dia ruim:

D	I	S	C
Agressivo Controlador Autoritário Arrogante Intolerante	Emocional Frenético Indiscreto Extravagante Afobado	Sem assertividade Brando Trabalho lento Dependente Teimoso	Reservado Indeciso Cético Frio Calado

Como ler os gráficos do relatório DISC

Lendo os gráficos do relatório de perfil DISC

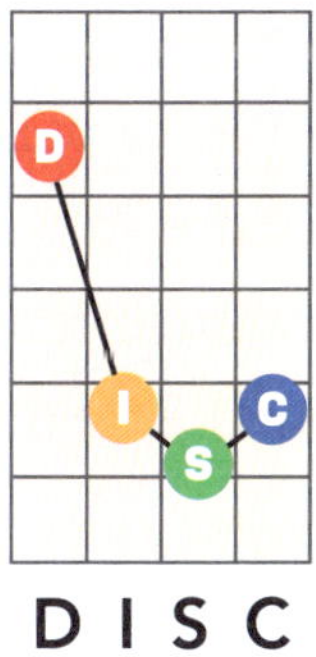

Figura 13. Representação gráfica de um perfil DISC.

Um grande avanço ocorreu com o desenvolvimento do "gráfico DISC" ou perfil DISC, uma forma gráfica que representa aspectos do comportamento de uma pessoa de maneira fácil de entender, mesmo com pouca experiência ou treinamento, conforme mostra a **Figura 13.**

Agora é possível apresentar os resultados complexos produzidos por um perfil comportamental na forma de um simples gráfico, que pode ser entendido e interpretado por leigos. Embora algum treinamento ainda seja necessário para analisar um perfil DISC, o histórico psicológico e estatístico, que antes era um pré-requisito para a leitura de um perfil, não é mais necessário.

O advento do computador pessoal provou ser um ponto de virada no desenvolvimento do DISC. Essa tecnologia tornou possível, pela primeira vez, automatizar totalmente o processo de criação de perfil e interpretação, introduzindo total precisão e objetividade no processo de avaliação. Os avanços no desenvolvimento de software resultaram no surgimento recente de soluções informatizadas flexíveis e inteligentes, capazes de traçar o perfil de um candidato e interpretar seus resultados em questão de minutos.

Como a técnica funciona

Como você pode imaginar, o mecanismo real por trás do DISC é bastante complicado. A força da técnica, no entanto, está em sua capacidade de ocultar essa complexidade do usuário. Os perfis DISC são apresentados em uma forma gráfica simples, que pode ser facilmente compreendida com apenas um pouco de experiência. Sistemas computadorizados modernos podem até interpretar esses gráficos automaticamente. Nesta seção, veremos os fundamentos dos gráficos DISC e a interpretação do perfil.

Os questionários de autopercepção DISC variam em estilo e conteúdo, mas todos têm certos elementos básicos em comum. Cada pergunta pede ao candidato para identificar qual das quatro opções é mais aplicável a ele e qual é menos aplicável. Todos os verdadeiros questionários DISC consistem em 24 perguntas, cada uma composta por quatro opções. Essas opções podem ser frases ou adjetivos. Os sistemas modernos normalmente calculam os resultados por meio de um computador. No entanto, testes que requerem cálculo manual pelo usuário ainda podem ser encontrados.

O perfil interno (estrutural), às vezes chamado de perfil subjacente ou de pressão, reflete as verdadeiras motivações e desejos da pessoa. Esse é o tipo de comportamento que geralmente aparece quando um indivíduo é colocado sob pressão. O perfil externo (situacional) descreve as percepções de uma pessoa sobre o tipo de comportamento que idealmente deveria projetar. Também conhecida como máscara ou estilo de trabalho, essa forma geralmente representa o tipo de comportamento que um indivíduo normalmente adota no trabalho.

Um perfil DISC produz não apenas um, mas três formatos de perfil distintos: o Interno, o Externo e o Resumo (resultante). Estes são baseados em análises de diferentes conjuntos de respostas, e cada um descreve um aspecto diferente do comportamento de uma pessoa. Cada formato de perfil se destacará em determinado tipo de situação. Na realidade, as pessoas geralmente agem de maneira consistente com elementos de ambos os outros tipos. O perfil Resumo é uma combinação dos outros dois perfis, descrevendo o provável comportamento normal de uma pessoa.

Perfil Estrutural
Como você é

Perfil Situacional
Como os outros esperam que você seja

Perfil Resultante
Como você se adapta

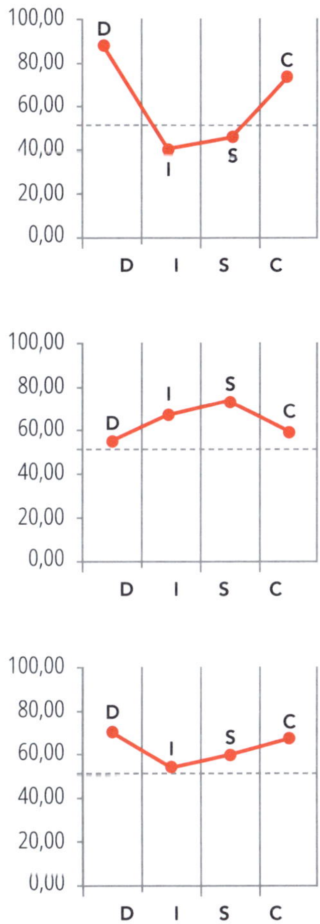

Figura 14. Representações gráficas dos perfis Estrutural, Situacional e Resultante.

Escalas e intensidades no DISC

A premissa da teoria DISC é que **todas as pessoas demonstram algum comportamento em cada dimensão e, portanto, as pessoas não devem ser vistas como pertencentes apenas a uma categoria** (é a intensidade de todos os quatro fatores que conta).

Altos e baixos da avaliação DISC. Você é um D alto, I, S ou C?

Intensidades

Pontuação	Classificação
83-100	Muito alta
66-83	Alta
33-66	Faixa média
16-33	Baixa
0-16	Muito baixa

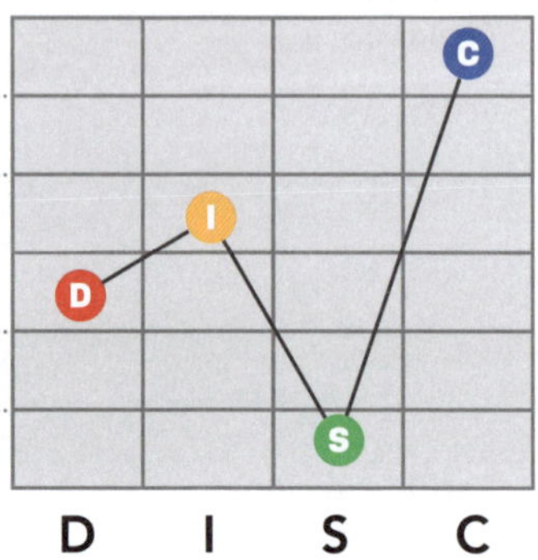

Figura 15. Especificação das faixas de intensidades.

Esta é uma parte importante da interpretação do perfil DISC.

Intensidade do traço

A intensidade tem a ver com quão altas ou baixas são as pontuações nos quatro tipos.

A intensidade é medida pela escala – muito alta, alta, baixa e muito baixa. A linha média é a base para determinar alta/baixa. Alguns "expandem" uma escala, outros estão na faixa intermediária e outros estão um pouco acima da linha média. Os resultados da avaliação DISC são frequentemente descritos como "Alto C" ou "Alto I", etc., o que significa que o gráfico de uma pessoa aparece acima da faixa média nesses tipos. A intensidade é importante, pois diferentes qualidades caracterizam cada zona.

- **Traço Primário:** a pontuação mais alta acima da linha média é o seu traço primário ou força motriz. Por exemplo, o gráfico na **Figura 15** revela um traço primário C "alto". Isso significa que, na maioria das vezes, a pessoa manifestará comportamentos "C".
- **Traço Secundário:** quando mais de um tipo aparece acima da faixa média, mas ainda abaixo do traço primário, são traços secundários. Traços secundários, embora fortes, geralmente se expressam de maneira a apoiar o traço primário.
- **Baixo Traço:** baixos traços são aqueles abaixo da faixa média, mas eles ainda influenciam o tipo de alguém. Por exemplo, observe no gráfico à esquerda que S é baixo, o que significa que não é realista esperar comportamentos estáveis e diplomáticos desse perfilado.

Lendo os gráficos – Intensidades

Figura 16. Escala de Dominância.

Quanto **maior** a pontuação na escala D, mais assertiva a pessoa será para enfrentar problemas e desafios. Quanto **menor** a pontuação na escala D, menos assertivamente eles abordarão problemas e desafios.

As pessoas com pontuação **alta na escala D** são frequentemente descritas como: exigentes, motivadas, ambiciosas, pioneiras, obstinadas, enérgicas, determinadas, agressivas, competitivas, decisivas, aventureiras. As pessoas com pontuação **baixa na escala D** são frequentemente descritas como: conservadoras, calculistas, cooperativas, hesitantes, discretas, inseguras, pouco exigentes, cautelosas, moderadas, agradáveis, modestas, pacíficas, discretas.

Alto D *versus* baixo D

Alto D

- Quer controle sobre seu ambiente.
- Aborda e resolve problemas.
- É assertivo e orientado para desafios.
- Possui pavio mais curto.
- Responde proativamente às mudanças.

Baixo D

- Responde de forma mais complacente.
- Às vezes pode ficar um pouco hesitante quando confrontado com problemas.
- É menos assertivo, consegue conviver com o *status quo*.
- Possui pavio mais longo.
- Responde de forma mais reativa às mudanças.

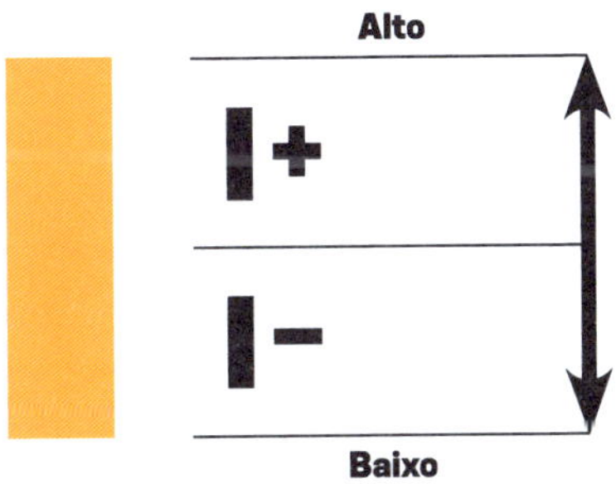

Figura 17. Escala de Influência.

Quanto **maior** a pontuação na escala I, mais a pessoa tentará procurar pessoas para interagir e influenciar. Quanto **menor** a pontuação na escala I, menos provável é que uma pessoa procure pessoas para interagir.

As pessoas com pontuação **alta na escala I** são frequentemente descritas como: efusivas, contínuas, magnéticas, entusiasmadas, demonstrativas, persuasivas, calorosas, convincentes, otimistas, confiantes, sociáveis. As pessoas com pontuação **baixa na escala I** são frequentemente descritas como: reflexivas, factuais, calculistas, céticas, lógicas, desconfiadas, práticas, incisivas, pessimistas, temperamentais, críticas.

Alto I versus baixo I

Alto I

- Influencia os outros com base na convicção.
- Tem uma visão otimista da vida.
- Responde de forma entusiástica, acolhedora e exuberante.
- Confia facilmente nos outros.
- Quer ser apreciado.

Baixo I

- É um pouco mais pessimista.
- É observador e reservado.
- É mais provável que fique desconfiado e preocupado.
- Tem menos necessidade de reconhecimento social.

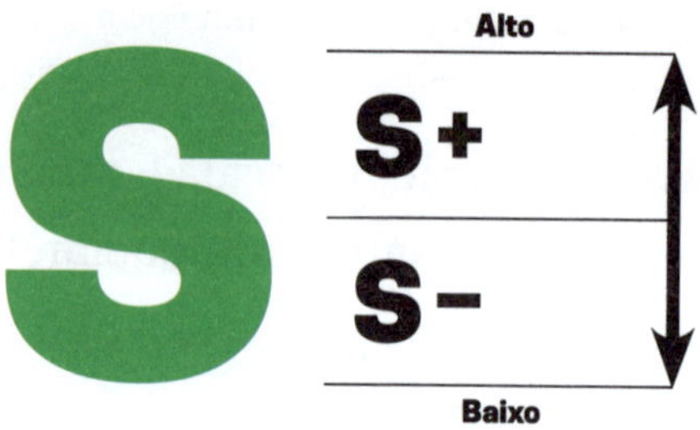

Figura 18. Escala de Estabilidade.

Quanto **maior** a pontuação na escala S, mais estável e consistente a pessoa prefere que seu ambiente seja. Quanto **menor** a pontuação na escala S, mais a pessoa prefere que seu ambiente seja acelerado e mutável.

As pessoas com pontuação **alta na escala S** são frequentemente descritas como: fleumáticas, tranquilas, não demonstrativas, passivas, pacientes, previsíveis, consistentes, deliberadas, constantes, estáveis. As pessoas com pontuação **baixa na escala S** são frequentemente descritas como: móveis, ativas, inquietas, alertas, orientadas para a variedade, demonstrativas, impacientes, orientadas para a pressão, ansiosas, flexíveis, impulsivas, impetuosas, tensas.

Alto S *versus* baixo S

Alto S

- Prefere hábitos e padrões estabelecidos.
- Tem um ritmo mais lento de pensamento e ação.
- Tem dificuldade em lidar com mudanças.
- É mais cauteloso e reativo.
- Tem necessidade de previsibilidade.

Baixo S

- Gosta de inovação e mudança.
- Possui maior nível e ritmo de atividades.
- Lida mais facilmente com a mudança.
- Tem atitude proativa.
- Prefere mais variações.

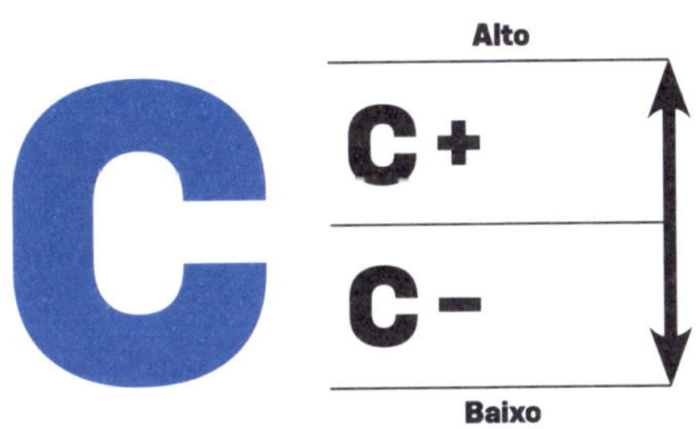

Figura 19. Escala de Conformidade.

Quanto **maior** a pontuação na escala C, mais provável é que a pessoa cumpra regras e regulamentos. Quanto **menor** a pontuação na escala C, menos provável é que uma pessoa confie em regras e regulamentos.

As pessoas com pontuação **alta na escala C** são frequentemente descritas como: preocupadas, cuidadosas, cautelosas, convencionais, exigentes, organizadas, sistemáticas, diplomáticas, precisas. As pessoas com pontuação **baixa na escala C** são frequentemente descritas como: firmes, independentes, teimosas, obstinadas, opinativas, não sistemáticas, desinibidas, arbitrárias, inflexíveis, descuidadas com detalhes.

Alto C versus baixo C

Alto C

- Gosta de cumprir regras e protocolos.
- É preciso, detalhado e específico.
- Tem pouca disposição para assumir riscos.
- Trabalha com base em fatos e pesquisas.
- É estruturado e ordenado.

Baixo C

- Considera as regras mais como uma diretriz do que como regulamento.
- Baseia as ideias no panorama geral.
- Atreve-se a correr mais riscos.
- Pode responder de forma mais subjetiva.
- É um pouco menos organizado.

Sete coisas importantes a saber ao interpretar gráficos DISC

Ser capaz de interpretar gráficos DISC com proficiência é uma habilidade importante ao usar a avaliação DISC em seu negócio ou prática de coaching. Embora definitivamente não seja nada de outro mundo, ser apresentado a esses gráficos pode parecer complexo quando você é novo no aprendizado da teoria DISC.

A boa notícia é que, quanto mais você trabalhar com o relatório DISC, melhor aprenderá os meandros dele. Antes de detalharmos as sete coisas que você precisa saber, há duas coisas muito importantes que você deve ter em mente ao revisar o perfil DISC de alguém:

- O ambiente em que a pessoa fez sua avaliação DISC.
- Cada um dos quatro estilos DISC são representados em cada pessoa em intensidades variadas.

1. Gráfico Situacional

O gráfico denominado Situacional no relatório DISC mostra como alguém acredita que outros devem se comportar em determinado ambiente. Este gráfico pode ser bem diferente dos gráficos Estrutural e Resultante, ou bastante parecido. Chamamos isso de "máscara" porque pode não representar com precisão quem a pessoa realmente é. Este gráfico é baseado nas respostas **"Como as pessoas gostariam que você fosse"** na avaliação DISC de uma pessoa, e tem o maior potencial de mudança.

Por exemplo, se você avalia alguém e vê que ela tem um "I" bem acima da linha média **(Figura 20)** neste primeiro gráfico, mas está abaixo da linha média no gráfico 2, essa pessoa pode acreditar que se espera que ela seja mais extrovertida e relacional, quando pode realmente ser mais orientada para a tarefa ou passiva.

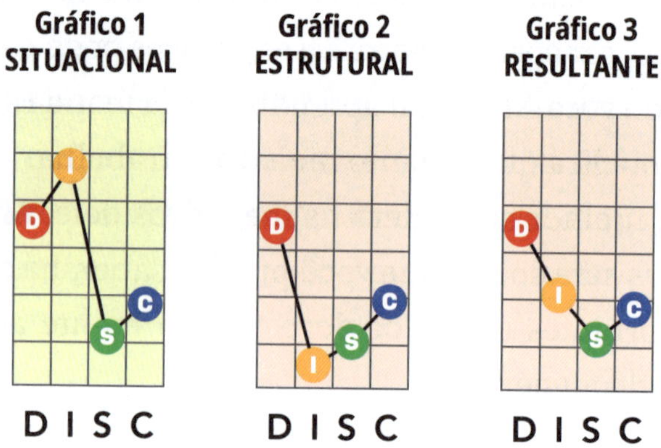

Figura 20. Os gráficos Situacional, Estrutural e Resultante.

2. Padrão *overshift* – Todos os pontos DISC acima da linha média

Figura 21. Padrão *overshift*.

O padrão *overshift* pode ser um bom indicador de desempenho e, se usado no processo de contratação, pode alertá-lo sobre grandes empreendedores ágeis e rápidos. No entanto, como o D, I, S e C estão todos acima da linha média e mostram uma alta intensidade para todos os estilos DISC, isso indica que uma pessoa está gastando muita energia tentando ser tudo para todos. Embora essa pessoa possa ser extremamente produtiva, essa quantidade de alto gasto de energia pode levar ao esgotamento.

3. Padrão *undershift* – Todos os pontos DISC abaixo da linha média

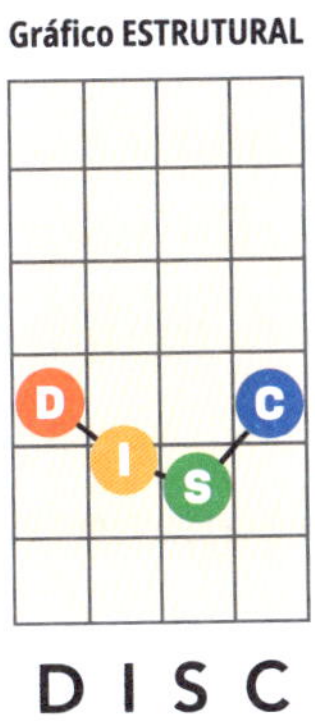

Figura 22. Padrão *undershift*.

O padrão *undershift* é exatamente o oposto do *overshift*, com todos os quatro fatores DISC abaixo da linha média. Uma pessoa com esse padrão apresentará um baixo esforço de energia geral no ambiente em que for avaliada. Pode indicar falta de autoconfiança, insegurança e, no processo de contratação, pode servir para prevenir alguém que pode ter um desempenho abaixo do esperado devido ao estresse, ou expectativas pouco claras.

4. Comprimido ou Padrão Camaleão – Todos os fatores DISC na ou ao redor da linha média

Figura 23. Padrão Comprimido.

O padrão de transição ocorre quando todos os pontos DISC estão muito próximos da linha média. Esse não é um estilo permanente ou natural para alguém, mas indica que a pessoa está passando por algum evento significativo na vida, como uma mudança de emprego. Também o chamamos de Padrão Camaleão, pois a pessoa se adapta aos diferentes estilos DISC à medida que se sente confortável em uma nova situação ou ambiente. É recomendável reavaliar essa pessoa dentro de um ano, assim que ela se sentir confortável em seu novo ambiente, ou quando o “evento de vida” terminar.

5. O "Falso D" – I, S e C estão acima da linha média

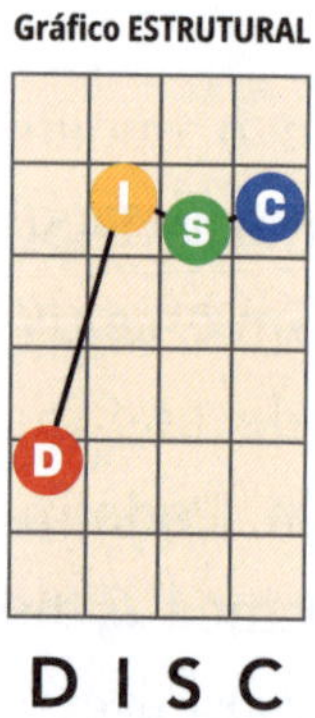

Figura 24. Padrão falso D.

Esta é uma combinação única de estilo de I, S e C (em qualquer ordem), tudo acima da linha média. Embora não seja tão intenso quanto um verdadeiro "D", esse estilo pode atuar como um "D" para assumir o comando quando a situação exige. É importante que esse estilo receba treinamento adequado e tenha uma compreensão clara de seu papel e expectativas, a fim de tomar decisões claras e diretas.

6. Alta intensidade de qualquer característica (D, I, S ou C) acima da linha média

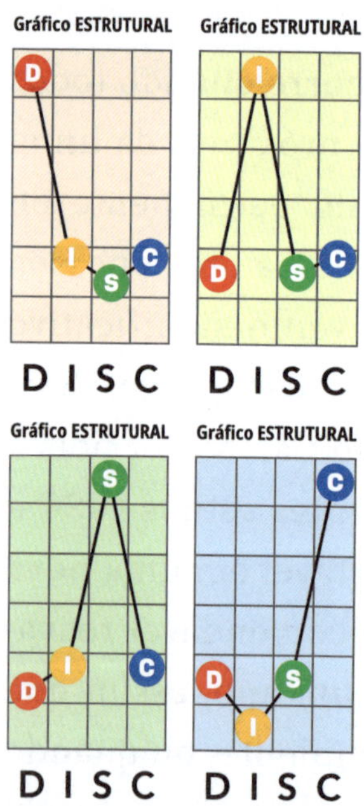

Figura 25. Alta intensidade.

Qualquer força usada em excesso pode se tornar uma fraqueza. Um estilo "D" pode parecer excessivamente agressivo, enquanto um "C" pode ficar atolado em detalhes desnecessários.

Um "I" muito alto tenderá a desconsiderar o gerenciamento de tempo e os objetivos, em vez de ser mais social. Já um "S" muito alto provavelmente diminuirá o ritmo e será extremamente resistente à mudança.

Ao ler os gráficos, leve em consideração que os outros fatores DISC e suas intensidades desempenham um papel no comportamento geral da pessoa.

7. Baixa intensidade de qualquer característica (D, I, S ou C) abaixo da linha média

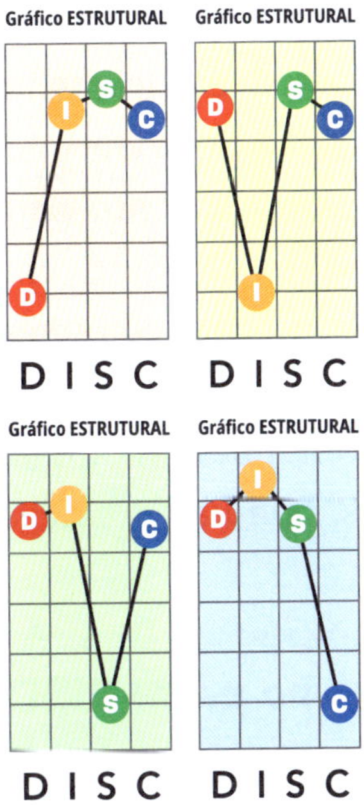

Figura 26. Baixa intensidade.

Pessoas com um D, I, S ou C muito abaixo da linha média exibirão traços opostos àqueles com altas intensidades desses estilos.

Um "D" muito baixo será mais passivo, evitará o confronto e será lento para agir.

Um "C" muito baixo terá menos atenção aos detalhes e não obterá informações ou fatos suficientes antes de tomar uma decisão.

Um "I" muito baixo será mais retraído, menos falador e social, e pode ter dificuldade em construir relacionamentos.

Um "S" muito baixo pode ficar impaciente rapidamente e perder a perseverança em situações que requerem um processo ou procedimento repetitivo.

Em última análise, requer mais energia das pessoas que têm um fator muito abaixo da linha média para mostrar comportamentos comuns a essa característica.

A prática leva à perfeição

Por fim, a melhor e mais importante maneira de entender os gráficos DISC é praticar a criação de perfis e a avaliação do maior número possível de pessoas. Como em qualquer outra coisa que você busca, se quiser se tornar bom nisso, deve praticar.

Comece com as pessoas que você conhece. Como você já as conhece, os gráficos não apenas mostrarão o que você já sabe por meio de seu comportamento observável, mas também podem revelar algo interessante que você não sabia... como um dos padrões especiais mencionados nas páginas anteriores.

Tudo o que você precisa saber como analista está no relatório DISC: desde a intensidade das características DISC até como essas pessoas se comunicam, além de dicas sobre como elas podem se comunicar com outras pessoas de estilos diferentes. Desafiamos você, como novo analista, a avaliar pelo menos dez pessoas que você conhece, sejam amigos, familiares, colegas de trabalho ou de seu grupo social.

Combinações de fatores ou traços no perfil DISC

Os comportamentos que são exibidos ou observados são uma combinação da influência de cada um dos quatro fatores principais. Normalmente, cada estilo tem um ou dois dos fatores DISC que são exibidos de forma proeminente pelo indivíduo.

Existem muitos outros estilos possíveis ao combinar os quatro fatores de comportamento DISC.

O número de combinações possíveis é exatamente o fatorial da quantidade de letras, ou seja, 4! = 4x3x2x1 = 24 combinações sem repetição de letras.

Como?

Suponhamos que temos quatro caixas e que podemos colocar uma letra dentro de cada caixa. Então, na primeira caixa, podemos colocar qualquer uma das quatro letras (D, I, S ou C). Na segunda caixa, podemos colocar apenas três letras, porque uma já foi usada na primeira caixa. Na terceira caixa, só temos duas possibilidades para letras, pois outras duas já foram usadas na primeira e na segunda caixa. E, por último, na quarta caixa, só temos uma letra para colocar, porque as outras três já foram usadas. Agora é só multiplicar o número de possibilidades de cada caixa: na primeira: 4; na segunda: 3; na terceira: 2; na quarta: 1. Portanto, 4x3x2x1 = 4! = 24 possibilidades.

Quadro das 24 combinações de fatores

Perfil	Fatores				Nome do perfil	Subfator	Palavras descritivas
1	D	I	S	C	Realizador	Independência	Proativo, autodeterminado, autoconfiante, autossuficiente, independente.
2	D	I	C	S	Proativo/ Dinâmico	Automotivação	Enérgico, criativo, vibrante, vigoroso, visionário, ativo, eloquente.
3	D	S	C	I	Eficiente	Determinação	Empreendedor, perseverante, calmo, firme, lógico.
4	D	S	I	C	Resiliente	Independência	Autêntico, autodeterminado, autoconfiante, autossuficiente, teimoso.
5	D	C	I	S	Desbravador	Automotivação	Enérgico, criativo, vibrante, vigoroso, visionário, ativo.
6	D	C	S	I	Orientado às metas	Determinação	Direto, determinado, assertivo, indagador, sistemático.
7	I	D	S	C	Integrador	Autoconfiança	Equilibrado, seguro, confiante, expressivo, animado.
8	I	D	C	S	Agente de mudanças	Entusiasmo	Extrovertido, ritmo rápido, efusivo, sociável.
9	I	S	C	D	Amável/ Conselheiro	Sociabilidade	Comunicativo, indireto, gentil, amigável, complacente, amistoso.

Perfil	Fatores				Nome do perfil	Subfator	Palavras descritivas
10	I	S	D	C	Orientado às pessoas	Autoconfiança	Equilibrado, seguro, confiante, expressivo, animado.
11	I	C	S	D	Cativante	Sociabilidade	Gentil, simpático, amigável, receptivo, extrovertido.
12	I	C	D	S	Avaliador	Entusiasmo	Ansioso, perspicaz, convicto, interessado, zeloso.
13	S	C	I	D	Especialista	Paciência	Tolerante, sereno, constante, diligente, dócil, conservador.
14	S	C	D	I	Lógico	Preocupação	Comedido, confiável, poucas palavras, pensativo.
15	S	I	D	C	Político	Persistência	Persistente, leal, determinado, independente, descontraído.
16	S	I	C	D	Colaborador/ Amigável	Paciência	Submisso, prestativo, colaborativo, conservador, compreensível.
17	S	D	C	I	Planejador	Preocupação	Carinhoso, pensativo, atento aos detalhes, simpático.
18	S	D	I	C	Equilibrado	Persistência	Perseverante, tenaz, determinado, obstinado.
19	C	D	I	S	Organizado	Perceptividade	Inquieto, ágil, preciso, ansioso, cauteloso, exigente.
20	C	D	S	I	Orientado às tarefas	Precisão	Cuidadoso, exigente, exato, sistemático, disciplinado.
21	C	I	S	D	Cooperativo	Conectividade	Obediente, submisso, formal, amável, orientado para regras
22	C	I	D	S	Sensível	Perceptividade	Simpático, ágil, compreensivo, consciente, observador.
23	C	S	D	I	Pensador objetivo	Precisão	Preciso, exato, meticuloso, cuidadoso, cético, confiável.
24	C	S	I	D	Preciso	Conectividade	Obediente, submisso, formal, amável, detalhista, cauteloso.

Descrições dos perfis conforme a combinação dos fatores

Perfil nº 1: DISC

- **Nome do perfil:** Realizador
- **Subfator:** D/C Independência
- **Palavras descritivas:** influente, dogmático, amigável, decisivo, versátil, seguro, empreendedor, persuasivo, dinâmico, ágil, independente e persistente.

O avaliado tem predominância dos fatores DI

"DIs" são pessoas movidas em ritmo acelerado, parecendo aventureiras e ousadas. Ficam entediadas com facilidade e, portanto, geralmente procuram atribuições exclusivas e posições de liderança. "DIs" gostam de manter um ritmo acelerado e tendem a se relacionar bem com a abordagem de alta energia no trabalho.

Além disso, estão focadas em obter resultados rapidamente. Embora competitivas, podem usar o charme para persuadir os outros a ajudá-las a ter sucesso.

Por fim, pessoas com estilo "DI" são geralmente enérgicas e entusiasmadas, parecendo charmosas e divertidas. Elas utilizam seu entusiasmo para inspirar os outros e criar um ambiente animado.

Sobre o avaliado (nome fictício: João)

João é automotivado, independente, entusiasmado e autoconfiante. Ele é altamente assertivo, capaz de ação direta e dinâmica, assim como de charmosa sociabilidade, conforme a situação exigir.

Com esses fatores, João tende a ter objetivos claros na vida, com determinação e comprometimento para alcançá-los.

João busca manter uma posição de domínio na maioria das situações, tanto em termos de autoridade pessoal e controle, quanto em um sentido social. Perfis como o de João gostam de sentir que são respeitados por aqueles que trabalham com eles e também genuinamente admirados. Esse poderoso estilo comportamental é frequentemente chamado de "Z" em referência à sua forma característica no perfil DISC.

Como João se relaciona com os outros

O perfil de João é caracterizado por fortes habilidades sociais e um estilo de comunicação persuasivo. Ele pode ser encantador, mas às vezes adota uma abordagem mais exigente e arrogante, especialmente sob pressão.

Com um ritmo acelerado, João pode ter dificuldade em lidar com tipos menos assertivos ou diretos, especialmente aqueles que têm medo de confronto e não se expressam objetivamente.

Habilidades comuns de João

Desafio é uma palavra-chave para João - ele prospera em situações estressantes e difíceis que outros achariam impossíveis de lidar. Sua necessidade de realização significa que está disposto a realizar quase qualquer tarefa para alcançar o sucesso ou reconhecimento, emprestando-lhe uma urgência e energia raramente vistas em outros perfis comportamentais.

Fatores motivadores de João

O sucesso e o reconhecimento são os principais fatores motivadores para uma pessoa com alta Dominância e Influência, como João. Para manter-se motivado, ele deve sentir-se desafiado – a estagnação é angustiante e desmotivadora para alguém com os fatores "D" e "I" acima da linha média. João precisa estabelecer metas e ambições elevadas e trabalhar firmemente para alcançá-las, para operar no seu melhor.

Comportamentos de João

João é geralmente direto, vigoroso, decidido e independente. Toma decisões sem vacilação, baseando-se nas informações ou dados disponíveis regularmente. Pode ser resoluto e inflexível em sua abordagem interpessoal, sendo um indivíduo claro, que usa sua assertividade e confiança para influenciar ou persuadir os outros com seu ponto de vista. Não necessita de muita supervisão, ordens ou influência de outras pessoas, focando-se principalmente no "quadro total" e nos planos globais, em vez dos detalhes.

Um dos principais pontos fortes de João é a autoridade para disciplinar e tomar decisões, impondo limites independentemente das normas. Ele buscará ativamente ter controle e poder em todas as situações.

Subfator ou característica secundária de João: Independência

A Independência aparece em um perfil DISC quando o fator "D" é significativamente maior do que o fator "C". Esse tipo de pessoa se sente frustrado com regras e regulamentos, preferindo seguir suas próprias ideias e frequentemente trabalhar sozinho ou em posições de autoridade isoladas.

Este subfator é comum em estilos empreendedores, caracterizados pela competitividade e determinação. A maneira precisa como isso aparecerá no comportamento de uma pessoa geralmente depende das pontuações de "I" e "S" em seu perfil.

Perfil nº 2: DICS

- **Nome do perfil:** Proativo e Dinâmico
- **Subfator:** D/S Automotivação
- **Palavras descritivas:** dinâmico, direto, exigente, dogmático, eloquente, preciso, competitivo, sistemático, lógico, ativo, versátil, ágil, criativo, pesquisador e crítico.

O avaliado tem predominância dos fatores DI

"DIs" são pessoas movidas em ritmo acelerado, parecendo aventureiras e ousadas. Ficam entediadas com facilidade e, portanto, geralmente procuram atribuições exclusivas e posições de liderança. "DIs" gostam de manter um ritmo acelerado e tendem a se relacionar bem com a abordagem de alta energia no trabalho.

Além disso, estão focadas em obter resultados rapidamente. Embora competitivas, podem usar o charme para persuadir os outros a ajudá-las a ter sucesso.

Por fim, pessoas com estilo "DI" são geralmente enérgicas e entusiasmadas, parecendo charmosas e divertidas. Elas utilizam seu entusiasmo para inspirar os outros e criar um ambiente animado.

Sobre o avaliado (nome fictício: João)

João é independente, dinâmico, tem grande senso de urgência, gosta de produzir resultados rápidos e executa suas tarefas com determinação e assertividade. É corajoso, ambicioso e, às vezes, pode ser precipitado. Movido por desafios, sente-se mais motivado com tarefas aparentemente impossíveis, pois esses desafios o inspiram a provar a si mesmo; afinal, ele não tem medo de correr riscos. Assume o comando e toma a dianteira, motivado a seguir em frente, apesar dos obstáculos no caminho. Sua disposição é ideal em situações competitivas.

Sua crença na própria capacidade é inigualável, carregando consigo um sentimento genuíno de que pode conseguir tudo, desde que trabalhe o suficiente. Não gosta de rotinas e trabalhos repetitivos, entende a importância das regras, mas tende a enxergá-las como sugestões e não como algo obrigatório a ser seguido. Estimula-se realizando mudanças em processos, métodos e ambientes, comportando-se como um "agente de mudanças" dentro da organização. Não gosta de estagnação, por isso está sempre em movimento. É o perfil que mais aguenta pressão, não tem problema em ser direto ou dizer exatamente o que pensa. Consegue ter opiniões sobre quase tudo e não tem medo de revelar seus pensamentos ou ideias.

João é confiante, extrovertido, objetivo e motivado, estando sempre em ação. "Ou vai, ou racha" pode definir bem sua força; é capaz de mover céus e terras para completar suas tarefas e alcançar resultados. Para ele, rápido é sinônimo de ótimo, e poucas coisas o irritam mais do que a lentidão. Ele adiciona sempre um senso de urgência para alcançar seus objetivos, é intenso, pensa com rapidez e tem a habilidade de lidar com situações difíceis e desafiadoras, que são o que mais o define. Exige muito de si e está sempre preparado para o trabalho duro, dando tudo o que tem quando tem uma opinião sobre algo específico ou quando quer alguma coisa, indo até o fim.

Entusiasmado, leva essa característica para sua equipe; é extrovertido e empolgado. Aceita tarefas e desafios como nenhum outro faria. Tem a tendência de ser original e enérgico, não gosta de fazer as coisas como todo mundo faz. Só porque é difícil não significa que vai deixar de fazer. Enquanto as pessoas hesitam, pensando e ponderando riscos, ele tem facilidade de tomar a decisão mais controversa, sempre com determinação. Uma vez que decide, tudo anda a pleno vapor. João não fica preso ao seu ponto de vista original quando percebe que existe uma solução melhor; é capaz de pensar rápido e não vê problema em mudar de ideia, não rejeitando as sugestões de outras pessoas quando ele mesmo está sem ideias.

Comportamentos de João

João é dinâmico, com um urgente e impaciente desejo de produzir resultados rápidos. Gosta muito da variedade em seu trabalho. Rapidamente fica aborrecido com a rotina e o trabalho repetitivo. Estimula-se realizando mudanças em processos, métodos e ambientes, comportando-se como um "agente de mudanças" dentro da organização. Reage rapidamente a desafios e situações novas e competitivas. É imaginativo e criativo em seus esforços para propor mudanças. Pode ser persuasivo, porém, em geral, é direto e firme na comunicação. Dominante e competitivo, buscará ativamente ter o controle e o poder.

Pressiona frequentemente os outros para trabalhar com maior rapidez. Pode trabalhar bem sozinho em tarefas de planejamento, análise e resolução de problemas. Está disposto a correr riscos e tomar a iniciativa.

- **João se afasta de:** rotinas, detalhes, ineficiência e insegurança.
- **Indispensável:** velocidade, resultados, autonomia, desafios e liberdade para agir.

Subfator ou característica secundária de João: Automotivação

A Automotivação aparece em um perfil DISC quando a Dominância é significativamente maior que a Sensatez ou Estabilidade. A ação é um ingrediente-chave dessa subcaracterística. Esse tipo de pessoa sente necessidade de estar ativo o tempo todo e fica impaciente com quem não quer ou não consegue acompanhar seu ritmo urgente. Reage rapidamente a novos desenvolvimentos, mas nunca perde de vista seus próprios objetivos e ambições.

Perfil nº 3: DSCI

- **Nome do perfil:** Eficiente
- **Subfator:** D/I Determinação
- **Palavras descritivas:** empreendedor, dogmático, direto, inquisitivo, decidido, lógico, perseverante, deliberado, gentil, teimoso, desafiante, indagador, introvertido e realista.

O avaliado tem predominância dos fatores DS

"DS" é uma forma de perfil incomum, assim como todos os perfis que contêm alta Dominância e Estabilidade. A principal característica distintiva deste perfil é a sua baixa pontuação de influência, descrevendo um estilo baseado mais em praticidade e pensamento racional do que em considerações emocionais. Pessoas com este perfil são geralmente relutantes em revelar informações sobre si mesmas, suas ideias ou seus sentimentos. É um perfil comportamental complexo, com respostas variadas a diferentes situações. Comportamentos mais assertivos e dominantes podem ser esperados em situações antagônicas ou difíceis, enquanto um estilo mais relaxado (mas muito menos assertivo) pode ser antecipado em circunstâncias menos pressionadas.

Os "DSs" são empreendedores com capacidade de perseverar. Eles são mais ativos do que passivos, mas possuem uma espécie de sensibilidade calma e firmeza que os torna bons líderes. Parecem ser orientados para as pessoas, mas podem facilmente ser dominantes e decisivos quando se trata de tarefas e planejamento de projetos. Esforçam-se para atingir metas com uma determinação feroz, que vem de um forte impulso interno, mas poderiam se beneficiar do pensamento contemplativo e conservador, bem como de passar mais tempo concentrando-se nos relacionamentos.

Sobre o avaliado (nome fictício: João)

João tem uma marcada tendência para a administração e para a especialização. É altamente confiável, muito disciplinado e preciso. Além disso, tem a habilidade de avaliar os acontecimentos de forma lógica e sistemática. Gosta de pensar nos problemas, assuntos e designações com consciência, com uma boa dose de profundidade e atenção ao detalhe. Prefere operar baseado em fatos e dados, mas pode ir muito mais longe. É lógico e analítico em sua abordagem aos problemas.

Geralmente é curioso e gosta de entender as verdadeiras causas dos problemas. É cético em sua abordagem e não se desorienta facilmente com questões que o tirem do foco. Não aceita novas ideias muito rapidamente, tendendo a se opor às mudanças e a guardar mágoas.

João é um pouco reservado e comedido, pensará nas coisas cuidadosamente e é provável que aparente ser muito sério e introvertido. Pode não ser um bom comunicador e pode ser que, no geral, não compartilhe informações. Baseia suas relações na confiança e pode levar tempo para confiar nos outros. No trabalho, consegue combinar duas grandes habilidades: planejamento e execução. Dessa forma, atinge bons resultados.

Status não é algo tão importante para João quanto alcançar metas e terminar o que começou. Gosta da previsibilidade e valoriza muito a segurança em sua rotina profissional e pessoal. Faz um bom juízo das pessoas e demonstra confiança nos outros. Às vezes, na ânsia de ajudar nas tarefas dos outros, chega a se esquecer de fazer as próprias. Não gosta de conflitos e não tem facilidade com mudanças, porém, é guiado pelo desejo de que as pessoas ao seu redor fiquem felizes e satisfeitas.

Habilidades comuns de João

A ênfase do perfil de João está nos resultados e na produtividade. Ele trabalha bem com fatos e se sente confortável com sistemas complexos. João valoriza a eficácia e a eficiência e tende a incorporar essas qualidades em sua abordagem, tanto ao trabalho quanto à vida pessoal. Embora tenha uma visão clara de seus próprios objetivos pessoais, está preparado para aguardar seu tempo quando necessário, e essa abordagem cuidadosa e paciente o ajuda a evitar riscos desnecessários ou ações impulsivas.

Fatores motivadores de João

Comprometer-se com temas importantes, com alto grau de responsabilidade; trabalhar na resolução de problemas por meio da análise; buscar novos conhecimentos; transmitir consistência e segurança.

Comportamentos de João

João resolve problemas por meio de uma análise intensiva e total. Ele é objetivo, analítico, tranquilo, estável e perseverante em sua abordagem às tarefas. Seu alto grau de empatia o leva a compreender as necessidades e emoções das pessoas. Trabalha bem em relações interpessoais, em grupos e equipes pequenas, guiando os outros com base em seus conhecimentos e experiências mais do que por carisma natural. Provavelmente, sente-se desconfortável em situações de grupos grandes, especialmente se formados por desconhecidos. Luta incansavelmente e com tenacidade para atingir seus objetivos. É introvertido em sua aproximação às pessoas em geral, mas pode trabalhar bem sozinho em tarefas de planejamento, reflexão e resolução de problemas. Orienta-se à qualidade e é meticuloso em sua abordagem às tarefas. É independente e inquisitivo em suas abordagens, sendo um indivíduo de mente aberta que está disposto a agir por conta própria, com pouca ou nenhuma supervisão. João é motivado por tarefas difíceis e desafiantes que necessitem de análises profundas.

- **Se afasta de**: ineficiência, insegurança, desprestígio e incompetência.
- **Indispensável**: velocidade, resultado, qualidade, exatidão, autonomia, desafios e liberdade para agir.

Subfator ou característica secundária de João: Determinação

A Determinação aparece em um perfil DISC quando a Dominância é significativamente maior que a Influência. Um indivíduo determinado é direto e assertivo, mas tem pouco ou nenhum interesse em assuntos pessoais. Ele adota uma visão objetiva e analítica e busca seus objetivos de forma objetiva e implacável.

Ele precisa ver resultados e está disposto (algumas vezes) a comprometer a qualidade ou os detalhes para obtê-los.

Perfil nº 4: DSIC

- **Nome do perfil:** Resiliente
- **Subfator:** D/C Independência
- **Palavras descritivas:** dogmático, direto, sincero, dominante, confiável, tenaz, independente, teimoso, justo e autêntico.

O avaliado tem predominância dos fatores DS

"DS" é uma forma de perfil incomum, assim como todos os perfis que contêm alta Dominância e Estabilidade. A principal característica distintiva deste perfil é a sua baixa pontuação de influência, descrevendo um estilo baseado mais em praticidade e pensamento racional do que em considerações emocionais. Pessoas com este perfil são geralmente relutantes em revelar informações sobre si mesmas, suas ideias ou seus sentimentos. É um perfil comportamental complexo, com respostas variadas a diferentes situações. Comportamentos mais assertivos e dominantes podem ser esperados em situações antagônicas ou difíceis, enquanto um estilo mais relaxado (mas muito menos assertivo) pode ser antecipado em circunstâncias menos pressionadas.

Os "DSs" são empreendedores com capacidade de perseverar. Eles são mais ativos do que passivos, mas possuem uma espécie de sensibilidade calma e firmeza que os torna bons líderes. Parecem ser orientados para as pessoas, mas podem facilmente ser dominantes e decisivos quando se trata de tarefas e planejamento de projetos. Esforçam-se para atingir metas com uma determinação feroz, que vem de um forte impulso interno, mas poderiam se beneficiar do pensamento contemplativo e conservador, bem como de passar mais tempo concentrando-se nos relacionamentos.

Sobre o avaliado (nome fictício: João)

João geralmente é direto, vigoroso, decidido e independente. Toma suas decisões sem vacilação, baseando-se nas informações ou dados disponíveis. Pode ser resoluto e inflexível em sua abordagem interpessoal. É um indivíduo claro, que usa sua assertividade e confiança para influenciar ou persuadir os outros com seu ponto de vista.

Ele não necessita de muita supervisão, ordens ou influência de outras pessoas. Fica focado principalmente no "quadro geral" e nos planos globais, em vez dos detalhes. Um de seus principais pontos fortes é possuir a autoridade para disciplinar e tomar decisões. Sabe impor limites, independentemente do que digam as normas. Buscará ativamente ter o controle e o poder em todas as situações.

Habilidades comuns de João

A ênfase desse perfil de pessoa está nos resultados e na produtividade. João trabalha bem com fatos e "se sente em casa" com sistemas complexos. Ele valoriza a eficácia e a eficiência e tende a incorporar essas qualidades em sua abordagem, tanto no trabalho quanto na vida pessoal. Embora tenha uma visão clara de seus próprios objetivos pessoais na vida, João está preparado para aguardar seu tempo quando necessário, e essa abordagem cuidadosa e paciente o ajuda a evitar riscos desnecessários ou ações impulsivas.

Fatores motivadores de João

Perfis com múltiplos fatores elevados têm uma variedade de fatores motivadores, que podem se expressar de maneiras diferentes de acordo com a circunstância. Neste caso, os fatores motivadores incluem a obtenção de resultados, tempo para se adaptar a situações de mudança e um entendimento completo dos fatos e detalhes. Além disso, também são fatores motivadores:

- Comprometer-se com temas importantes, com alto grau de responsabilidade.
- Ter objetivos e metas próprias.
- Liberdade para agir de acordo com suas ideias e propostas.

Comportamentos de João

João geralmente é direto, vigoroso, decidido e independente. Toma suas decisões sem vacilação, baseando-se nas informações ou dados que estejam regularmente disponíveis. Pode ser resoluto e inflexível em sua abordagem interpessoal. É um indivíduo claro, que usa sua assertividade e confiança em si próprio para influenciar ou persuadir os outros com seu ponto de vista. Não necessita de muita supervisão, ordens ou influência de outras pessoas. Fica focado principalmente no "quadro total" e nos planos globais, em vez dos detalhes. Um de seus principais pontos fortes é possuir a autoridade para disciplinar e tomar decisões. Sabe impor limites, independentemente do que digam as normas, e buscará ativamente ter o controle e o poder em todas as situações.

- **Se afasta de:** rotinas, detalhes, ineficiência e insegurança.
- **Indispensável:** velocidade, resultado, autonomia, desafios e liberdade para agir.

Subfator ou característica secundária de João: Independência

A Independência aparece em um perfil DISC quando o fator "D" é significativamente maior do que o fator "C". Esse tipo de pessoa se sente frustrada com regras e regulamentos, preferindo seguir suas próprias ideias e frequentemente trabalhando sozinho ou em posições de autoridade isoladas.

Esse subfator é comum em estilos empreendedores, caracterizados pela competitividade e determinação. A maneira precisa como isso aparecerá no comportamento de uma pessoa geralmente depende das pontuações de "I" e "S" em seu perfil.

Perfil nº 5: DCIS

- **Nome do perfil:** Desbravador
- **Subfator:** D/S Automotivação
- **Palavras descritivas:** enérgico, criativo, vibrante, vigoroso, visionário, ativo, inquieto.

O avaliado tem predominância dos fatores DC

"DC" representa um indivíduo altamente formal e estruturado, com um estilo forte e contundente. Esse perfil acredita em acertar as coisas e raramente tem medo de expressar seus pensamentos de forma robusta e direta. De todos os perfis DISC possíveis, este estilo é provavelmente o menos próximo de questões pessoais ou emocionais; indivíduos com esse perfil tendem a ser distantes e um tanto isolados, preferindo seguir seus próprios conselhos.

Sobre o avaliado (nome fictício: João)

João é motivado a realizar tarefas complexas. Quando tem uma ideia, não consegue tirá-la da cabeça antes de pensar em todos os detalhes para executá-la o mais rápido possível.

Ele é corajoso, ambicioso e movido por desafios, sentindo-se mais motivado com tarefas aparentemente impossíveis. Esses desafios o inspiram a se colocar à prova, afinal ele não tem medo de correr riscos. João assume o comando e toma a dianteira, motivado a seguir em frente apesar dos obstáculos no caminho. Sua disposição ideal em situações competitivas.

Sua crença na própria capacidade é inigualável, carregando consigo um sentimento genuíno de que pode conseguir tudo, desde que trabalhe o suficiente. Não gosta de rotinas e trabalhos repetitivos, entendendo a importância das regras, mas tendendo a vê-las como sugestões e não como algo obrigatório a ser seguido. Ele se estimula realizando mudanças em processos, métodos e ambientes, comportando-se como um "agente de mudanças" dentro da organização.

João não gosta de estagnação, por isso está sempre em movimento. Ele é o perfil que mais aguenta pressão e não tem problema em ser direto ou dizer exatamente o que pensa. Consegue ter opiniões sobre quase tudo e não tem medo de revelar seus pensamentos ou ideias. João é confiante, detalhista, objetivo e motivado, estando sempre em ação. "Ou vai, ou racha" pode definir bem sua força. Ele é capaz de mover céus e terras para completar suas tarefas e chegar ao resultado com muita qualidade. Para ele, rápido é sinônimo de ótimo, e poucas coisas o irritam mais do que a lentidão.

Sempre adiciona um senso de urgência para alcançar seus objetivos. Ele é intenso, pensa com rapidez e tem a habilidade de lidar com situações difíceis e desafios, o que mais o define. Exige muito de si e está sempre preparado para o trabalho duro. João dá tudo o que tem, e quando tem uma opinião sobre algo específico ou quando quer alguma coisa, ele vai até o fim.

Consegue trabalhar em equipe, porém, prefere alcançar metas de forma independente. João se esforça muito para fazer as tarefas com perfeição e tenta, ao mesmo tempo, entregar com rapidez e eficácia, o que pode aumentar sua autocobrança, já que ele quer ser muito rápido e detalhista, duas características difíceis de combinar.

Trabalha duro para alcançar o nível de qualidade que determinou, sendo muito crítico consigo mesmo e com os demais. Na sua visão, tudo tem que ser bem-feito, da maneira certa, e se algo sair do controle ou não atender ao padrão estipulado, ele pode se cobrar excessivamente. João tem uma visão estratégica, gosta da segurança e é bem racional, por isso, antes de tomar qualquer decisão, faz uma análise de riscos, considerando o que pode dar errado e todas as possibilidades de sucesso. Assim, faz suas escolhas com base em dados e fatos.

João tem muita responsabilidade com suas tarefas, é detalhista e criterioso, realizando suas atividades com cuidado e atenção. Geralmente é exigente com sua produtividade e com os demais à sua volta. Pensamento lógico e racionalidade são valores cruciais para João, que é mais introvertido, o que não significa que ele não tem nada a dizer. Ser introvertido não é ser silencioso, mas ser ativo no mundo interior, resultando em calmaria e reflexões mais intensas antes de falar qualquer coisa. Ele é observador e age mais como espectador do que como personagem principal.

Habilidades comuns de João

Esse é um estilo comportamental motivado pela realização e eficiência, assim como todos os estilos que contêm um alto nível de Dominância "D". Neste caso, no entanto, isso é modulado pela presença de um alto fator de Conformidade "C", que também empresta ao personagem um interesse em detalhes e precisão. Um elemento notável desse tipo específico é a tendência de corrigir outras pessoas quando cometem erros, chegando a ponto de destacar erros que outros possam considerar triviais ou sem importância. No entanto, essa combinação de eficiência e precisão pode ser eficaz, e seu estilo franco e assertivo ajuda-o a realizar tarefas difíceis com pura força de caráter.

Fatores motivadores de João

Esse é um personagem complexo em termos de motivação. Em comum com todos os Altos "Ds", ele tem um desejo de realização pessoal e sucesso, mas também gosta de sentir que está concluindo tarefas ou projetos com precisão e eficiência. O estilo naturalmente inexpressivo desse tipo pode dificultar a detecção se ele está motivado ou não em qualquer conjunto particular de circunstâncias.

Comportamentos de João

João é meticuloso e exato, com um dinamismo inato para a solução de problemas. Tem uma considerável curiosidade pelas causas dos problemas e pode ter uma ampla gama de interesses. Busca sempre a perfeição e não gosta de cometer falhas ou erros. Agradam-lhe as tarefas desafiantes e coloca ênfase em usar os fatos e a lógica para se ocupar de desafios complexos, em resposta a prazos difíceis. Tem a habilidade de realizar toda uma variedade de tarefas, especialmente as que necessitam de exatidão. Orienta-se mais ao trato de recursos físicos do que ao trato com pessoas. Prefere a novidade, as ideias imaginativas e o trabalho que envolva transformação, variedade e excitação. Não é sociável por natureza e, em algumas ocasiões, pode se mostrar introvertido. Pode trabalhar como membro de uma equipe, mas talvez se sinta melhor trabalhando sozinho. É muito crítico consigo mesmo e com os demais, geralmente se nega a delegar tarefas porque desconfia que os outros possam não trabalhar adequadamente. Mesmo tendo desempenho de acordo com as normas e os procedimentos, é independente dos demais. Tem uma tendência inata à criatividade e sempre busca atingir a exatidão e a perfeição.

- **Se afasta de:** ineficiência, insegurança, desprestígio e incompetência.
- **Indispensável:** velocidade, resultado, autonomia, desafios e liberdade para agir.

Subfator ou característica secundária de João: Automotivação

A Automotivação aparece em um perfil DISC quando a Dominância é significativamente maior que a Sensatez ou Estabilidade. A ação é um ingrediente-chave dessa subcaracterística. Esse tipo de pessoa sente necessidade de estar ativo o tempo todo e fica impaciente com quem não quer ou não consegue acompanhar seu ritmo urgente. Reage rapidamente a novos desenvolvimentos, mas nunca perde de vista seus próprios objetivos e ambições.

Perfil nº 6: DCSI

- **Nome do perfil:** Orientado às metas
- **Subfator:** D/I Determinação ou Eficiência
- **Palavras descritivas:** exigente, direto, dinâmico, indagador, hesitante, coibido, moderado, persistente, exato, cuidadoso, sistemático, lógico, perfeccionista, leal e sincero.

O avaliado tem predominância dos fatores DC

"DC" representa um indivíduo altamente formal e estruturado, com um estilo forte e contundente. Esse perfil acredita em acertar as coisas e raramente tem medo de expressar seus pensamentos de forma robusta e direta. De todos os perfis DISC possíveis, este estilo é provavelmente o menos próximo de questões pessoais ou emocionais; indivíduos com esse perfil tendem a ser distantes e um tanto isolados, preferindo seguir seus próprios conselhos.

Sobre o avaliado (nome fictício: João)

João é motivado a realizar tarefas complexas. Quando ele tem uma ideia, não consegue tirá-la da cabeça antes de pensar em todos os detalhes para executá-la o mais rápido possível. Ele é corajoso, ambicioso e movido por desafios, sentindo-se mais motivado com tarefas aparentemente impossíveis. Esses desafios o inspiram a se superar, afinal, ele não tem medo de correr riscos. João assume o comando e toma a dianteira, motivado a seguir em frente apesar dos obstáculos no caminho. Sua disposição é ideal em situações competitivas.

Sua crença na própria capacidade é inigualável. Carrega consigo um sentimento genuíno de que, desde que trabalhe o suficiente, pode conseguir tudo. Não gosta de rotinas e trabalhos repetitivos, entendendo a importância das regras, tende a vê-las como sugestões e não como algo obrigatório a ser seguido. Estimula-se realizando mudanças em processos, métodos e ambientes, comportando-se como um "agente de mudanças" dentro da organização.

Não gosta de estagnação; por isso, João está sempre em movimento. É o perfil que mais aguenta pressão, não tem problema em ser direto ou dizer exatamente o que pensa, consegue ter opiniões sobre quase tudo e não tem medo de revelar seus pensamentos ou ideias. João é confiante, detalhista, objetivo e motivado. Está sempre em ação. "Ou vai, ou racha" pode definir bem sua força. É capaz de mover céus e terras para completar suas tarefas e alcançar resultados de alta qualidade. Para ele, rápido é sinônimo de ótimo; poucas coisas o irritam mais do que a lentidão.

Ele sempre adiciona um senso de urgência para alcançar seus objetivos. É intenso, pensa rapidamente e tem habili dade para lidar com situações difíceis. Desafios são o que mais o define. Exige muito de si e está sempre preparado para o trabalho duro. João dá tudo de si quando tem uma opinião sobre algo específico ou quando quer alguma coisa, ele vai até o fim.

Consegue trabalhar em equipe, porém, prefere alcançar metas de forma independente. João se esforça muito para fazer as tarefas com perfeição e, ao mesmo tempo, entregar com rapidez e eficácia, o que pode aumentar sua autocobrança, já que ele quer ser muito rápido e detalhista, duas características difíceis de combinar. Trabalha duro para alcançar o nível de qualidade que determinou. Tem uma criticidade muito alta consigo mesmo e com os demais; na sua visão, tudo tem que ser bem-feito e da maneira certa. Se algo sair do controle ou não atingir o padrão estipulado, ele pode se cobrar excessivamente.

João é reflexivo e introspectivo, pensando nos assuntos e problemas a fundo. É hábil no pensamento lógico e analítico e na resolução de problemas. Adepto a averiguar a "causa raiz" dos problemas ou dos fracassos no desempenho, ele é um indivíduo cético que não se engana facilmente. Quer ver os dados pertinentes e entender a lógica de um plano ou proposta.

Pode ser demasiado negativo e introvertido, especialmente em áreas que estão fora de seus conhecimentos. Pode não se sentir especialmente confortável trabalhando em grupos numerosos, e pode não ter habilidade especial em gerar entusiasmo nos demais, tendendo a ser pouco comunicativo. Prefere fazer as coisas a delegá-las. Está disposto a agir de forma independente, sem muita direção e supervisão dos outros. Será cuidadoso tanto para estabelecer normas quanto para mantê-las, gostando de envolver-se em tarefas difíceis e detalhadas.

Habilidades comuns de João

Esse é um estilo comportamental motivado pela realização e eficiência, assim como todos os estilos que contêm um alto nível de Dominância "D". Neste caso, no entanto, isso é modulado pela presença de um alto fator de Conformidade "C", que também empresta ao personagem um interesse em detalhes e precisão. Um elemento notável desse tipo específico, por exemplo, é a tendência de corrigir outras pessoas quando cometem erros, chegando a ponto de destacar erros que outros possam considerar triviais ou sem importância. No entanto, essa combinação de eficiência e precisão pode ser eficaz, e seu estilo franco e assertivo ajuda-o a realizar tarefas difíceis com pura força de caráter.

Fatores motivadores de João

Esse é um personagem complexo em termos de motivação. Em comum com todos os Altos "Ds", ele tem um desejo de realização pessoal e sucesso, mas também gosta de sentir que está concluindo tarefas ou projetos com precisão e eficiência. O estilo naturalmente inexpressivo desse tipo pode dificultar a detecção se ele está motivado ou não em qualquer conjunto particular de circunstâncias.

Comportamentos de João

João é um indivíduo reflexivo e introspectivo, que pensa a fundo nos assuntos e problemas. Sente prazer em confrontar e resolver problemas complexos, sendo hábil no pensamento lógico e analítico, além de ser um bom pensador abstrato e conceitual. Ele é adepto a averiguar a "causa raiz" dos problemas ou fracassos no desempenho, e é cético, não se enganando facilmente. João quer ver os dados pertinentes e entender a lógica de um plano ou proposta. Pode ser demasiado negativo e introvertido, especialmente em áreas fora de seus conhecimentos, e pode não se sentir confortável trabalhando em grupos numerosos. Não tem especial habilidade em gerar entusiasmo nos demais e tende a ser pouco comunicativo. Prefere fazer as coisas a delegá-las, estando disposto a agir de forma independente sem muita direção e supervisão dos outros. João será cuidadoso tanto para estabelecer normas como para mantê-las, gostando de envolver-se em tarefas difíceis e detalhadas. Ele buscará ativamente ter o controle e o poder em todas as situações em que se encontrar.

- **Se afasta de:** ineficiência, insegurança, desprestigio e incompetência.
- **Indispensável:** velocidade, resultado, qualidade, exatidão, autonomia, desafios e liberdade para agir.

Subfator ou característica secundária de João: Eficiência

A Eficiência aparece em um perfil DISC quando a Dominância é significativamente maior do que a Influência. Um indivíduo eficiente é direto e assertivo, mas tem pouco ou nenhum interesse em assuntos pessoais. Eles adotam uma visão objetiva e analítica e dirigem-se para seus objetivos de forma direta e implacável. Eles precisam ver os resultados e estão dispostos a comprometer a qualidade ou os detalhes para obtê-los. O nome desse subfator é Eficiência, derivado do senso de propósito único e necessidade de ver resultados concretos, que estão associados a estilos que o possuem. Não indica, necessariamente, uma abordagem organizada ou formal, embora também não exclua esses elementos.

Perfil nº 7: IDSC

- **Nome do perfil:** Integrador
- **Subfator:** I/C Autoconfiança
- **Palavras descritivas:** influente, comunicativo, amistoso, complacente, estável, persistente, dogmático, tranquilo, teimoso, independente, compassivo e agradecido.

O avaliado tem predominância dos fatores ID

Os "IDs" são persuasivos, extrovertidos e enérgicos. Eles gostam de grupos grandes e usam seu poder de influência para obter respeito e convencer as pessoas a seguirem seu exemplo. Às vezes, podem ser vistos como inquietos e agitados, mas isso vem da necessidade de fazer parte de desafios que envolvam variedade, liberdade e mobilidade. Os "IDs" poderiam se beneficiar aprendendo a olhar antes de saltar e gastando mais tempo sendo observadores e menos agitados. São líderes inspiradores e sabem como obter resultados por meio das pessoas.

Sobre o avaliado (nome fictício: João)

Ele é comunicativo, dinâmico, independente e amante da vida; uma pessoa com perspectiva otimista da realidade e uma habilidade quase incompreensível de ver o lado positivo de tudo. João é ativo e não gosta de regras, padrões ou monotonias, mas se adapta com facilidade. Ele aprecia trabalhos que envolvam dinamismo e autonomia, valoriza um ambiente harmonioso e com contato interpessoal, destacando-se especialmente quando seu trabalho está ligado a pessoas e relacionamentos.

João é entusiasmado, animado e adora novidades. Ele se envolve em vários projetos e, em alguns casos, pode até comprometer a entrega. Não se preocupa muito com a organização, desde que tudo seja prático e esteja à mão. É do tipo otimista que sempre enxerga e mostra o lado positivo. Como alguém poderia deixar de se inspirar em uma pessoa que se recusa a ver o copo meio vazio?

Ele é motivado a fazer o seu melhor e gosta de tarefas aparentemente impossíveis, pois sempre acredita que vai dar certo. Conduzido pela alegria e pelo riso, João faz o possível para que os ambientes sejam leves e animados, entretendo e deixando as pessoas de bom humor. Consegue não só atrair a atenção de todos, mas também mantê-la, com uma habilidade singular de se conectar com qualquer um.

João consegue conversar com qualquer pessoa sem o menor resquício de timidez. Enquanto ele estiver interessado, o assunto nunca acaba, tornando suas conversas interessantes e inspirando outras pessoas a compartilharem suas opiniões. A maioria das coisas o interessa, ele é curioso e gasta muita energia buscando novas formas de fazer as coisas. Os desafios o inspiram e ele não tem medo de correr riscos, preferindo desenvolver seus próprios pensamentos e opiniões. Ainda assim, dá muita importância ao status social, levando as opiniões dos outros em consideração e querendo estar onde as coisas estão acontecendo.

Ele valoriza o reconhecimento e os resultados, provavelmente não trabalhando em projetos que não lhe interessam. Tudo o que faz é com muita intensidade. Ele tem objetivos claros em mente e aceita novos desafios com facilidade, sem pensar muito nas consequências. Em sua carreira, assume uma postura positiva, com muito trabalho duro para alcançar coisas maiores. Geralmente, é bastante competitivo e alcança seus resultados usando seu jeito independente de ser. João age de maneira impulsionadora, motivada e enérgica, sempre agregando boas relações. Tem um estilo tolerante, útil e compreensivo, sendo frequentemente diplomático ao tratar com as pessoas. O que caracteriza esse perfil é o entusiasmo e otimismo ilimitados, poucas coisas conseguem tirar seu bom humor. Ele dá alegria às pessoas com seu jeito divertido e é focado na união social, acreditando que todos precisam estar envolvidos.

João consegue derrubar qualquer oposição com eficácia, fazendo tudo parecer simples e encontrando soluções onde outros não veem saída. Ele pensa fora da caixa, com um raciocínio muito veloz, e tem a capacidade de pensar e reagir rapidamente, adaptando-se às situações difíceis. João usa sua persuasão para motivar e influenciar as outras pessoas.

Fatores motivadores de João

Contar com informação detalhada e certeira para proceder, interagir e se relacionar com pessoas novas e diferentes; receber reconhecimento social e congratulações; ser livre e independente.

Comportamentos de João

Comunicativo, entusiasta, independente, confiante, persuasivo, empático, otimista, se relaciona com facilidade, convincente, espontâneo, inspirador, carismático e voltado para resultados.

- **Se afasta de:** rotinas, detalhes, desvalorização e insegurança.
- **Indispensável:** reconhecimento, harmonia no coletivo, convívio social, espaço para vender suas ideias, autonomia e desafios.

Subfator ou característica secundária de João: Autoconfiança

Perfis autoconfiantes representam pessoas que raramente têm dúvidas e se sentem à vontade em quase todas as situações sociais. Eles se misturam facilmente com estranhos e não têm medo de iniciar contato social. Às vezes, podem ficar excessivamente confiantes, levando-os a agir impulsivamente.

Perfil nº 8: IDCS

- **Nome do perfil**: Agente de mudanças
- **Subfator:** I/S Entusiasmo
- **Palavras descritivas:** entusiasta, amigável, sociável, extrovertido, persuasivo, otimista, versátil, não agressivo e independente.

O avaliado tem predominância dos fatores ID

Os "IDs" são persuasivos, extrovertidos e enérgicos. Eles gostam de grupos grandes e usam seu poder de influência para obter respeito e convencer as pessoas a seguirem seu exemplo. Às vezes, podem ser vistos como inquietos e agitados, mas isso vem da necessidade de fazer parte de desafios que envolvam variedade, liberdade e mobilidade. Os "IDs" poderiam se beneficiar aprendendo a olhar antes de saltar e gastando mais tempo sendo observadores e menos agitados. São líderes inspiradores e sabem como obter resultados por meio das pessoas.

Sobre o avaliado (nome fictício: João)

João é comunicativo, dinâmico, independente e amante da vida; uma pessoa com uma perspectiva otimista da realidade e uma habilidade quase incompreensível de ver o lado positivo de tudo. Ele é ativo e não gosta de regras, padrões ou monotonias, mas se adapta com facilidade. Gosta de trabalhos que envolvam dinamismo e autonomia, valoriza um ambiente harmonioso que tenha contato interpessoal e, se seu trabalho estiver ligado a pessoas e relacionamentos, com certeza vai se destacar.

Além disso, é entusiasmado, animado e adora novidades. Ele se envolve com vários projetos e, em alguns casos, pode até se comprometer com a entrega, sem se preocupar muito com a organização, desde que tudo seja prático e esteja à mão. João é otimista, daquele tipo de pessoa que sempre enxerga e mostra o lado positivo. Como alguém poderia deixar de se inspirar em uma pessoa que se recusa a ver o copo meio vazio?

João é motivado a fazer o seu melhor e gosta de tarefas que parecem impossíveis de serem realizadas, pois sempre acredita que vai dar certo. Ele é conduzido pela alegria e pelo riso. Afinal, o sol está sempre brilhando em algum lugar. João faz o possível para que os ambientes sejam leves e animados, entretendo e deixando as pessoas de bom humor. Coisas divertidas sempre acontecem perto dele: consegue não só atrair a atenção de todos, mas também mantê-la, afinal, tem uma habilidade singular de se conectar com qualquer um.

É capaz de conversar com qualquer pessoa, sem o menor resquício de timidez. Enquanto estiver interessado, o assunto nunca acaba, tornando suas conversas interessantes e inspirando outras pessoas a compartilhar suas opiniões também. A maioria das coisas o interessa; é curioso e gasta muita energia para encontrar novas formas de fazer as coisas. Afinal, os desafios o inspiram. Ele não tem medo de correr riscos, prefere desenvolver seus próprios pensamentos e opiniões. Mesmo assim, dá muita importância ao status social, leva as opiniões dos outros em consideração e quer estar onde as coisas estão acontecendo.

Valoriza reconhecimento e resultados; provavelmente não trabalhará em projetos que não lhe interessem, já que tudo que faz é com muita intensidade. Ele tem objetivos claros em mente, aceita novos desafios com facilidade e sem pensar muito nas consequências. Em sua carreira, assume uma postura positiva, trabalhando duro para alcançar coisas maiores. Geralmente é bastante competitivo e alcança seus resultados usando seu jeito independente de ser. Ele tem uma forma de agir impulsionadora, motivada, cheia de energia, sempre agregando boas relações. Seu estilo é tolerante, útil e compreensivo, sendo frequentemente diplomático ao tratar com as pessoas. O que caracteriza esse perfil é o entusiasmo e otimismo ilimitados; poucas coisas conseguem tirar seu bom humor. Ele traz alegria às pessoas com seu jeito divertido e é focado na união social, acreditando que todos precisam estar envolvidos.

João consegue derrubar qualquer objeção com eficácia; faz tudo parecer muito simples, encontrando soluções onde outros não veem saída. Ele pensa fora da caixa, com um raciocínio muito veloz, e tem a capacidade de pensar e reagir rapidamente, adaptando-se a situações difíceis. Usa sua persuasão para motivar e influenciar as outras pessoas.

Fatores motivadores de João

A diversidade, a mudança e a variedade de situações e pessoas; agradar as pessoas, parecer simpático e encantador; as viagens constantes.

Comportamentos de João

É muito amigável e amável, sente prazer em falar com as pessoas, influenciando-as e persuadindo-as com seu ponto de vista. Preocupa-se em ajudar os demais e tem boas habilidades para influenciar os outros, raramente sendo antagonista de forma consciente. É um bom comunicador, com a habilidade de respaldar suas descrições gráficas com fatos. Pode ceder se for desafiado ou confrontado diretamente, inclusive quando achar que está correto. Causa uma primeira impressão positiva nas pessoas. Sente prazer em ser aprovado pelos outros, quer ser popular e gosta de ser o centro das atenções. Pode ser atraente em sua abordagem e tentará dominar as situações sociais para receber atenção e aprovação. Mostrará grande interesse nos outros e será eficaz ao comunicar informações. Pode ser muito sensível ao feedback positivo ou negativo dos demais.

- **Se afasta de**: rotinas, detalhes, desvalorização e insegurança.
- **Indispensável**: reconhecimento, harmonia no coletivo, convívio social, espaço para vender suas ideias, autonomia e desafios.

Subfator ou característica secundária de João: Entusiasmo

Esse é um subfator de extrovertidos que tem muito em comum com a simpatia, mas com a dimensão adicional de energia e ritmo. Este estilo é animado, mostra fortemente o interesse por um tema, e sua natureza efusiva pode atuar como um fator motivador para outros.

Perfil nº 9: ISCD

- **Nome do perfil:** Amável/Conselheiro
- **Subfator:** I/D Sociabilidade
- **Palavras descritivas:** empático, persuasivo, paciente, carismático, diplomático, amável, entretido, extrovertido, meticuloso, compassivo, tranquilo, preciso, não agressivo, entusiasta, organizado e disciplinado.

O avaliado tem predominância dos fatores IS

Os "ISs" são conselheiros influentes que amam as pessoas, e não é surpresa que as pessoas os amem. Eles vivem para agradar e servir, e tendem a ser bons ouvintes. Ser agradável e encorajar os outros é importante para eles, assim como seguir em frente e ser cordato. Muitas vezes, faltam na área de organização e podem estar mais preocupados com as pessoas envolvidas do que com a tarefa que têm em mão. No entanto, eles podem estar no centro das atenções ou nos bastidores com igual eficácia, e brilham quando se trata de influenciar e ajudar os outros.

Sobre o avaliado (nome fictício: João)

João é sociável e causa boa impressão por onde passa, devido à sua cordialidade, compreensão e compaixão. Valoriza muito as relações, tem empatia e gosta do envolvimento da equipe na busca por objetivos. Ele se incomoda com a impaciência, intolerância e rejeição.

É mais motivado no trabalho com pessoas; ele sempre pensa nas relações e no bem-estar de todos. Põe ênfase em usar sua natureza social e extrovertida para persuadir e influenciar os outros. Com seu enfoque sutil e não agressivo, consegue vencer os contratempos.

Tem facilidade com relacionamentos, sendo frequentemente diplomático ao tratar com as pessoas. É extrovertido, carismático, acessível e amável. Não é autoritário, prefere o consenso e usa sua facilidade verbal para mediar pessoas ou partes conflitantes.

O perfil de João é voltado para pessoas. Ele tem um forte senso de empatia e acredita que as pessoas são mais importantes do que os resultados. Ele executa bem as tarefas, realizando uma de cada vez, tem objetivos claros e bem delineados, mas não tem pressa de realizá-los.

Além disso, é entusiasmado, animado e adora novidades. Se envolve com vários projetos e, em alguns casos, pode até se comprometer com a entrega, sem se preocupar muito com a organização, desde que tudo seja prático e esteja à mão.

João é otimista, daquele tipo de pessoa que sempre enxerga e mostra o lado positivo. Como alguém poderia deixar de se inspirar em uma pessoa que se recusa a ver o copo meio vazio? Ele é conduzido pela alegria e pelo riso. Afinal, o sol está sempre brilhando em algum lugar.

João faz o possível para que os ambientes sejam leves e animados, entretendo e deixando as pessoas de bom humor. Coisas divertidas sempre acontecem perto dele; consegue não só atrair a atenção de todos, mas também mantê-la. Ele tem uma habilidade singular de se conectar com qualquer um.

Consegue conversar com qualquer pessoa, sem o menor resquício de timidez. Enquanto estiver interessado, o assunto nunca acaba, tornando suas conversas interessantes e inspirando outras pessoas a compartilhar suas opiniões também.

João consegue administrar suas emoções e manter a calma mesmo sob estresse, evita conflitos e, em algumas situações, pode optar por se calar ou se retirar para não entrar em situações desconfortáveis.

Dedica-se muito à equipe: o grupo e a família sempre estarão em primeiro lugar. Ele é incapaz de deixar um amigo passando necessidade e sempre tem um ombro amigo para aqueles que precisam. Além disso, é excelente ouvinte e está mais preocupado com os outros do que com ele mesmo.

Ele faz um bom juízo das pessoas e demonstra confiança nos outros. João tem um coração tão bom que, de vez em quando, as pessoas podem até tirar proveito dele. Às vezes, na ânsia de ajudar nas tarefas dos outros, chega a se esquecer de fazer as próprias.

Essa combinação de perfil é a que tem mais facilidade com as relações humanas. Ele confia nos outros e possui habilidades de comunicação e planejamento, sempre preocupado com questões sociais e em tornar a vida mais leve e feliz.

Fatores motivadores de João

Espaço para se expressar sem ser desafiado; um ambiente amigável e seguro, que lhe proporcione segurança e proteção; o reconhecimento social.

Comportamentos de João

Gosta de estar com as pessoas. Será mais interativo e extrovertido quando estiver em ambientes aconchegantes e conhecidos. É amável e diplomático em sua aproximação. Pode ser encantador e até engraçado quando estiver à vontade em uma situação. Fará um esforço para agradar e ser aceito pelas pessoas. Geralmente causa uma boa impressão nos primeiros encontros e tem facilidade para se relacionar.

Ao tomar decisões, é cauteloso e conservador, fazendo o possível para diminuir o risco. Pode comprometer-se com os detalhes, se isso for necessário. Possui habilidades para assimilar e fornecer informações, e se esmera em diminuir a tensão nos outros. Normalmente fala de forma positiva, mas não gosta do antagonismo nem de confrontações "cara a cara". Geralmente fica chateado quando precisa disciplinar os outros.

Ganhará autoridade por sua experiência, mais do que por seu perfil natural. Tentará alcançar importantes metas principalmente mediante o uso da persuasão. Esforça-se para se mostrar alegre, amável e ficar em harmonia com os demais.

- **Se afasta de:** rotinas, detalhes, desvalorização e insegurança.
- **Indispensável:** reconhecimento, harmonia no coletivo, convívio social e ambiente estável.

Subfator ou característica secundária de João: Sociabilidade

Pessoas simpáticas adoram conversar; a comunicação é o elemento mais forte desse estilo. Elas são extrovertidas e falantes, mas não acham nada fácil se concentrar em tarefas rotineiras e são facilmente distraídas desse trabalho pela oportunidade de interação social.

Perfil nº 10: ISDC

- **Nome do perfil:** Orientado às pessoas
- **Subfator:** I/C Autoconfiança
- **Palavras descritivas:** extrovertido, independente, teimoso, convincente, amistoso, amigável, não agressivo, persistente, persuasivo, gentil, organizado e desafiante.

O avaliado tem predominância dos fatores IS

Os "ISs" são conselheiros influentes que amam as pessoas, e não é surpresa que as pessoas os amem. Eles vivem para agradar e servir, e tendem a ser bons ouvintes. Ser agradável e encorajar os outros é importante para eles, assim como seguir em frente e ser cordato. Muitas vezes, faltam na área de organização e podem estar mais preocupados com as pessoas envolvidas do que com a tarefa que têm em mão. No entanto, eles podem estar no centro das atenções ou nos bastidores com igual eficácia, e brilham quando se trata de influenciar e ajudar os outros.

Sobre o avaliado (nome fictício: João)

João é sociável e causa boa impressão por onde passa, devido à sua cordialidade, compreensão e compaixão. Valoriza muito as relações, tem empatia e gosta do envolvimento da equipe na busca por objetivos. Incomoda-se com a impaciência, intolerância e rejeição.

João é mais motivado ao trabalhar com pessoas; ele sempre pensa nas relações e no bem-estar de todos. Põe ênfase em usar sua natureza social e extrovertida para persuadir e influenciar os outros. Com seu enfoque sutil e não agressivo, consegue vencer os contratempos.

Tem facilidade em relacionamentos, sendo frequentemente diplomático ao tratar com as pessoas. É extrovertido, carismático, acessível e amável. Não é autoritário, prefere o consenso e usa sua facilidade verbal para mediar pessoas ou partes conflitantes.

O perfil de João é voltado para pessoas. Ele tem um forte senso de empatia e acredita que as pessoas são mais importantes do que os resultados. Executa bem as tarefas, realizando uma de cada vez, tem objetivos claros e bem delineados, mas não tem pressa de realizá-los.

Além disso, é entusiasmado, animado e adora novidades. Envolve-se com vários projetos e, em alguns casos, pode até se comprometer com a entrega, não se preocupando muito com a organização, desde que tudo seja prático e esteja à mão.

João é otimista, daquele tipo de pessoa que sempre enxerga e mostra o lado positivo. Como alguém poderia deixar de se inspirar em uma pessoa que se recusa a ver o copo meio vazio?

Ele é conduzido pela alegria e pelo riso. Afinal, o sol está sempre brilhando em algum lugar.

João faz o possível para que os ambientes sejam leves e animados, entretendo e deixando as pessoas de bom humor. Coisas divertidas sempre acontecem perto dele; consegue não só atrair a atenção de todos, mas também mantê-la. Ele tem uma habilidade singular de se conectar com qualquer um.

Consegue conversar com qualquer pessoa, sem o menor resquício de timidez. Enquanto estiver interessado, o assunto nunca acaba, tornando suas conversas interessantes e inspirando outras pessoas a compartilhar suas opiniões também.

João consegue administrar suas emoções e manter a calma mesmo sob estresse. Evita conflitos e, em algumas situações, pode optar por se calar ou se retirar para não entrar em situações desconfortáveis.

Dedica-se muito à equipe: o grupo e a família sempre estarão em primeiro lugar. Ele é incapaz de deixar um amigo passando necessidade e sempre tem um ombro amigo para aqueles que precisam. Além disso, é excelente ouvinte e está mais preocupado com os outros do que com ele mesmo.

Faz um bom juízo das pessoas e demonstra confiança nos outros. João tem um coração tão bom que, de vez em quando, as pessoas podem até tirar proveito dele. Às vezes, na ânsia de ajudar nas tarefas dos outros, chega a se esquecer de fazer as próprias.

Essa combinação de perfil é a que tem mais facilidade com as relações humanas. Ele confia nos outros, tem habilidade de comunicação e planejamento, e está sempre preocupado com questões sociais, em tornar a vida mais leve e feliz.

Fatores motivadores de João

Interagir e se relacionar com pessoas novas e diferentes; estar atualizado em relação à moda, ao novo e ao último; ser livre e independente.

Comportamentos de João

É sociável e causa boa impressão na maioria das pessoas, por sua cordialidade, compreensão e compaixão. É amável e despreocupado, mas também pode mostrar tenacidade e independência, às vezes chegando a ser teimoso. É extrovertido e carismático, podendo relacionar-se individualmente e em grupo. Usará sua facilidade verbal, confiança em si mesmo e habilidades persuasivas para mediar pessoas ou partes em conflito. É independente em pensamento e em ação. É paciente por natureza e sabe escutar, possuindo habilidade para se comunicar em quase todos os níveis.

- **Se afasta de:** impaciência, falta de harmonia, rigidez, desvalorização e insegurança.
- **Indispensável:** reconhecimento, harmonia no coletivo, convívio social e ambiente estável.

Subfator ou característica secundária de João: Autoconfiança

Perfis autoconfiantes representam pessoas que raramente têm dúvidas e se sentem à vontade em quase todas as situações sociais. Eles se misturam facilmente com estranhos e não têm medo de iniciar contato social. Às vezes, podem ficar excessivamente confiantes, levando-os a agir impulsivamente.

Perfil nº 11: ICSD

- **Nome do perfil:** Cativante
- **Subfator:** I/D Sociabilidade
- **Palavras descritivas:** amigável, extrovertido, positivo, diplomático, não agressivo, ativo, cauteloso, não confrontativo, empático, compreensivo, agradável, sensível, ansioso e versátil.

O avaliado tem predominância dos fatores IC

Os "ICs" são avaliadores inspiradores, mas cautelosos. São excelentes comunicadores, por meio da combinação de consciência preocupada e apreciação das pessoas. Eles se destacam em encontrar maneiras de melhorar a produção. Podem se beneficiar aprendendo a relaxar e prestando mais atenção às pessoas. Os "ICs" gostam de trabalhar dentro da caixa e poderiam se beneficiar tentando coisas novas e se importando menos com a opinião dos outros. Esse tipo de personalidade geralmente possui o dom de ensinar; eles costumam ser confiáveis quando se trata de prestar atenção aos detalhes e realizar o trabalho.

Sobre o avaliado (nome fictício: João)

João é comunicativo, amigável e se preocupa com as pessoas, conseguindo se adaptar a ambientes agitados ou calmos. Ele faz o possível para que os ambientes sejam leves e animados, entretendo e deixando as pessoas de bom humor. Coisas divertidas sempre acontecem perto dele; consegue não só atrair a atenção de todos, mas também mantê-la. Ele tem uma habilidade singular de se conectar com qualquer um.

João é otimista, daquele tipo de pessoa que sempre enxerga e mostra o lado positivo. Como alguém poderia deixar de se inspirar em uma pessoa que se recusa a ver o copo meio vazio? É motivado a fazer o seu melhor e gosta de tarefas que parecem impossíveis de serem realizadas, pois sempre acredita que vai dar certo. Ele é conduzido pela alegria e pelo riso. Afinal, o sol está sempre brilhando em algum lugar.

Consegue conversar com qualquer pessoa; enquanto estiver interessado, o assunto nunca acaba, tornando suas conversas interessantes e inspirando outras pessoas a compartilhar suas opiniões também. A maioria das coisas o interessa; ele é curioso e gasta muita energia para encontrar novas formas de fazer as coisas. Afinal, os desafios o inspiram. Não tem medo de correr riscos, prefere desenvolver seus próprios pensamentos e opiniões, mas dá muita importância ao status social, leva as opiniões dos outros em consideração e quer estar onde as coisas estão acontecendo.

É um bom comunicador, possuindo a habilidade de respaldar suas ideias em análises com base em dados e fatos. Um dos seus pontos fortes é a capacidade de sonhar, tendo criatividade somada à racionalidade e pé no chão. Consegue ser extrovertido com os amigos e muito formal em ocasiões profissionais, sempre adotando uma postura simpática com todos.

João valoriza muito as relações, é aventureiro e enxerga a vida com otimismo. Consegue lidar com mudanças, mas fica desconfortável se não for avisado com antecedência. Pode ser muito sensível ao seu entorno, tanto em relação ao feedback positivo quanto ao negativo por parte dos demais.

Trabalha duro para alcançar o nível de qualidade que determinou. Ele tem uma criticidade muito alta consigo mesmo e com os outros; em sua visão, tudo tem que ser bem feito. Se algo sair do controle ou não estiver dentro do padrão estipulado, pode se cobrar excessivamente.

Nas tomadas de decisões, João tem a habilidade de ouvir sua intuição, mas não deixa de fazer uma análise crítica dos fatos. Sua memória e análises o apoiam em seus planos, porém nem sempre toma suas decisões com tanta racionalidade; em alguns momentos, o que prevalece é o desejo de avançar.

Fatores motivadores de João

Socializar e atender às necessidades dos demais; desempenhar-se dentro de uma estrutura que lhe forneça direção e segurança; estar envolvido em vários assuntos ao mesmo tempo; abrir frentes simultâneas.

Comportamentos de João

Esforça-se para agradar e ganhar a aprovação dos outros. É, por natureza, muito sensível às necessidades, tanto à suas quanto à dos outros. Pode ser convincente devido à sua forma encantadora, à sua aproximação amigável e à sua facilidade de se expressar.

Recorre ao bom humor e aos sorrisos para evitar situações antagônicas ou conflitos interpessoais. Tende a enfatizar a harmonia e os interesses similares das pessoas quando se encontra em uma situação de persuasão. Sente-se muito à vontade convencendo os outros a se adaptarem a um caminho selecionado pelo grupo.

Tem habilidades para se expressar bem e normalmente pode falar com eloquência sobre temas que poderiam parecer tediosos ou excessivamente específicos. Sua forma extrovertida, seu estilo não ameaçador e suas habilidades interpessoais o tornam atraente para muitas pessoas.

É importante que não tenha que trabalhar em ambientes ou tarefas repetitivas ou rotineiras, já que tende a ficar chateado facilmente. Pode gerar entusiasmo entre as pessoas em relação a novos projetos. A necessidade de disciplinar deve ser mínima ou nula, mas pode motivar os outros dentro de um ambiente não antagônico.

- **Se afasta de:** impaciência, falta de harmonia, rigidez, imprevistos e riscos.
- **Indispensável:** reconhecimento, harmonia no coletivo, convívio social e ambiente estável.

Subfator ou característica secundária de João: Sociabilidade

Pessoas simpáticas adoram conversar; a comunicação é o elemento mais forte desse estilo. Elas são extrovertidas e falantes, mas não acham nada fácil se concentrar em tarefas rotineiras e são facilmente distraídas desse trabalho pela oportunidade de interação social.

Perfil nº 12: ICDS

- **Nome do perfil:** Avaliador
- **Subfator:** I/S Entusiasmo

- **Palavras descritivas:** dinâmico, realista, preciso, ansioso, amistoso, cordial, tenso, cuidadoso, indeciso, pesquisador, comunicativo, versátil e ágil.

O avaliado tem predominância dos fatores IC

Os "ICs" são avaliadores inspiradores, mas cautelosos. São excelentes comunicadores, por meio da combinação de consciência preocupada e apreciação das pessoas. Eles se destacam em encontrar maneiras de melhorar a produção. Podem se beneficiar aprendendo a relaxar e prestando mais atenção às pessoas. Os "ICs" gostam de trabalhar dentro da caixa e poderiam se beneficiar tentando coisas novas e se importando menos com a opinião dos outros. Esse tipo de personalidade geralmente possui o dom de ensinar; eles costumam ser confiáveis quando se trata de prestar atenção aos detalhes e realizar o trabalho.

Sobre o avaliado (nome fictício: João)

João é comunicativo, amigável e se preocupa com as pessoas. Ele consegue se adaptar tanto a ambientes agitados quanto aos calmos. Faz o possível para que os ambientes sejam leves e animados, entretém e coloca todos de bom humor. Coisas divertidas sempre acontecem ao seu redor. Ele não apenas atrai a atenção de todos, mas também a mantém, afinal, tem uma habilidade singular de se conectar com qualquer pessoa.

É otimista, do tipo que sempre enxerga e mostra o lado positivo. Como alguém poderia deixar de se inspirar em uma pessoa que se recusa a ver o copo meio vazio? Ele é motivado a fazer o seu melhor, apreciando tarefas que parecem impossíveis, pois acredita que sempre dará certo. É conduzido pela alegria e pelo riso, e por que seria diferente? Afinal, o sol está sempre brilhando em algum lugar.

Ele consegue conversar com qualquer pessoa e, enquanto estiver interessado, o assunto nunca acaba, tornando suas conversas interessantes e inspirando outros a compartilharem suas opiniões. A maioria das coisas o interessa. João é curioso e investe muita energia em encontrar novas maneiras de fazer as coisas. Os desafios o inspiram e ele não tem medo de correr riscos. Prefere desenvolver seus próprios pensamentos e opiniões, mas também dá muita importância ao status social, levando em consideração as opiniões dos outros e querendo estar onde as coisas estão acontecendo.

É um excelente comunicador, com a habilidade de embasar suas ideias em análises de dados e fatos. Um de seus pontos fortes é a capacidade de sonhar, combinando criatividade com racionalidade e pé no chão. Consegue ser extrovertido com os amigos e muito formal em ocasiões profissionais, sempre adotando uma postura simpática com todos.

João valoriza muito as relações, é aventureiro e enxerga a vida com otimismo. Consegue lidar com mudanças, mas fica desconfortável se não for avisado com antecedência. Pode ser muito sensível ao feedback, seja ele positivo ou negativo.

Ele trabalha duro para alcançar o nível de qualidade que determina, sendo bastante crítico consigo mesmo e com os outros. Em sua visão, tudo deve ser feito de maneira correta. Se algo sair do controle ou não seguir o padrão estipulado, ele pode se cobrar excessivamente.

Na tomada de decisões, João tem a habilidade de ouvir sua intuição, mas não deixa de fazer uma análise crítica dos fatos. Sua memória e análises apoiam seus planos, mas nem sempre ele toma decisões de maneira completamente racional. Em alguns momentos, o desejo de avançar prevalece.

Fatores motivadores de João

Estar em vários assuntos por vez, abrir frentes simultâneas; interagir e se relacionar com pessoas novas e diferentes; o ritmo acelerado e a ambiguidade.

Comportamentos de João

Esforça-se em agradar e ganhar a aprovação dos demais. É altamente confiável, muito disciplinado e preciso, além disso, tem a habilidade de avaliar os acontecimentos de uma forma lógica e sistemática. Prefere operar baseado em fatos e dados, mas pode ir muito mais longe. É lógico e analítico quando está diante de um problema. Geralmente é curioso e gosta de entender as verdadeiras causas dos problemas.

- **Se afasta de:** impaciência, falta de harmonia, rigidez, imprevistos e riscos.
- **Indispensável:** reconhecimento, harmonia no coletivo, convívio social e análises.

Subfator ou característica secundária de João: Entusiasmo

Este é um subfator de extrovertidos que tem muito em comum com a simpatia, mas com a dimensão adicional de energia e ritmo. Este estilo é animado, mostra fortemente o interesse por um tema, e sua natureza efusiva pode atuar como um fator motivador para outros.

Perfil nº 13: SCID

- **Nome do perfil:** Especialista
- **Subfator:** S/D Paciência
- **Palavras descritivas:** cuidadoso, diplomático, exato, amável, não agressivo, detalhista, amistoso, serviçal, apreensivo, perseverante, meticuloso, confiável e leal.

O avaliado tem predominância dos fatores SC

Os "SCs" são diplomáticos e firmes, bem como orientados para os detalhes. Estáveis e contemplativos, gostam de pesar as evidências e descobrir os fatos antes de chegar a uma conclusão lógica. Mais deliberados, preferem não ter pressa, especialmente quando a decisão envolve outras pessoas. Possíveis pontos fracos incluem serem altamente sensível e dificuldade em lidar com críticas. Eles também precisam estar atentos à forma como tratam os outros. Operando melhor em projetos precisos e com propósito, o "SC" pode ser um pacificador, o que o torna um membro leal de uma equipe e um bom amigo.

Sobre o avaliado (nome fictício: João)

João é um especialista que valoriza ter conhecimento profundo em suas atividades. Ele atua com muita exatidão; para ele, não existem "achismos". Faz tudo com paciência e não mede esforços.

Ele gosta de pensar profundamente sobre os problemas, tem habilidade de avaliar os acontecimentos de maneira lógica e com atenção aos detalhes, preferindo tomar decisões com base em fatos e dados. Por ser muito observador, tem ótimas ideias, mas certa dificuldade em colocá-las em prática, pois a opinião dos outros pode paralisar suas ações.

João consegue administrar suas emoções e manter a calma mesmo sob estresse. Ele evita conflitos e, em algumas situações, pode optar por se calar ou se afastar para evitar desconfortos.

Busca linearidade na vida e nos processos, apreciando a estabilidade e a previsibilidade. Ter um passo a passo é importante para ele, pois lhe traz segurança, um de seus valores. Ele também gosta de ter apoio para executar suas tarefas.

Por ser introvertido, João é mais ativo em seu mundo interior. Isso significa que não fala por falar, sendo mais silencioso do que aqueles ao seu redor. É natural que seja um excelente ouvinte, interessado nas pessoas e em suas ideias. Ele tem paciência e calma ao lidar com os outros, mantendo a serenidade mesmo em situações estressantes.

Ele é mais reservado e pondera cuidadosamente antes de aceitar novas ideias. Prefere construir relações baseadas na confiança, investindo em conexões duradouras e cultivando um interesse genuíno pelos outros.

João se dedica à equipe. O grupo e a família sempre vêm em primeiro lugar, e ele é incapaz de deixar um amigo em necessidade. Além disso, ele é um excelente ouvinte e se preocupa mais com os outros do que consigo mesmo.

Faz um bom julgamento das pessoas e demonstra confiança nos outros. João tem um coração tão bom que, às vezes, as pessoas podem se aproveitar de sua boa vontade. Ele tem uma ânsia de ajudar nas tarefas alheias, chegando a esquecer-se de fazer as suas próprias.

Embora não goste de conflitos e tenha dificuldade com mudanças, ele é guiado pelo desejo de ver as pessoas ao seu redor felizes. Seu altruísmo é acompanhado de uma serenidade que ajuda a reduzir os níveis de estresse.

João é organizado, respeita prazos, cronogramas e regras. Ele gosta de planejar tudo com cuidado, criando um ambiente estável tanto para si quanto para os outros, sempre prezando pela harmonia no coletivo.

Prefere procedimentos operacionais claros e consistentes, evitando mudanças abruptas. É metódico em seu modo de pensar e avaliar.

Fatores motivadores de João

Na medida do possível, evitar situações de risco; manter consistência e passo firme; ter conversas profundas e dar conselhos úteis.

Comportamentos de João

João se esforça para agradar e ganhar a aprovação dos outros. Sua abordagem é diplomática, usando sempre tato em suas interações. Geralmente, ele é tolerante e está disposto a reconhecer, respeitar e aceitar ideias, opiniões e comportamentos alheios. Demonstra uma preocupação genuína com as informações que os outros têm a oferecer. Ele tem a habilidade de trabalhar em harmonia com as normas, seguindo procedimentos, calculando riscos e analisando todos os ângulos de um problema. É uma pessoa amigável, que pode se tornar mais sociável e extrovertida em ambientes agradáveis ou familiares.

- **Se afasta de:** intolerância, desorganização e falta de apoio.
- **Indispensável:** segurança, estabilidade, harmonia no coletivo, apoio e tolerância.

Subfator ou característica secundária de João: Paciência

Essa característica permite um ritmo mais lento, fazendo com que seja possível lidar com tarefas repetitivas ou tediosas. O estilo desse subfator é a submissão e a aceitação de que existem coisas que não pode mudar.

Perfil nº 14: SCDI

- **Nome do perfil:** Lógico
- **Subfator:** S/I Preocupação
- **Palavras descritivas:** moderado, estável, receptivo, sereno, lógico, meticuloso, exato, tranquilo, adaptável, focado, preciso, realista, sistemático, sincero, leal e seletivo.

O avaliado tem predominância dos fatores SC

Os “SCs” são diplomáticos e firmes, bem como orientados para os detalhes. Estáveis e contemplativos, gostam de pesar as evidências e descobrir os fatos antes de chegar a conclusões lógicas. Mais deliberados, preferem não ter pressa, especialmente quando a decisão envolve outras pessoas. Possíveis pontos fracos incluem ser altamente sensíveis e ter dificuldade em lidar com críticas. Eles também precisam estar atentos à forma como tratam os outros. Operando melhor em projetos precisos e com propósito, o “SC” pode ser um pacificador, o que o torna membro leal de uma equipe e bons amigos.

Sobre o avaliado (nome fictício: João)

João é um especialista que aprecia ter conhecimento profundo sobre suas atividades. Ele age com exatidão e não se baseia em "achismos", executando tudo com paciência e esforço. Gosta de pensar nos problemas de forma profunda, avaliando os acontecimentos com lógica e atenção aos detalhes. Prefere tomar decisões com base em fatos e dados, e, por ser muito observador, tem ótimas ideias, embora possa ter dificuldade em colocá-las em prática devido à influência de opiniões alheias. Consegue manter a calma e administrar suas emoções, evitando conflitos; em situações desconfortáveis, pode optar por se retirar.

Busca linearidade nos processos, valorizando a estabilidade e a previsibilidade, tanto no trabalho quanto em sua vida pessoal. Ter um passo a passo traz segurança, um de seus valores fundamentais, e ele aprecia o apoio para realizar suas tarefas. Introvertido, João é mais ativo em seu mundo interior e não fala sem necessidade, sendo um excelente ouvinte. Ele escuta com atenção e se interessa genuinamente pelas pessoas e suas ideias, mantendo a paciência e a calma em suas interações.

Reservado, João pensa cuidadosamente antes de aceitar novas ideias. Suas relações são baseadas na confiança, e ele investe em conexões duradouras, sempre com um interesse genuíno pelos outros. Dedica-se muito ao grupo, à equipe e à família, colocando sempre as necessidades dos outros em primeiro lugar. É incapaz de deixar um amigo em apuros e está sempre disponível para ajudar. Embora muitas vezes se esqueça de cuidar de suas próprias tarefas ao ajudar os outros, seu coração generoso faz com que as pessoas confiem nele.

João não gosta de conflitos e evita mudanças, mas é guiado pelo desejo de ver os outros felizes e satisfeitos. Seu altruísmo está sempre acompanhado de uma serenidade que reduz o estresse em situações difíceis. Ele é organizado, respeita prazos e cronogramas, e gosta de planejar tudo com atenção e cuidado, sempre prezando pela harmonia no ambiente. Prefere procedimentos claros e consistentes, evitando mudanças repentinas, e seu modo de pensar é metódico e detalhista.

Fatores motivadores de João

Na medida do possível, evitar situações de risco; manter consistência e passo firme; ter conversas profundas e dar conselhos úteis.

Comportamentos de João

João se esforça para ser objetivo e racional em seu trabalho, lidando bem com tarefas que exigem cálculos precisos baseados em dados e informações detalhadas. Prefere trabalhar com tempo o suficiente para se organizar, mas pode se estressar quando não tem o tempo ou as informações necessárias. Perfeccionista e cauteloso, ele é eficiente em lidar com informações detalhadas e toma decisões com base em fatos.

- **Se afasta de:** intolerância, desorganização e falta de apoio.
- **Indispensável:** segurança, estabilidade, harmonia no coletivo, apoio e tolerância.

Subfator ou característica secundária de João: Preocupação

Esse subfator caracteriza indivíduos que planejam cuidadosamente suas palavras e ações, evitando agir por impulso. Prazos e restrições de tempo podem ser desafiadores para essas pessoas, mas sua grande vantagem está na confiabilidade e na estabilidade que trazem ao seu trabalho. Como uma subcaracterística, a preocupação se refere ao fato de que essas pessoas tendem a pensar, planejar e refletir mais do que outros perfis. No uso comum, o termo também sugere alguém atencioso e que considera os sentimentos dos outros. Embora isso não seja parte da definição técnica, aqueles com alta estabilidade em seu perfil geralmente exibem esses traços atenciosos.

Perfil nº 15: SIDC

- **Nome do perfil:** Político
- **Subfator:** S/C Persistência
- **Palavras descritivas:** meticuloso, sincero, leal, independente, teimoso, amável, estável, não agressivo, descontraído, deliberado, gentil, confiável e obstinado.

O avaliado tem predominância dos fatores SI

Pessoas com perfil "SI" são conselheiros inspiradores, demonstrando calor e sensibilidade. Tolerantes e misericordiosos, elas têm muitos amigos, pois são acolhedoras e aceitam os outros facilmente. Sua natureza social e o desejo de serem simpáticas e flexíveis podem torná-las excessivamente tolerantes e avessas a conflitos. Elas se beneficiariam ao serem mais orientadas para tarefas e mais atentas aos detalhes. Gentis e atenciosas, elas inspiram outras pessoas a seguir seu exemplo. Palavras de afirmação são especialmente úteis para esse tipo de personalidade e, com a motivação certa, podem se tornar excelentes membros de equipe.

Sobre o avaliado (nome fictício: João)

João valoriza muito os relacionamentos, é empático, sabe escutar e demonstra muita tolerância. Ele tem facilidade para socializar e se sente à vontade em ambientes aconchegantes e familiares. Prefere pensar nos problemas de forma profunda, avaliando os acontecimentos logicamente e com atenção aos detalhes. Suas decisões são baseadas em fatos e dados. Embora João tenha ótimas ideias, ele pode encontrar dificuldades em colocá-las em prática, já que a opinião de outras pessoas pode paralisá-lo.

Ele administra bem suas emoções, mantendo a calma, mesmo sob estresse. Prefere evitar conflitos e, em situações desconfortáveis, pode optar por se calar ou se afastar. João aprecia estabilidade e previsibilidade em todas as áreas da vida, seja no trabalho, em casa ou com a família. Ter um passo a passo lhe traz segurança, um de seus valores fundamentais, e ele valoriza o apoio na execução de suas tarefas. Para ele, pessoas são mais importantes que resultados e está sempre preocupado com o bem-estar dos colegas. Naturalmente alegre, João quer que os outros sejam felizes e trabalha de forma estável e equilibrada.

Ele se dedica muito ao trabalho em equipe e é diplomático em suas relações. João percebe bem as pessoas ao seu redor, está sempre aberto a ouvir suas contribuições e se esforça para ver o melhor em cada situação, mesmo que seja desafiadora. Prefere evitar confrontos diretos e tende a ser otimista, sempre enxergando o lado positivo das coisas. João também é muito respeitado em seus primeiros encontros, e se sentir aceito é importante para ele.

Apesar de lidar bem com algumas mudanças, ele pode se desmotivar se a pressão for grande. Dedica-se profundamente à equipe, ao grupo e à família, sempre colocando os outros em primeiro lugar. João é incapaz de deixar um amigo em necessidade e sempre oferece um ombro amigo. Sua generosidade é tão grande que, por vezes, as pessoas podem tirar proveito de sua disposição em ajudar, levando-o a esquecer de suas próprias tarefas. Ele é otimista e se recusa a ver o lado negativo das coisas, inspirando os outros com sua visão positiva.

Comunicativo, João é capaz de manter conversas interessantes e inspiradoras, tornando fácil para os outros compartilharem suas opiniões. Seu perfil favorece as relações humanas: ele confia nas pessoas, tem habilidade de comunicação e planejamento, e está sempre preocupado em tornar a vida mais leve e feliz.

Fatores motivadores de João

Dar suas opiniões e agir livre de inibições, empecilhos ou estruturas; transmitir consistência e segurança; ter tempo o suficiente para fazer as tarefas de forma satisfatória.

Comportamentos de João

Persistente e orientado à qualidade, João trabalha de maneira consistente e confiável, mantendo-se equilibrado em uma ampla variedade de situações, inclusive sob pressão. Orientado para as pessoas, ele escuta com empatia e tolerância, demonstrando respeito natural e desenvolvendo lealdade à medida que conhece os outros. Ao se relacionar, é sempre atencioso, genuíno e sincero, evitando confrontos diretos.

Sua paciência e capacidade de manter a compostura em situações estressantes são notáveis, assim como sua habilidade de concentração em tarefas longas e desafiadoras. Ele é eficaz em tarefas que exigem paciência, persistência e pensamento lógico.

- **Se afasta de:** impaciência, falta de harmonia, rejeição, confrontação, antagonismo e intolerância.
- **Indispensável:** relacionamentos, harmonia no coletivo, convívio social e estabilidade.

Subfator ou característica secundária de João: Persistência

A Persistência é uma característica marcante de João. Ele lida mal com mudanças e, uma vez estabelecido em um *status quo,* encontra dificuldades para se adaptar a novas situações. Isso faz com que ele defenda lealmente o ambiente e círculo social que já conhece. Pessoas com essa característica funcionam melhor quando podem se concentrar em uma única tarefa, não se distraindo facilmente. Embora levem tempo para se ajustar, uma vez que embarcam em um curso de ação, são confiáveis e comprometidos até o fim.

Perfil nº 16: SICD

- **Nome do perfil:** Colaborador/Amigável
- **Subfator:** S/D Paciência
- **Palavras descritivas:** confiável, gentil, serviçal, paciente, leal, compreensivo, sincero, afável, conservador, sensível, não antagônico, perseverante.

O avaliado tem predominância dos fatores SI

Pessoas com perfil "SI" são conselheiras inspiradoras, demonstrando calor e sensibilidade. Tolerantes e misericordiosos, elas têm muitos amigos, pois são acolhedoras e aceitam os outros facilmente. Sua natureza social e o desejo de serem simpáticas e flexíveis podem torná-las excessivamente tolerantes e avessas a conflitos. Elas se beneficiariam ao serem mais orientadas para tarefas e mais atentas aos detalhes. Gentis e atenciosas, elas inspiram outras pessoas a seguir seu exemplo. Palavras de afirmação são especialmente úteis para esse tipo de personalidade e, com a motivação certa, podem se tornar excelentes membros de equipe.

Sobre o avaliado (nome fictício: João)

João gosta de estar com pessoas e valoriza muito os relacionamentos. Sabe escutar, demonstra empatia e tolerância, tem facilidade para socializar e se sente mais à vontade em ambientes aconchegantes e familiares. Gosta de pensar profundamente nos problemas, tem habilidade para avaliar situações de forma lógica e detalhada, e prefere tomar decisões baseadas em fatos e dados. Sendo bastante observador, costuma ter ótimas ideias, mas enfrenta certa dificuldade em colocá-las em prática, já que a opinião dos outros pode paralisar suas ações.

João consegue administrar bem suas emoções e manter a calma, mesmo em situações de estresse, evitando conflitos. Em algumas situações, pode optar por se calar ou se afastar para evitar desconfortos. Ele busca linearidade e aprecia estabilidade na vida e nos processos. No trabalho, em casa e em qualquer outro ambiente, gosta de seguir um passo a passo, pois isso lhe proporciona segurança, um de seus valores fundamentais. Além disso, ele aprecia o apoio dos outros para realizar suas tarefas.

Para João, pessoas são mais importantes do que resultados. Ele está sempre preocupado com o bem-estar dos colegas e é uma pessoa naturalmente feliz, que deseja o mesmo para os outros. No trabalho, é estável e equilibrado, gosta de atuar em equipe e percebe bem as pessoas ao seu redor, sempre aberto a ouvir suas contribuições. Diplomático nas relações, João se esforça para ver o melhor nas pessoas e nas situações, mesmo que desafiadoras. Ele tem facilidade para exercer paciência e costuma falar de forma positiva, mas evita confrontações diretas, preferindo evitar conflitos.

Costuma causar boa impressão nos primeiros encontros e se sentir aceito é muito importante para ele. Por isso, João se esforça para agradar as pessoas ao seu redor. Ele lida bem com algumas mudanças, mas, quando a pressão é muito grande, pode se sentir desmotivado, fazendo o possível para minimizar os riscos. Muito dedicado à equipe, ao grupo e à família, coloca-os sempre em primeiro lugar. João é incapaz de deixar um amigo em necessidade, sempre oferecendo apoio e sendo um excelente ouvinte, preocupado mais com os outros do que consigo mesmo.

Ele faz bom juízo das pessoas e demonstra confiança nelas. Seu coração generoso pode fazer com que, às vezes, as pessoas tirem proveito de sua boa vontade. Sua ânsia de ajudar nas tarefas dos outros pode levá-lo a se esquecer das suas próprias. João é otimista, sempre enxergando e destacando o lado positivo das situações. Como alguém poderia deixar de se inspirar em uma pessoa que se recusa a ver o copo meio vazio? Ele é conduzido pela alegria e pelo riso, sempre acreditando que o sol está brilhando em algum lugar.

João é um excelente comunicador, conseguindo manter conversas interessantes com qualquer pessoa, enquanto estiver envolvido no assunto, e inspirando os outros a compartilhar suas opiniões também. Sua combinação de habilidades facilita muito as relações humanas. Ele confia nos outros, tem uma excelente comunicação e planejamento, e está sempre preocupado com questões sociais, buscando tornar a vida mais leve e feliz.

Fatores motivadores de João

A sinceridade e a segurança; um ambiente de trabalho estruturado, tranquilo e amigável.

Comportamentos de João

João dedica tempo aos demais, escuta com atenção e tem alto grau de empatia. É paciente, gentil e grato, evitando conflitos, especialmente confrontações diretas. Prefere trabalhar em equipe para atingir objetivos comuns, valorizando a harmonia no ambiente de trabalho. Colabora ativamente, buscando sempre agradar e manter um ambiente amigável. Sua capacidade de adaptação o torna um bom membro de equipe, e ele age de maneira diplomática em suas relações interpessoais.

- **Se afasta de:** impaciência, falta de harmonia, rejeição, confrontação, antagonismo e intolerância.
- **Indispensável:** relacionamentos, harmonia no coletivo, convívio social e estabilidade.

Subfator ou característica secundária de João: Paciência

Essa característica permite um ritmo mais lento, fazendo com que seja possível lidar com tarefas repetitivas ou tediosas. O estilo desse subfator é a submissão e a aceitação de que existem coisas que não pode mudar.

Perfil nº 17: SDCI

- **Nome do perfil:** Planejador/Realizador
- **Subfator:** S/I Preocupação
- **Palavras descritivas:** carinhoso, pensativo, atento aos detalhes, simpático, tranquilo, consistente, hesitante, indagador, sincero, amável, pouco comunicativo, lógico, sistemático e cuidadoso.

O avaliado tem predominância dos fatores SD

"SDs" são indivíduos que combinam o estilo S e o estilo D, são perfis menos comuns, pois esses estilos tendem a ser opostos. São planejadores deliberados, sabem o que querem e como chegar lá. Gostam de organizar e planejar quando têm tempo e apreciam a liberdade para tomar decisões. O perfil "Planejador/Realizador" olha para o futuro e pode ser muito persistente.

Sobre o avaliado (nome fictício: João)

João é uma pessoa que valoriza o planejamento e, ao mesmo tempo, a velocidade na execução, combinando um estilo concentrado e prático. Ele se preocupa muito com as necessidades das outras pessoas e está sempre motivado a resolver problemas complexos.

Gosta de pensar nos problemas de maneira profunda e tem habilidade de avaliar os acontecimentos de forma lógica, com atenção aos detalhes. Prefere tomar suas decisões com base em fatos e dados. Por ser muito observador, tem ótimas ideias, mas enfrenta certa dificuldade em tirar os planos do papel, pois a opinião de outras pessoas pode paralisar suas ações.

João consegue administrar suas emoções e manter a calma mesmo sob estresse, evita conflitos e, em algumas situações, pode optar por se calar ou se retirar para não entrar em situações desconfortáveis.

Busca linearidade na vida e nos processos, aprecia a estabilidade e gosta de ter certa previsibilidade no trabalho, em casa, com a família, em todas as coisas e lugares. Ter um passo a passo é importante, pois traz segurança, um dos seus valores. Ele também gosta de ter apoio para executar suas tarefas.

No trabalho, ele combina duas grandes habilidades: planejamento e execução, alcançando bons resultados. Status não é algo tão importante para João quanto alcançar metas e terminar o que começou. Ele gosta de previsibilidade e valoriza muito a segurança em sua rotina profissional e pessoal.

João se dedica muito à equipe, ao grupo e à família, que sempre estará em primeiro lugar. É incapaz de deixar um amigo passando necessidade e sempre tem um ombro amigo para quem precisa. Além disso, é um excelente ouvinte e está mais preocupado com os outros do que consigo mesmo.

Ele faz um bom juízo das pessoas e demonstra confiança nos outros. João tem um coração tão bom que, de vez em quando, as pessoas podem tirar proveito dele. Tem ânsia de ajudar nas tarefas dos outros, chegando a se esquecer de fazer as próprias.

Não gosta de conflitos e não tem facilidade com mudanças, porém é guiado pelo desejo de que as pessoas ao seu redor fiquem felizes e satisfeitas. Seu altruísmo vem sempre acompanhado de uma serenidade que diminui os níveis de estresse.

Exige muito de si e está sempre preparado para o trabalho duro. João dá tudo o que tem. Quando tem uma opinião sobre algo específico ou quando quer alguma coisa, ele vai até o fim. Não fica preso ao seu ponto de vista original quando percebe que existe uma solução melhor, e não rejeita as sugestões de outras pessoas quando ele mesmo está sem ideias.

Fatores motivadores de João

Comprometer-se com temas importantes, com alto grau de responsabilidade; trabalhar na resolução de problemas por meio da análise; transmitir consistência e segurança.

Comportamentos de João

João resolve problemas por meio de uma análise intensiva e completa. É objetivo, analítico, tranquilo, estável e perseverante em sua abordagem às tarefas. Seu alto grau de empatia o leva a compreender as necessidades e emoções das pessoas. Trabalha bem em relações interpessoais, em grupos e equipes de trabalhos pequenas. Guiará os outros baseando-se em seus conhecimentos e experiências mais do que por um carisma natural. Provavelmente, sente-se desconfortável em uma situação de grupo numeroso, sobretudo se o grupo for formado por desconhecidos. Luta incansavelmente e com tenacidade para atingir seus objetivos. É introvertido em sua abordagem às pessoas em geral. Pode trabalhar bem sozinho em tarefas de planejamento, reflexão e resolução de problemas. Orienta-se à qualidade e é meticuloso em sua abordagem às tarefas. É independente e inquisitivo em suas abordagens. É um indivíduo de mente aberta que está disposto a agir por si só, com pouca ou nenhuma direção e supervisão dos outros. É motivado por tarefas difíceis e desafiantes que necessitem de análises profundas.

- **Se afasta de:** impaciência, falta de harmonia, falta de apoio e ineficiência.
- **Indispensável:** relacionamentos, harmonia no coletivo e resultados.

Subfator ou característica secundária de João: Preocupação

Esse subfator caracteriza indivíduos que planejam cuidadosamente suas palavras e ações, evitando agir por impulso. Prazos e restrições de tempo podem ser desafiadores para essas pessoas, mas sua grande vantagem está na confiabilidade e na estabilidade que trazem ao seu trabalho. Como uma subcaracterística, a preocupação se refere ao fato de que essas pessoas tendem a pensar, planejar e refletir mais do que outros perfis. No uso comum, o termo também sugere alguém atencioso e que considera os sentimentos dos outros. Embora isso não seja parte da definição técnica, aqueles com alta estabilidade em seu perfil geralmente exibem esses traços atenciosos.

Perfil nº 18: SDIC

- **Nome do perfil:** Equilibrado
- **Subfator:** S/C Persistência
- **Palavras descritivas:** perseverante, tenaz, determinado e obstinado.

O avaliado tem predominância dos fatores SD

"SDs" são indivíduos que combinam o estilo S e o D, são perfis menos comuns, pois esses estilos tendem a ser opostos. São planejadores deliberados, sabem o que querem e como chegar lá. Gostam de organizar e planejar quando têm tempo e apreciam a liberdade para tomar decisões. O perfil "Planejador/Realizador" olha para o futuro e pode ser muito persistente.

Sobre o avaliado (nome fictício: João)

João é uma pessoa que valoriza o planejamento e, ao mesmo tempo, a velocidade na execução, combinando um estilo concentrado e prático. Ele se preocupa muito com as necessidades das outras pessoas e está sempre motivado a resolver problemas complexos. Gosta de pensar nos problemas de maneira profunda, tem a habilidade de avaliar os acontecimentos de forma lógica, com atenção aos detalhes, e prefere tomar suas decisões com base em fatos e dados. Por ser muito observador, tem ótimas ideias, mas certa dificuldade em tirar os planos do papel, já que a opinião de outras pessoas pode paralisar suas ações.

Ele consegue administrar suas emoções e manter a calma mesmo sob estresse. Ele evita conflitos e, em algumas situações, pode optar por se calar ou se retirar para evitar desconfortos. Busca a linearidade na vida e nos processos, aprecia a estabilidade e gosta de ter certa previsibilidade no trabalho, em casa, com a família, em todas as coisas e lugares. Ter um passo a passo é importante, pois traz segurança, que é um dos seus valores, e ele também gosta de ter apoio para executar suas tarefas.

No trabalho, João consegue combinar duas grandes habilidades: planejamento e execução, alcançando assim bons resultados. Status não é algo tão importante para ele quanto alcançar metas e terminar o que começou. Ele gosta da previsibilidade e valoriza muito a segurança em sua rotina profissional e pessoal. Se dedica muito à equipe, ao grupo e à família, que sempre estará em primeiro lugar. É incapaz de deixar um amigo passando necessidade, sempre tem um ombro amigo para os que precisam. Além disso, é excelente ouvinte e está mais preocupado com os outros do que consigo mesmo.

João faz um bom juízo das pessoas e demonstra confiança nos outros. Ele tem um coração tão bom que, de vez em quando, as pessoas podem até tirar proveito dele. Tem ânsia de ajudar nas tarefas dos outros, chegando a se esquecer de fazer as próprias. Não gosta de conflitos e não tem facilidade com mudanças. No entanto, é guiado pelo desejo de que as pessoas ao seu redor fiquem felizes e satisfeitas. O altruísmo vem sempre acompanhado de uma serenidade que ajuda a diminuir os níveis de estresse. Exige muito de si e está sempre preparado para o trabalho duro. João dá tudo o que tem. Quando tem uma opinião sobre algo específico ou quando quer alguma coisa, ele vai até o fim. Não fica preso ao seu ponto de vista original quando percebe que existe uma solução melhor e não rejeita as sugestões de outras pessoas quando ele mesmo está sem ideias.

Fatores motivadores de João

Comprometer-se com temas importantes, com alto grau de responsabilidade; trabalhar na resolução de problemas por meio da análise; transmitir consistência e segurança.

Comportamentos de João

João normalmente é paciente, calmo e equilibrado em quase toda situação, inclusive em situações de pressão. Pode ser um pouco resistente a demonstrar suas preocupações e frustrações. Não é agressivo em seu enfoque e procurará evitar confrontações pessoais e situações antagônicas. É pouco provável que desafie os demais, a menos que sinta que se cometeu uma injustiça. Ele sabe escutar e sente empatia pelas preocupações e emoções das pessoas. A habilidade de escutar, a paciência e o respeito natural pelas pessoas lhe permitem ser eficaz operando em equipes de trabalho e grupos pequenos. Expressa suas ideias de forma eficaz em situações de grupo e é eficiente ao trabalhar em relações individuais. Normalmente, demora a ficar zangado, mas pode se chatear quando pressionado demais. Tem uma forte necessidade de harmonia em suas relações interpessoais e fará um esforço para manter um ambiente de trabalho não antagônico, buscando continuamente a aceitação dos demais. Sentirá confiança com tarefas e apontamentos que necessitem de aproximações sistemáticas e metódicas.

- **Se afasta de:** impaciência, falta de harmonia, falta de apoio e ineficiência.
- **Indispensável:** relacionamentos, harmonia no coletivo e resultados.

Subfator ou característica secundária de João: Persistência

A Persistência é uma característica marcante de João. Ele lida mal com mudanças e, uma vez estabelecido em um *status quo*, encontra dificuldades para se adaptar a novas situações. Isso faz com que ele defenda lealmente o ambiente e círculo social que já conhece. Pessoas com essa característica funcionam melhor quando podem se concentrar em uma única tarefa, não se distraindo facilmente. Embora levem tempo para se ajustar, uma vez que embarcam em um curso de ação, são confiáveis e comprometidos até o fim.

Perfil nº 19: CDIS

- **Nome do perfil:** Organizado/Exigente
- **Subfator:** C/S Perceptividade
- **Palavras descritivas:** preciso, conservador, ativo, gentil, exato, detalhista, perfeccionista, cauteloso e exigente.

O avaliado tem predominância dos fatores CD

"CDs" são perfis organizados e orientados para tarefas. Preferem focar na tarefa e nas coisas a focar nas pessoas e nos sentimentos. O perfil "Organizado" se destaca na realização de tarefas. Eles tendem a saber o que querem e como fazer, mas fazem isso de uma maneira própria. São pensadores lógicos, motivados por informações e tarefas técnicas desafiadoras.

As pessoas com o estilo CD querem explorar todas as opções e certificar-se de que os melhores métodos possíveis sejam usados. Como resultado, podem ser muito questionadoras e céticas em relação às ideias de outras pessoas. Além disso, são focadas em obter resultados, por isso geralmente são muito diretas e objetivas. Quando estão se concentrando no resultado final, podem ignorar os sentimentos dos outros.

Finalmente, pessoas com o perfil CD tendem a minimizar as emoções na tomada de decisão, valorizando a eficiência e a lógica em vez da intuição ou da prova social. Geralmente são mais reservadas em suas interações e se relacionam com os outros de maneira mais distante e desapegada, construindo a confiança lentamente. Normalmente priorizam o espaço pessoal, a privacidade e a autonomia. Sua abordagem prática e não sentimental de pessoas e situações permite que mantenham uma distância confortável, com menos emoções envolvidas nas decisões.

Sobre o avaliado (nome fictício: João)

João é meticuloso e motivado a realizar tarefas complexas. Quando ele tem uma ideia, não consegue tirar da cabeça antes de pensar em todos os detalhes para executá-la o mais rápido possível. Para ele, não existem "achismos"; as informações precisam ser embasadas. É especialista, gosta de exatidão e, por vezes, pode ser metódico. Nos bastidores, analisa, classifica, avalia e examina as possibilidades, geralmente tendo todas as respostas.

João também é realista, com uma tendência pessimista. Está sempre de olho nos erros e riscos e não mede esforços para entregar um trabalho perfeito, mesmo que isso lhe custe algumas noites ou finais de semana lendo artigos, manuais ou procurando soluções no Google. Depois, ele apresenta um relatório completo, pois valoriza a qualidade e é inclinado a cuidar de cada detalhe. É claro que ele não sabe de tudo; ninguém sabe, mas, em geral, podemos confiar que o que ele diz está correto.

Consegue trabalhar em equipe, porém prefere alcançar metas de forma independente. João se esforça muito para fazer as tarefas com perfeição e tenta, ao mesmo tempo, entregá-las com rapidez e eficácia, o que pode aumentar sua autocobrança, já que ele quer ser muito rápido e detalhista, duas características difíceis de combinar.

Sua crença na própria capacidade é inigualável. Carrega consigo um sentimento genuíno de que pode conseguir tudo, desde que trabalhe o suficiente. Trabalha duro para alcançar o nível de qualidade que determinou, e tem uma criticidade muito alta consigo mesmo e com os demais. Na sua visão, tudo tem que ser bem-feito, da maneira certa, e se algo sair do controle ou não atingir o padrão estipulado, ele pode se cobrar excessivamente.

João não gosta de estagnação, por isso está sempre em movimento. É o perfil que mais aguenta pressão, não tem problema em ser direto ou dizer exatamente o que pensa. Consegue ter opiniões sobre quase tudo e não tem medo de revelar seus pensamentos ou ideias.

É confiante, detalhista, objetivo e motivado. Está sempre em ação; "ou vai, ou racha" pode definir bem sua força. É capaz de mover céus e terras para completar suas tarefas e alcançar resultados com muita qualidade. Ele sempre adiciona um senso de urgência para alcançar seus objetivos. É intenso, pensa com rapidez e tem habilidade para lidar com situações difíceis e desafiadoras, características que mais o definem. Exige muito de si e está sempre preparado para o trabalho duro. Quando tem uma opinião sobre algo específico ou deseja alguma coisa, ele vai até o fim.

Fatores motivadores de João

Estar em vários assuntos por vez, abrir frentes simultâneas; lidar com ritmo acelerado e ambiguidade; receber uma direção com pautas e alinhamentos claros e consistentes.

Comportamentos de João

João pode se dedicar a uma ampla variedade de tarefas que necessitem de atenção aos dados e à aplicação de conhecimentos especializados. Está aberto à diversidade, às transformações e à variedade, mas simultaneamente procura a perfeição. Pode ficar aborrecido e frustrado com trabalhos rotineiros e repetitivos. Poderá adotar uma postura de autoridade sempre que se sentir seguro do projeto em que trabalha e tenha o respaldo explícito, tanto da organização quanto das regras. Pode ser muito exigente no que diz respeito às normas e à qualidade. É diplomático por natureza e tentará evitar situações antagônicas e conflitos interpessoais. Fará um esforço para desenvolver relações cooperativas de trabalho com as pessoas. Opera de maneira cortês para evitar críticas e confrontos. Seu estilo "tenso" pode levá-lo a ser impaciente e exigente em suas relações. Pode mostrar certa impaciência e ficar irritado com aqueles que não estão rendendo. Tem dificuldade em ser tolerante com os erros e problemas dos outros. Pode absorver muita informação técnica e transmiti-la de uma forma persuasiva e positiva. Devido ao seu forte senso de urgência, pode ficar estressado com as demoras de trabalho e com o fato de ter muitos projetos a longo prazo com os quais lidar.

- **Se afasta de:** ineficiência, insegurança, desprestígio e incompetência.
- **Indispensável:** velocidade, resultado, qualidade, exatidão, autonomia, desafios e liberdade para agir.

Subfator ou característica secundária de João: Perceptividade

As pessoas deste tipo são extremamente atentas ao meio ambiente e suas mudanças, a ponto de frequentemente notarem sutilezas que outras pessoas não percebem. Este é um fator positivo, mas, consequentemente, essas pessoas têm pouca tolerância ao tédio, distraindo-se com facilidade. Essa característica se sobressai quando não conta com a preocupação que o S tem com os problemas dos outros e sua capacidade de concentração, já que, nesse caso, esse fator é baixo.

Perfil nº 20: CDSI

- **Nome do perfil:** Orientado às tarefas
- **Subfator:** C/I Preciso
- **Palavras descritivas:** exigente, direto, dinâmico, indagador, hesitante, moderado, persistente, exato, cuidadoso, sistemático, lógico, perfeccionista, leal e sincero.

O avaliado tem predominância dos fatores CD

"CDs" são perfis organizados e orientados para tarefas que preferem focar no trabalho e nas coisas a focar nas pessoas e nos sentimentos. O perfil "Organizado" é eficiente na realização de tarefas. Eles tendem a saber o que querem e como, mas fazem isso de uma maneira própria. São pensadores lógicos, motivados por informações e tarefas técnicas desafiadoras.

As pessoas com o estilo CD querem explorar todas as opções e certificar-se de que os melhores métodos possíveis sejam usados. Como resultado, podem ser muito questionadoras e céticas em relação às ideias de outras pessoas. Além disso, são focadas em obter resultados, por isso geralmente são muito diretas e objetivas. Quando estão se concentrando no resultado final, podem ignorar os sentimentos dos outros.

Finalmente, pessoas com o perfil CD tendem a minimizar as emoções na tomada de decisão, valorizando a eficiência e a lógica em vez da intuição ou da prova social. Geralmente são mais reservadas em suas interações e se relacionam com os outros de maneira mais distante e desapegada, construindo a confiança lentamente. Normalmente priorizam o espaço pessoal, a privacidade e a autonomia. Sua abordagem prática e não sentimental de pessoas e situações permite que mantenham uma distância confortável, com menos emoções envolvidas nas decisões.

Sobre o avaliado (nome fictício: João)

João é meticuloso e motivado a realizar tarefas complexas. Quando ele tem uma ideia, não consegue tirá-la da cabeça antes de pensar em todos os detalhes para executá-la o mais rápido possível. Para ele, não existem "achismos"; as informações precisam ser embasadas. Ele é especialista, gosta de exatidão e, por vezes, pode ser metódico. Nos bastidores, analisa, classifica, avalia e examina as possibilidades, geralmente tendo todas as respostas.

Também é realista, com uma tendência pessimista. Está sempre de olho nos erros e riscos, não mede esforços para entregar um trabalho perfeito, mesmo que isso lhe custe algumas noites ou finais de semana lendo artigos, manuais ou procurando soluções no Google. Depois, ele apresenta um relatório completo, afinal, valoriza a qualidade e se dedica a cuidar de cada detalhe. É claro que ele não sabe de tudo; ninguém sabe, mas, em geral, podemos confiar que o que ele diz está correto.

Consegue trabalhar em equipe, mas prefere alcançar metas de forma independente. João se esforça muito para fazer as tarefas com perfeição e tenta, ao mesmo tempo, entregá-las com rapidez e eficácia, o que pode aumentar sua autocobrança, já que deseja ser muito rápido e detalhista, duas características difíceis de combinar.

Sua crença na própria capacidade é inigualável; ele carrega consigo um sentimento genuíno de que pode conseguir tudo, desde que trabalhe o suficiente. Trabalha duro para alcançar o nível de qualidade que determinou e tem uma criticidade muito alta, tanto em relação a si mesmo quanto aos outros. Na sua visão, tudo tem que ser bem-feito, da maneira certa, e, se algo sair do controle ou não estiver no padrão estipulado, ele pode se cobrar excessivamente.

João não gosta de estagnação, por isso está sempre em movimento. É o perfil que mais aguenta pressão, não tem problema em ser direto ou dizer exatamente o que pensa, consegue ter opiniões sobre quase tudo e não tem medo de revelar seus pensamentos ou ideias. Ele é confiante, detalhista, objetivo e motivado, sempre em ação. A expressão "ou vai, ou racha" pode definir bem sua força, pois é capaz de mover céus e terras para completar suas tarefas e obter resultados de alta qualidade.

Ele sempre adiciona um senso de urgência para alcançar seus objetivos, é intenso, pensa com rapidez e tem habilidade para lidar com situações difíceis e desafiadoras, o que mais o define. Exige muito de si e está sempre preparado para o trabalho duro; João dá tudo o que tem. Quando tem uma opinião sobre algo específico ou deseja algo, ele vai até o fim.

Fatores motivadores de João

Situações e compromissos que impliquem desafios; solucionar problemas difíceis; trabalhar na resolução de problemas por meio da análise.

Comportamentos de João

É um indivíduo reflexivo e introspectivo que pensa a fundo sobre assuntos e problemas. Sente prazer em confrontar e resolver problemas complexos. É hábil no pensamento lógico e analítico e na resolução de problemas, além de ser um bom pensador abstrato e conceitual. É adepto a averiguar a "causa radical" dos problemas ou fracassos no desempenho. Como cético, não se deixa enganar facilmente e quer ver os dados pertinentes ou entender a lógica de um plano ou proposta.

Pode ser demasiado negativo e introvertido, especialmente em áreas fora de seus conhecimentos. Pode não se sentir especialmente confortável ao trabalhar em grupos numerosos e pode não ter habilidade para gerar entusiasmo nos outros, tendendo a não ser comunicativo. Prefere fazer as coisas a delegá-las e está disposto a agir de forma independente, sem muita direção ou supervisão dos outros. Será cuidadoso tanto para estabelecer normas quanto para mantê-las, e gosta de envolver-se em tarefas difíceis e detalhadas. Buscará ativamente ter controle e poder em todas as situações nas quais se encontrar.

- **Se afasta de:** ineficiência, insegurança, desprestígio e incompetência.
- **Indispensável:** velocidade, resultado, qualidade, exatidão, autonomia, desafios e liberdade para agir.

Subfator ou característica secundária de João: Precisão

Este subfator é também denominado "Cautela". Essa pessoa odeia cometer erros e verifica várias vezes seu trabalho.

Um indivíduo cauteloso que está sempre pronto para corrigir o erro de outra pessoa, independentemente de ter sido solicitado ou não. Essa necessidade de certeza significa que ele nunca assume riscos, a menos que seja absolutamente necessário. Sua comunicação também é cautelosa, raramente revelando mais informações sobre si mesmo do que o mínimo essencial. Esta característica tem sua intensidade aumentada quando não conta com a sociabilidade e o interesse que os Altos "Is" têm pelas pessoas.

Perfil nº 21: CISD

- **Nome do perfil:** Cooperativo/Prático
- **Subfator:** C/D Conectividade
- **Palavras descritivas:** amigável, extrovertido, positivo, diplomático, não agressivo, ativo, cauteloso, não confrontativo, empático, compreensivo, agradável, sensível, ansioso e versátil.

O avaliado tem predominância dos fatores CI

"CIs" são uma combinação do estilo C e do estilo I. Este também é um dos tipos de perfil oposto e menos comum. O estilo C e o estilo I tendem a ser mais opostos. Os Práticos valorizam a proficiência em áreas especializadas. Estimulados pelo desejo de serem "bons em alguma coisa", eles monitoram cuidadosamente seu próprio desempenho no trabalho. Embora seu objetivo seja ser "o" especialista em uma área, os Práticos frequentemente dão a impressão de que sabem algo sobre tudo.

Essa imagem é particularmente forte quando verbalizam seus conhecimentos sobre uma variedade de assuntos.

À medida que os Práticos interagem com os outros, projetam um estilo descontraído, diplomático e extrovertido. Essa atitude simpática pode mudar rapidamente em sua própria área de trabalho, quando se concentram intensamente para atingir altos padrões de desempenho. Como valorizam a autodisciplina, os Práticos avaliam os outros com base na capacidade de se concentrar no desempenho diário. Eles têm grandes expectativas em si mesmos e nos outros; tendem a verbalizar sua decepção.

Sobre o avaliado (nome fictício: João)

João é detalhista, organizado, preciso e amigável. Ele se preocupa com as pessoas e consegue se adaptar tanto a ambientes agitados quanto calmos. Também é realista, com uma tendência otimista, e está sempre atento a erros e riscos. João não mede esforços para entregar um trabalho perfeito, mesmo que isso lhe custe algumas noites ou finais de semana lendo artigos, manuais ou procurando soluções no Google. Depois, ele apresenta um relatório completo, valorizando a qualidade e cuidando de cada detalhe. É claro que ele não sabe de tudo; ninguém sabe, mas, em geral, podemos confiar que o que ele diz está correto.

Tem uma visão estratégica e valoriza a segurança. Ele é bastante racional e, antes de tomar qualquer decisão, faz uma análise de riscos considerando tudo que pode dar errado e todas as possibilidades de dar certo. Suas escolhas são sempre baseadas em dados e fatos. É tão cuidadoso que as outras pessoas podem criticar a quantidade de tempo que gasta avaliando uma decisão importante. Geralmente, ele não gosta de mudanças e de se expor ao risco de errar.

Nenhum detalhe é pequeno demais para João. Ele prefere virar a noite verificando todas as informações a perder o menor dos detalhes. Em geral, ele é cauteloso e prioriza a segurança e a qualidade. Dificilmente será surpreendido por acontecimentos inesperados. João está preparado para mergulhar fundo para que tudo fique 100% perfeito; se é para realizar uma tarefa, que seja da maneira mais correta possível.

João trabalha duro para alcançar o nível de qualidade que determinou. Ele é altamente crítico consigo mesmo e com os outros. Em sua visão, tudo tem que ser bem feito e da maneira certa. Se algo sair do controle ou não estiver no padrão estipulado, ele pode se cobrar excessivamente. Possui habilidade para influenciar pessoas e respaldar suas ideias com análises baseadas em dados e fatos. Um dos seus pontos fortes é a capacidade de sonhar e ser criativo, combinado com racionalidade e pé no chão. João consegue ser extrovertido com os amigos e muito formal em ocasiões profissionais, sempre adotando uma postura simpática com todos.

Ele valoriza muito as relações, é aventureiro, enxerga a vida com mais racionalidade e não gosta muito de mudanças. Ele pode ser sensível ao seu entorno, especialmente ao feedback positivo ou negativo dos outros. Nas tomadas de decisões, João tem a habilidade de ouvir sua intuição, mas sempre faz uma análise crítica dos fatos. Sua memória e análises apoiam seus planos. Porém, nem sempre suas decisões são tomadas de forma completamente racional; em alguns momentos, o desejo de avançar prevalece.

Fatores motivadores de João

Socializar e/ou atender às necessidades dos demais; desempenhar-se dentro de uma estrutura que lhe forneça direção e segurança; estar em vários assuntos por vez, abrir frentes simultâneas.

Comportamentos de João

João se esforça para agradar e ganhar a aprovação dos demais. Ele é naturalmente muito sensível às necessidades, tanto próprias quanto dos outros. Pode ser convincente devido à sua forma encantadora de ser, à aproximação amigável e à facilidade de se expressar. Usa bom humor e sorrisos para evitar situações antagônicas ou conflitos interpessoais. Põe ênfase na harmonia e nos interesses similares das pessoas em situações de persuasão. Sente-se à vontade convencendo os outros a se adaptarem a um caminho selecionado pelo grupo. Tem habilidades para se expressar bem e normalmente pode falar com eloquência sobre temas que poderiam parecer tediosos ou excessivamente específicos. Sua forma extrovertida, estilo não ameaçador e habilidades interpessoais o tornam atrativo para muitas pessoas. Prefere não trabalhar em ambientes ou tarefas repetitivas ou rotineiras, pois tende a ficar entediado facilmente. Pode gerar entusiasmo nas pessoas em relação a novos projetos. A necessidade de disciplinar deve ser mínima ou nula, mas ele pode motivar outros dentro de um ambiente não antagônico.

- **Se afasta de:** impaciência, falta de harmonia, rigidez, imprevistos e riscos.
- **Indispensável:** análises, dados e fatos, reconhecimento e harmonia no coletivo.

Subfator ou característica secundária de João: Conectividade

As pessoas conectivas são assim chamadas porque esse aspecto de seu estilo pessoal se estende à necessidade de apoio prático de gerentes, colegas e amigos, buscando manter relações de trabalho positivas. A conectividade às vezes é confundida com uma subcaracterística social, mas não é esse o caso.

Pessoas desse tipo trabalham em conexão ou cooperação com outras como parte de uma estratégia comportamental: isso lhes permite evitar riscos individuais e distribuir responsabilidades – o não quer dizer que não haverá outros impulsos sociais no comportamento, mas a presença ou não deles dependerá, em grande parte, dos níveis de Influência (I) e Sensatez (S) presentes no perfil. Independentemente de suas motivações, estilos conectivos tendem a ser bons trabalhadores em equipe. Eles conseguem se concentrar no bem do grupo como um todo, em vez de em suas próprias necessidades específicas, e o estilo organizado e estruturado, que geralmente acompanha esse subfator, também pode ser uma força em situações de grupo.

Perfil nº 22: CIDS

- **Nome do perfil:** Sensível
- **Subfator:** C/S Perceptividade
- **Palavras descritivas:** amigável, extrovertido, positivo, diplomático, não agressivo, ativo, cauteloso, não confrontativo, empático, compreensivo, agradável, sensível, ansioso e versátil.

O avaliado tem predominância dos fatores CI

"CIs" são uma combinação do estilo C e do estilo I. Este também é um dos tipos de perfil oposto e menos comum. O estilo C e o estilo I tendem a ser mais opostos. Os Práticos valorizam a proficiência em áreas especializadas. Estimulados pelo desejo de serem "bons em alguma coisa", eles monitoram cuidadosamente seu próprio desempenho no trabalho. Embora seu objetivo seja ser "o" especialista em uma área, os Práticos frequentemente dão a impressão de que sabem algo sobre tudo. Essa imagem é particularmente forte quando verbalizam seus conhecimentos sobre uma variedade de assuntos.

À medida que os Práticos interagem com os outros, projetam um estilo descontraído, diplomático e extrovertido. Essa atitude simpática pode mudar rapidamente em sua própria área de trabalho, quando se concentram intensamente para atingir altos padrões de desempenho. Como valorizam a autodisciplina, os Práticos avaliam os outros, com base na capacidade de se concentrar no desempenho diário. Eles têm grandes expectativas de si mesmos e dos outros e tendem a verbalizar sua decepção.

Sobre o avaliado (nome fictício: João)

João é detalhista, organizado, preciso, amigável, e se preocupa com as pessoas. Consegue se adaptar a ambientes agitados ou calmos. Ele também é realista, com uma tendência otimista, e está sempre atento a erros e riscos. João não mede esforços para entregar um trabalho perfeito, mesmo que isso lhe custe algumas noites ou finais de semana lendo artigos, manuais ou procurando soluções no Google. Depois, ele apresenta um relatório completo, pois valoriza a qualidade e é inclinado a cuidar de cada detalhe. Embora não saiba de tudo – ninguém sabe –, em geral, podemos confiar no que ele diz.

Tem uma visão estratégica, gosta de segurança e é bastante racional. Por isso, antes de tomar qualquer decisão, faz uma análise de riscos que inclui os seguintes critérios: analisar tudo o que pode dar errado e, depois, todas as possibilidades de dar certo. Dessa forma, ele faz suas escolhas com base em dados e fatos. É tão cuidadoso que as outras pessoas podem criticar a quantidade de tempo que ele gasta avaliando uma decisão importante. Geralmente, João não gosta de mudanças e de se expor ao risco de errar. Nenhum detalhe é pequeno demais para ele. Prefere virar a noite verificando todas as informações a perder o menor dos detalhes. Em geral, ele é cauteloso e pensa primeiro na segurança e qualidade. Dificilmente será surpreendido por acontecimentos inesperados. A questão é que João está preparado para mergulhar fundo para que tudo fique 100% perfeito. Se é para realizar uma tarefa, que seja da maneira mais correta possível.

Trabalha duro para alcançar o nível de qualidade que determinou. Tem uma criticidade muito alta com ele e com os demais. Na sua visão, tudo tem que ser bem feito, da maneira certa, e se algo sair do controle ou não atender ao padrão estipulado, ele pode se cobrar excessivamente. João possui a habilidade de influenciar pessoas e de respaldar suas ideias em análises baseadas em dados e fatos. Um dos seus pontos fortes é a capacidade de sonhar, ter criatividade e, ao mesmo tempo, ser racional e pé no chão. Consegue ser extrovertido com os amigos e muito formal em ocasiões profissionais, sempre adotando uma postura simpática com todos.

João valoriza muito as relações, é aventureiro, enxerga a vida com mais racionalidade e não gosta muito de mudanças. Pode ser sensível ao seu entorno, tanto ao feedback positivo quanto ao negativo por parte dos demais. Nas tomadas de decisões, tem a habilidade de ouvir sua intuição, mas não deixa de fazer uma análise crítica dos fatos. Sua memória e análises o apoiam em seus planos, porém, nem sempre toma suas decisões com tanta racionalidade. Em alguns momentos, o que prevalece é o desejo de avançar.

Fatores motivadores de João

Socializar e/ou atender às necessidades dos demais; desempenhar-se dentro de uma estrutura que lhe forneça direção e segurança; estar em vários assuntos por vez, abrir frentes simultâneas.

Comportamentos de João

João pode se dedicar a uma ampla variedade de tarefas que exigem atenção detalhada e aplicação de conhecimentos especializados. Tem um sentido de urgência, ao mesmo tempo que busca a perfeição em tudo o que empreende. Pode ficar aborrecido e frustrado com trabalho rotineiro e repetitivo, pois está orientado à mudança e a melhorias permanentes. Ele é muito perfeccionista e busca consistência de informações que suportem suas ações, sendo muito exigente no que diz respeito ao cumprimento de normas e procedimentos. Esforça-se para desenvolver relações cooperativas de trabalho com as pessoas e pode absorver muita informação técnica e transmiti-la de forma persuasiva e positiva.

- **Se afasta de:** impaciência, falta de harmonia, rigidez, imprevistos e riscos.
- **Indispensável:** análises, dados e fatos, reconhecimento e harmonia no coletivo.

Subfator ou característica secundária de João: Perceptividade

As pessoas deste tipo são extremamente atentas ao meio ambiente e suas mudanças, a ponto de frequentemente notarem sutilezas que outras pessoas não percebem. Este é um fator positivo, mas, consequentemente, essas pessoas têm pouca tolerância ao tédio, distraindo-se com facilidade.

Perfil nº 23: CSDI

- **Nome do perfil:** Objetivo
- **Subfator:** C/I Precisão
- **Palavras descritivas:** exato, especialista, preciso, detalhista, autodisciplinado, cauteloso, lógico, modesto, metódico, organizado, reflexivo, guiado pela qualidade, correto e sistemático.

O avaliado tem predominância dos fatores CS

"CSs" são pessoas com o tipo de personalidade pensadora objetiva. Tendem a ser mais reservadas e solitárias. Normalmente, limitam seu contato com outras pessoas a interações mais estruturadas do que informais, podendo hesitar em participar de conversas casuais em grupo. Os pensadores objetivos preferem ser sérios e racionais. Gostam de argumentos lógicos e de interagir com pessoas que usam uma abordagem mais sistemática ou metódica. Pensam cuidadosamente antes de falar e escolhem palavras precisas e intencionais.

Sobre o avaliado (nome fictício: João)

João é detalhista, organizado e preciso. Prefere ambientes organizados, silenciosos e tranquilos. Para ele, não existem "achismos", as informações precisam ser embasadas. Ele é especialista, gosta de exatidão e, por vezes, pode ser metódico. Nos bastidores, analisa, classifica, avalia e examina as possibilidades, geralmente tendo todas as respostas. Também é realista, com uma tendência pessimista, e está sempre de olho nos erros e riscos. Não mede esforços para entregar um trabalho perfeito, mesmo que isso lhe custe algumas noites ou finais de semana lendo artigos, manuais ou procurando soluções no Google. Depois, apresenta um relatório completo, pois valoriza a qualidade e é inclinado a cuidar de cada detalhe. Embora não saiba de tudo, – ninguém sabe –, em geral, podemos confiar no que ele diz.

Não vê dificuldade em seguir regras, normas ou padrões. Tem uma habilidade única de seguir instruções em cada detalhe. Embora se dê bem com outras pessoas, prefere trabalhar sozinho, pois é movido por sua natureza perfeccionista. Também possui um pensamento preciso, que consegue organizar e detalhar os fatos para uma melhor resolução dos problemas. Trabalha duro para alcançar o nível de qualidade que determinou. Tem uma criticidade muito alta com ele mesmo e com os demais. Na sua visão, tudo tem que ser bem feito, da maneira certa, e se algo sair do controle ou não atender ao padrão estipulado, ele pode se cobrar excessivamente.

João tem uma visão estratégica, gosta de segurança e é bastante racional. Por isso, antes de tomar qualquer decisão, faz uma análise de riscos que inclui os seguintes critérios: analisar tudo o que pode dar errado e depois todas as possibilidades de dar certo. Dessa forma, faz suas escolhas com base em dados e fatos. É tão cuidadoso que as outras pessoas podem criticar a quantidade de tempo que ele gasta avaliando uma decisão importante. Não tem a necessidade de ser o centro das atenções. Se ele tiver certeza do que está falando, já basta. Essa modéstia pode ser prejudicial, pois raramente vai se posicionar para defender sua ideia. Geralmente, João não gosta de mudanças nem de se expor ao risco de errar. É um perfil que prefere os bastidores e tende a ser mais introvertido.

Nenhum detalhe é pequeno demais para ele. Prefere virar a noite verificando todas as informações a perder o menor dos detalhes. Em geral, ele é cauteloso e pensa primeiro na segurança e qualidade. Dificilmente será surpreendido por acontecimentos inesperados. A questão é que João está preparado para mergulhar fundo para que tudo fique 100% perfeito. Se é para realizar uma tarefa, que seja da maneira mais correta possível. Pensamento lógico e racionalidade são valores cruciais para João. Ser introvertido não significa que ele não tenha nada a dizer. Ser introvertido não é ser silencioso, mas sim ativo no mundo interior. O efeito disso é a calma e as reflexões mais intensas antes de falar qualquer coisa. Ele é observador e age mais como espectador do que como personagem principal.

Fatores motivadores de João

Contar com informação detalhada e certeira para proceder; trabalhar em privacidade, sem que o forcem ou o pressionem; constantes reforços e feedbacks positivos.

Comportamentos de João

João é um pensador preciso e um trabalhador assíduo que prefere seguir procedimentos, tanto em seu trabalho quanto em sua vida pessoal. Ele é perfeccionista e evita cometer erros, pois é analítico, preciso e ordenado. Esforça-se para ser prudente e cauteloso, minimizando o risco e a incerteza que poderiam causar erros. Trabalha de maneira ordenada, é exato e presta atenção aos detalhes. Desagradam-lhe situações antagônicas, e normalmente age de modo prudente. Prefere trabalhar com base em políticas e precedentes, frequentemente buscando orientação e conselho dos outros. Desenvolve suas relações com base na confiança, distinguindo amigos de conhecidos. Normalmente, recolhe muitos dados detalhados e informações, mantendo um cuidadoso controle de qualidade, o que o faz sentir-se seguro de seus conhecimentos e perícia. Tem boas habilidades para identificar e diagnosticar problemas e variações no desempenho. Sua abordagem analítica o leva a ser cético, querendo ver dados de suporte ou um plano lógico antes de se comprometer com um plano ou proposta.

- **Se afasta de:** imprevistos, riscos de errar e falta de segurança.
- **Indispensável:** qualidade, organização e especialização.

Subfator ou característica secundária de João: Precisão

Este subfator é também denominado "Cautela". Essa pessoa odeia cometer erros e verifica várias vezes seu trabalho. Um indivíduo cauteloso está sempre pronto para corrigir o erro de outra pessoa, independentemente de ter sido solicitado ou não. Essa necessidade de certeza significa que ele nunca assume riscos, a menos que seja absolutamente necessário. Sua comunicação também é cautelosa, raramente revelando mais informações sobre si mesmo do que o mínimo essencial. Essa característica tem sua intensidade aumentada quando não conta com a sociabilidade e o interesse que os Altos "Is" têm pelas pessoas.

Perfil nº 24: CSID

- **Nome do perfil:** Perfil técnico/Preciso
- **Subfator:** C/D Conectividade
- **Palavras descritivas:** exato, especialista, preciso, detalhista, autodisciplinado, cauteloso, lógico, modesto, metódico, organizado, reflexivo, guiado pela qualidade, correto e sistemático.

O avaliado tem predominância dos fatores CS

"CSs" são pessoas com o tipo de personalidade pensadora objetiva. Tendem a ser mais reservadas e solitárias. Normalmente limitam seu contato com outras pessoas a interações mais estruturadas do que informais, podendo hesitar em participar de conversas casuais em grupo. Os pensadores objetivos preferem ser sérios e racionais. Gostam de argumentos lógicos e de interagir com pessoas que usam uma abordagem mais sistemática ou metódica. Pensam cuidadosamente antes de falar e escolhem palavras precisas e intencionais.

Sobre o avaliado (nome fictício: João)

João é detalhista, organizado e preciso, preferindo ambientes organizados, silenciosos e tranquilos. Para ele, não existem "achismos"; as informações precisam ser embasadas. Ele é especialista, gosta de exatidão e, por vezes, pode ser metódico. Nos bastidores, analisa, classifica, avalia e examina as possibilidades, geralmente tendo todas as respostas.

Também é realista, com uma tendência pessimista, sempre atento aos erros e riscos. Não mede esforços para entregar um trabalho perfeito, mesmo que isso lhe custe algumas noites ou finais de semana lendo artigos, manuais ou procurando soluções no Google. Depois, apresenta um relatório completo, valorizando a qualidade e cuidando de cada detalhe. Embora não saiba de tudo, em geral, podemos confiar que o que ele diz está correto.

Não vê dificuldade em seguir regras, normas ou padrões. Tem uma habilidade única de seguir instruções em cada detalhe. Embora se dê bem com outras pessoas, prefere trabalhar sozinho devido à sua natureza perfeccionista. Também possui um pensamento preciso que organiza e detalha os fatos para uma melhor resolução dos problemas. Trabalha duro para alcançar o nível de qualidade que determinou, sendo muito crítico consigo e com os outros. Em sua visão, tudo tem que ser bem feito e, se algo sair do controle ou não estiver no padrão estipulado, ele pode se cobrar excessivamente.

João tem uma visão estratégica, gosta da segurança e é bem racional. Antes de tomar qualquer decisão, faz uma análise de riscos que inclui analisar tudo o que pode dar errado e, depois, todas as possibilidades de dar certo. Faz suas escolhas com base em dados e fatos. É tão cuidadoso que as outras pessoas podem criticar o tempo que gasta avaliando uma decisão importante. Não tem a necessidade de ser o centro das atenções; se ele tiver certeza do que está falando, já basta. Essa modéstia pode ser prejudicial, pois raramente se posiciona para defender sua ideia. Geralmente, não gosta de mudanças nem de se expor ao risco de errar, preferindo os bastidores e tendendo a ser mais introvertido.

Nenhum detalhe é pequeno demais para ele. Prefere virar a noite verificando todas as informações a perder o menor dos detalhes. Em geral, é cauteloso e pensa primeiro na segurança e qualidade. Dificilmente será surpreendido por acontecimentos inesperados. João está preparado para mergulhar fundo para que tudo fique 100% perfeito. Se é para realizar uma tarefa, que seja o mais correto possível.

Pensamento lógico e racionalidade são valores cruciais para João. Ser introvertido não significa que ele não tem nada a dizer; ser introvertido é ser ativo no mundo interior, resultando em calmaria e reflexões intensas antes de falar qualquer coisa. Ele é observador e age mais como espectador do que como personagem principal.

Fatores motivadores de João

Um ambiente medianamente estruturado; uma descrição do cargo claramente definida; constantes reforços e feedbacks positivos.

Comportamentos de João

João prefere evitar situações antagônicas por meio da atenção aos detalhes e da eliminação de riscos e erros. Esforça-se para ser objetivo e racional em seu trabalho. Realiza bem tarefas que necessitam de cálculos exatos, baseados em conhecimentos e informações detalhadas. Prefere trabalhar com tempo o suficiente e informações claras para se organizar. Por ser perfeccionista e detalhista, sente-se estressado se não tiver tempo ou informações suficientes para proceder com clareza. Pode se preocupar demais em exigir instruções e regras explícitas. É cauteloso na tomada de decisões e eficiente ao lidar com informações detalhadas. Prefere trabalhar objetivamente, baseando-se em dados e fatos. Busca harmonia e cooperação no grupo e se esforça para satisfazer as necessidades dos outros. Pode ser muito exigente quanto ao cumprimento de regras, normas e procedimentos. É um bom comunicador, com habilidades tanto para ouvir quanto para se expressar. Adota uma atitude defensiva se criticarem seu trabalho. Situações de confronto e discussões o estressam.

- **Se afasta de:** imprevistos, riscos de errar e falta de segurança.
- **Indispensável:** qualidade, organização e especialização.

Subfator ou característica secundária de João: Conectividade

As pessoas conectivas são assim chamadas porque esse aspecto de seu estilo pessoal se estende à necessidade de apoio prático de gerentes, colegas e amigos, buscando manter relações de trabalho positivas. A conectividade às vezes é confundida com uma subcaracterística social, mas não é esse o caso.

Pessoas desse tipo trabalham em conexão ou cooperação com outras como parte de uma estratégia comportamental: isso lhes permite evitar riscos individuais e distribuir responsabilidades – o não quer dizer que não haverá outros impulsos sociais no comportamento, mas a presença ou não deles dependerá, em grande parte, dos níveis de Influência (I) e Sensatez (S) presentes no perfil. Independentemente de suas motivações, estilos conectivos tendem a ser bons trabalhadores em equipe. Eles conseguem se concentrar no bem do grupo como um todo, em vez de em suas próprias necessidades específicas, e o estilo organizado e estruturado, que geralmente acompanha esse subfator, também pode ser uma força em situações de grupo.

Descritivo complementar do perfil: subfator, subtraço ou subcaracterística

Subfator, subtraço ou subcaracterística são sinônimos na leitura das tendências comportamentais pela metodologia DISC. Eles representam uma medida específica dentro de um perfil DISC, baseada na relação entre dois fatores DISC. Em cada caso, dois fatores são comparados, e seus níveis relativos entre si fornecem uma medida do subfator. Por exemplo, perfis onde a Dominância é superior à Conformidade apresentam o subtraço da Independência, e quanto maior a diferença entre os dois, mais independente é a pessoa. Existem doze subtraços no total.

Uma forma de entender as relações entre os fatores em um perfil é por meio de "subcaracterística". Existem doze delas, uma para cada par possível de fatores. Por exemplo, se um determinado indivíduo tem uma alta pontuação de Dominância e uma baixa pontuação de Estabilidade, podemos dizer que ele é "Automotivado" e interpretar seu perfil à luz disso. Podemos representar essa relação usando uma forma abreviada - por exemplo, "D/S" (pronuncia-se "D sobre S") representa a Dominância sendo mais alta em um perfil do que a Estabilidade.

Quadro de subfatores

#	Fatores	Descrição dos subfatores
1	D/I	Determinação/Eficiência (D/I) descreve uma pessoa motivada principalmente por resultados.
2	D/S	Automotivação (D/S) relaciona-se com os estilos de autoiniciação e "empreendedorismo".
3	D/C	Independência (D/C) é usado para descrever indivíduos autossuficientes que seguem seus próprios objetivos.
4	I/D	Sociabilidade (I/D) é essencialmente uma subcaracterística social, usada por pessoas que são abertas e calorosas com os outros.
5	I/S	Entusiasmo (I/S) refere-se ao comportamento animado e expressivo.
6	I/C	Autoconfiança (I/C) é usado especificamente para descrever a confiança social.
7	S/D	Paciência (S/D) é exibido por tipos calmos e discretos.
8	S/I	Preocupação (S/I) é usado para descrever indivíduos que pensam cuidadosamente em suas ações.
9	S/C	Persistência (S/C) representa um comportamento obstinado e tenaz.
10	C/D	Conectividade (C/D) aplica-se a indivíduos que preferem trabalhar em um ambiente de equipe.
11	C/I	Precisão (C/I, às vezes chamado de "Cuidado") refere-se a indivíduos para quem acertar as coisas é o objetivo principal.
12	C/S	Perceptividade (C/S) aparece em perfis de pessoas que são observadoras e conscientes de seu ambiente.

Subfatores: fator maior/fator menor

Subfator 1: subcaracterísticas do perfil D/I – Determinação/Eficiência

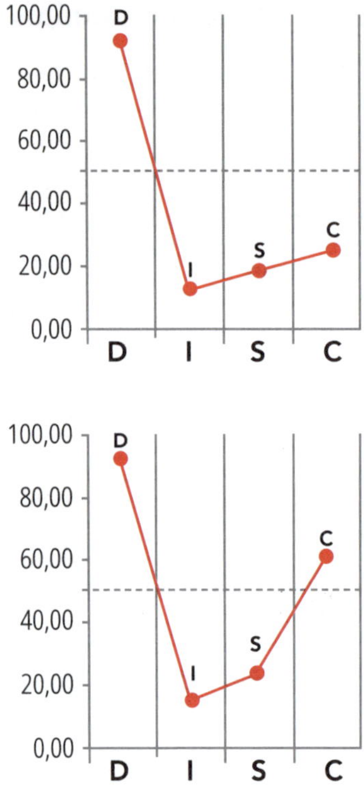

Figura 27. Subfator D/I.

A Eficiência aparece em um perfil DISC quando a Dominância é significativamente maior do que a Influência. Um indivíduo eficiente é direto e assertivo, mas tem pouco ou nenhum interesse em assuntos pessoais. Eles adotam uma visão objetiva e analítica e dirigem-se para seus objetivos de forma direta e implacável. Eles precisam ver resultados e estão dispostos a comprometer a qualidade ou os detalhes para obtê-los.

O nome dessa subcaracterística é Eficiência, decorrente do senso de propósito único e da necessidade de ver resultados concretos, que estão associados a estilos que a possuem. Não indica necessariamente uma abordagem organizada ou formal, embora também não exclua esses elementos.

Embora existam muitos perfis que podem se relacionar com a Eficiência, ela geralmente aparece em um dos dois estilos distintos. No primeiro, a Dominância aparece sem outros fatores de equilíbrio – trata-se de um estilo empreendedor, em que o subtraço Eficiência permite que um indivíduo se concentre em seus objetivos e tome decisões imediatas, sem se distrair facilmente de seu propósito. No segundo estilo, a Dominância é um pouco equilibrada pela Conformidade, temperando a necessidade de resultados imediatos com uma abordagem mais estruturada e formal. Perfis desse tipo são mais comuns dentro da estrutura de uma organização.

Subfator 2:
subcaracterísticas do perfil D/S – Automotivação

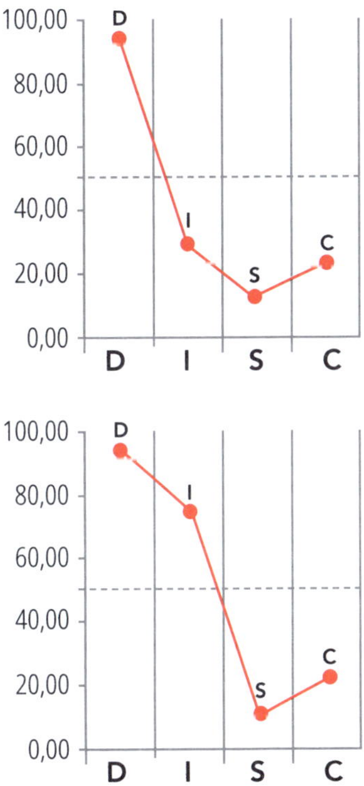

Figura 28. Subfator D/S.

A Automotivação aparece em um perfil DISC onde a Dominância é maior do que a Estabilidade. A ação é um ingrediente-chave desse subtraço. Esse tipo de pessoa sente necessidade de estar ativa o tempo todo e fica impaciente com aqueles que não querem ou não conseguem acompanhar seu ritmo urgente. Elas reagem rapidamente a novos desenvolvimentos, mas nunca perdem de vista seus próprios objetivos e ambições.

A automotivação é muito comum em perfis altamente Dominantes: ela reflete os elementos autossuficientes desse fator. Esses indivíduos são capazes de aceitar a responsabilidade pessoal por suas ações e, na verdade, muitas vezes estão ansiosos para fazê-lo. Perfis desse tipo refletem indivíduos que conseguem lidar com o confronto e a pressão como parte de suas vidas diárias.

Os estilos automotivados são fortemente motivados pelo sucesso pessoal; eles tendem a ser competitivos por natureza (como a maioria dos estilos Dominantes). No entanto, a paciência não é um elemento do estilo automotivado. Pessoas desse tipo procuram ver resultados imediatos, de modo que o planejamento de longo prazo e a consideração cuidadosa dos problemas raramente ocorrem.

Subfator 3:
subcaracterística do perfil D/C – Independência

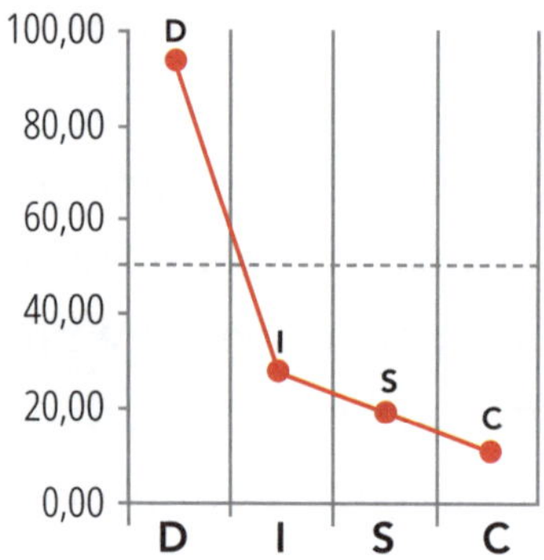

Figura 29. Subfator D/C.

A Independência aparece em um perfil DISC quando a Dominância é significativamente maior do que a Conformidade. Esse tipo de pessoa se sente frustrada com regras e regulamentos – prefere seguir suas próprias ideias e, muitas vezes, trabalha sozinha ou em posições de autoridade isoladas. Essa subcaracterística é comum, por exemplo, em estilos empreendedores.

A independência é uma subcaracterística altamente competitiva e determinada. Aqueles que a possuem em seus estilos de comportamento são dinâmicos e diretos. A maneira precisa como isso aparecerá no comportamento de uma pessoa geralmente depende das pontuações de Influência e Estabilidade em seu perfil.

A Influência afetará a motivação social de um indivíduo independente. Onde o nível de Influência é baixo, uma abordagem autocrática e dominadora é frequentemente vista, e uma alta pontuação de Influência vê a Independência combinada com a Autoconfiança, resultando em um estilo muito poderoso e persuasivo.

A Estabilidade geralmente é baixa em perfis independentes **(Figura 29)**. Quando isso se aplica, uma característica comum desse estilo é um baixo período de concentração e uma tendência a mudar de direção regularmente. Uma alta pontuação de Estabilidade (um fenômeno menos comum) contribui para uma abordagem mais firme e obstinada.

Subfator 4: subcaracterísticas do perfil I/D – Sociabilidade/Simpatia

Pessoas simpáticas e amigáveis adoram conversar – a comunicação é o elemento mais forte desse perfil. Elas são sociáveis e extrovertidas, mas acham difícil se concentrar em tarefas rotineiras e se distraem facilmente desse trabalho pela oportunidade de interação social.

A simpatia é uma subcaracterística muito positiva (embora nem sempre prática): os indivíduos que mostram esse aspecto em seu comportamento são tipicamente calorosos, abertos e genuinamente interessados nos outros. Em comum com todos os perfis de Alto "I", eles gostam de ser o centro das atenções,

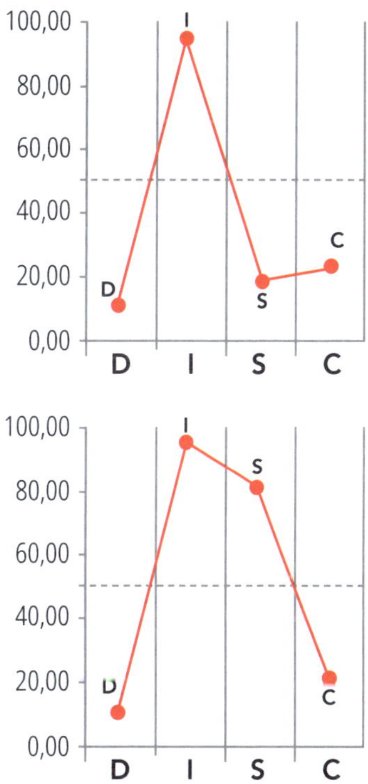

Figura 30. Subfator I/D.

mas, neste caso particular, também estão interessados nos sentimentos e ideias dos outros, especialmente quando o perfil exibe uma alta pontuação em Estabilidade.

Indivíduos amigáveis geralmente exibem um estilo confiante, especialmente em circunstâncias em que se sentem confortáveis e aceitos. Apesar dessa confiança, não são particularmente assertivos – seu baixo nível de Dominância torna difícil para eles serem eficazes em situações de pressão ou confronto.

Subfator 5: subcaracterísticas do perfil I/S – Entusiasmo

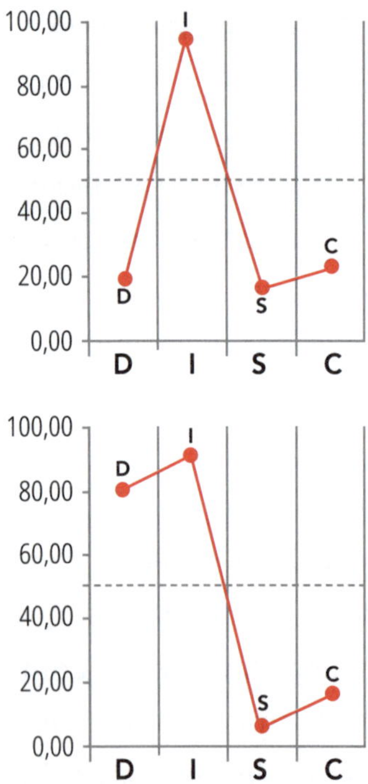

Figura 31. Subfator I/S.

Esta é uma subcaracterística extrovertida e entusiasmada que tem muito em comum com a Simpatia, mas com a dimensão adicional de energia e ritmo. Este estilo animado demonstra seu interesse por um tópico de forma muito intensa, e sua natureza efusiva pode atuar como um fator motivador para os outros.

A natureza do Entusiasmo tende a variar de acordo com o nível relativo da pontuação de Dominância no perfil. Onde a Dominância é baixa, o indivíduo tenderá a limitar seu estilo expressivo a situações em que se sinta confortável e aceito – eles raramente farão críticas diretas ou entrarão em discussões, preocupando-se com as opiniões dos outros sobre eles.

Por outro lado, onde a pontuação de Dominância é alta, o tipo Entusiástico está muito menos preocupado em ofender. Nesse tipo de perfil, mantém-se o estilo extrovertido e expressivo, mas reforçado por uma abordagem mais assertiva.

Subfator 6: subcaracterísticas do perfil I/C – Autoconfiança

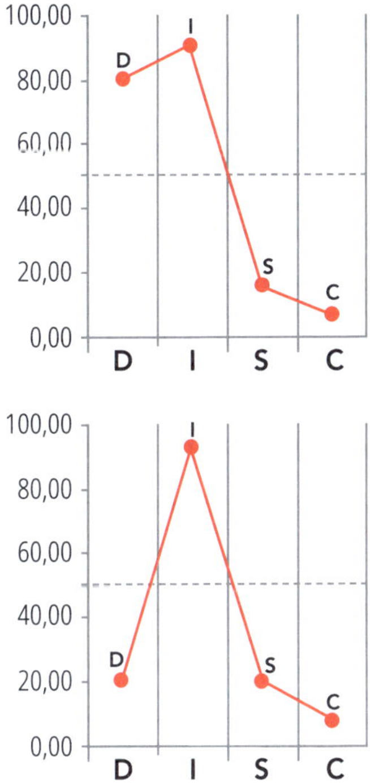

Figura 32. Subfator I/C.

Os perfis de Autoconfiança representam pessoas que raramente experimentam dúvidas e se sentem à vontade em quase todas as situações sociais. Elas se misturam facilmente com estranhos e não têm medo de iniciar contatos sociais. Às vezes, podem se tornar excessivamente confiantes, levando-as a agir impulsivamente.

A Autoconfiança é um subtraço amplamente social – seus efeitos são vistos mais diretamente quando uma pessoa está em uma situação social ou interagindo com outras em um nível pessoal. Não equivale a assertividade: indivíduos autoconfiantes também podem ou não ser assertivos. Isso depende muito da posição do fator Dominância no perfil.

Onde a Dominância é alta (como no mais alto dos perfis de exemplo opostos), o indivíduo em questão tem um estilo de comportamento assertivo e confiante. Essa poderosa combinação permite que essa pessoa lide diretamente, sem medo, com a maioria das situações. Embora normalmente prefiram manter as coisas em um nível aberto e amigável, são capazes de adotar uma postura mais confrontadora quando a situação exige.

Onde a Dominância é baixa, esse elemento assertivo está ausente do comportamento do indivíduo, ou pelo menos não está fortemente representado. Em tais circunstâncias, a abordagem confiante será vista apenas em ambientes favoráveis: onde o ambiente é hostil, tal pessoa frequentemente se sentirá desconfortável e consideravelmente menos expressiva.

Subfator 7: subcaracterísticas do perfil S/D – Paciência

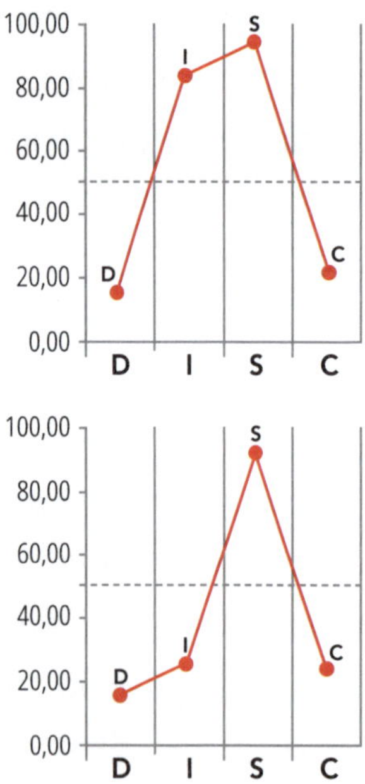

Figura 33. Subfator S/D.

Esse estilo de pessoa tem pouco senso de urgência e um ritmo lento, o que significa que é capaz de trabalhar em situações que outras considerariam repetitivas ou enfadonhas. Elas têm um estilo submisso e estão prontas para aceitar que há algumas coisas que não podem mudar.

Indivíduos pacientes tendem a ter uma atitude aberta e otimista, especialmente com outras pessoas. Eles não têm um estilo competitivo e preferem evitar situações em que possam entrar em conflito. Isso leva a uma abordagem bastante confiante; eles gostam de desenvolver relações calorosas e amigáveis com as pessoas ao seu redor e geralmente não procuram segundas intenções.

A posição de Influência afetará o estilo de um indivíduo Paciente, influenciando o nível de simpatia aberta que esse indivíduo apresenta. Independentemente do nível de Influência, a Paciência sempre mantém a mesma estrutura comportamental básica, mas os indivíduos mais influentes apresentarão um aspecto mais aberto e extrovertido.

Quando a Paciência ocorre em um perfil que também contém um alto nível de Conformidade, aparece um aspecto mais prático da subcaracterística. Nessa situação, o perfil compartilha Paciência com Precisão; o resultado é um estilo de comportamento em que a pessoa se concentra de maneira particularmente cuidadosa nos detalhes de uma tarefa.

Subfator 8:
Subcaracterísticas do perfil S/I – Preocupação

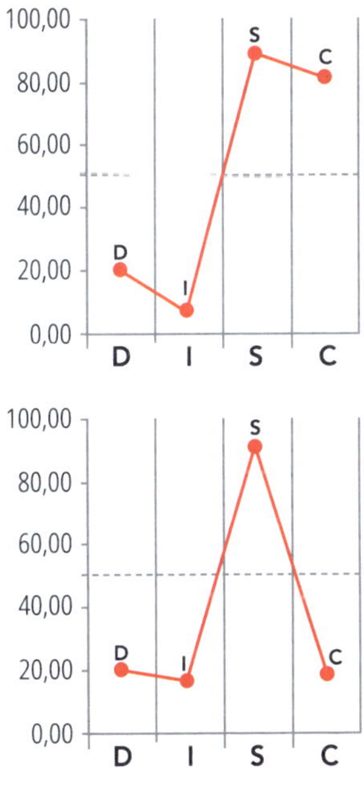

Figura 34. Subfator S/I.

Indivíduos preocupados planejam suas palavras e ações cuidadosamente e nunca agem por impulso. Prazos e outras restrições de tempo são difíceis para esse tipo de pessoa lidar. Sua vantagem, no entanto, é a confiabilidade e estabilidade que trazem ao seu trabalho.

Como um subtraço, o termo Preocupação refere-se especificamente ao fato de que os indivíduos com esse traço tendem a pensar, planejar e considerar mais do que a maioria dos outros tipos. No uso comum, preocupação também indica frequentemente alguém que é atencioso ou leva em consideração os sentimentos de outras pessoas. Embora isso não faça parte da definição técnica do subtraço, pessoas com alta Estabilidade em seu perfil geralmente exibem tais traços atenciosos em seus estilos.

A forma específica assumida pela preocupação muitas vezes dependerá do nível de Conformidade (C) presente no perfil em questão. Onde esse fator é alto, a Preocupação combina com a Precisão, levando a uma abordagem disciplinada e objetiva, em que as ações são cuidadosamente planejadas com cautela e cuidado. Onde o nível de Conformidade é baixo, a Preocupação torna-se uma subcaracterística menos focada. Nesse caso, muitas vezes pode ser usada para reforçar a resistência de um Alto "S" à mudança ou ação direta: a pessoa em questão preferirá pensar e planejar a agir diretamente.

Subfator 9: subcaracterísticas do perfil S/C – Persistência

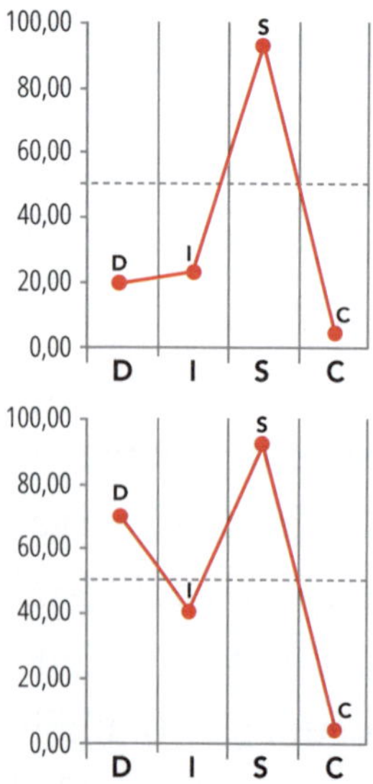

Figura 35. Subfator S/C.

As pessoas persistentes lidam particularmente mal com a mudança. Uma vez estabelecidas em um *status quo,* acham muito difícil romper com isso e se adaptar a uma nova situação. Isso significa que farão o que puderem para manter seu atual estado de coisas, mostrando grande lealdade e resiliência em defesa de seu ambiente atual e círculo social.

Estilos comportamentais que exibem Persistência tendem a funcionar melhor quando podem se concentrar em uma única tarefa. Pessoas desse tipo não desviam facilmente sua atenção de uma coisa para outra; muitas vezes, levarão tempo para se ajustar. No entanto, uma vez que embarcam em determinado curso de ação, pode-se confiar que o levarão até o fim.

A Persistência é vista com mais frequência em estilos de comportamento passivos e pacientes, mas pode ocasionalmente coexistir em um perfil com alta Dominância. Quando isso acontece, pode-se esperar que o indivíduo demonstre notável tenacidade e determinação.

Subfator 10: subcaracterísticas do perfil C/D – Conectividade ou Colaboração

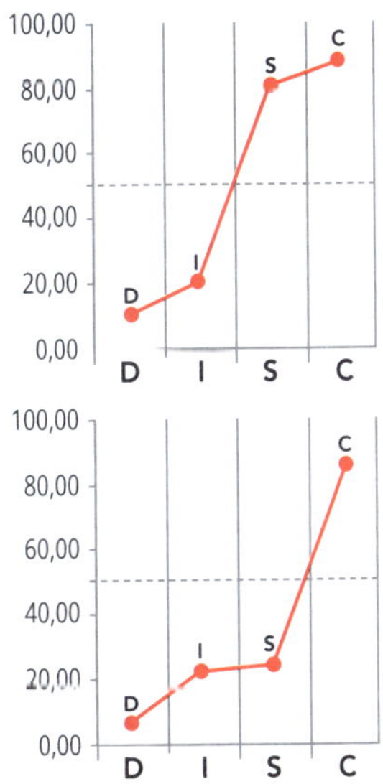

Figura 36. Subfator C/D.

Este é o subtraço clássico "orientado para regras", relacionado a uma pessoa que precisa estar absolutamente segura de sua posição e prefere usar regulamentos e procedimentos estabelecidos como uma estrutura para apoiar suas ideias. As pessoas colaborativas são assim chamadas porque esse aspecto de seu estilo pessoal se estende à necessidade de apoio prático de gerentes, colegas e amigos, e assim procuram manter relações de trabalho positivas com os outros.

A cooperação às vezes é confundida com uma subcaracterística social, mas não é o caso. Pessoas desse tipo trabalham em cooperação com outras pessoas como parte de uma estratégia comportamental: isso lhes permite evitar riscos individuais e distribuir responsabilidades. (Isso não quer dizer que não haverá outros impulsos sociais no comportamento – a presença ou não deles dependerá, em grande parte, dos níveis de Influência e Estabilidade presentes no perfil). Independentemente de suas motivações, os estilos cooperativos tendem a ser bons trabalhadores em equipe. Eles são capazes de se concentrar no bem do grupo como um todo, em vez de em suas próprias necessidades específicas, e o estilo organizado e estruturado que geralmente acompanha esse subtraço também pode ser uma força em uma situação de grupo.

Subfator 11: subcaracterísticas do perfil C/I – Precisão

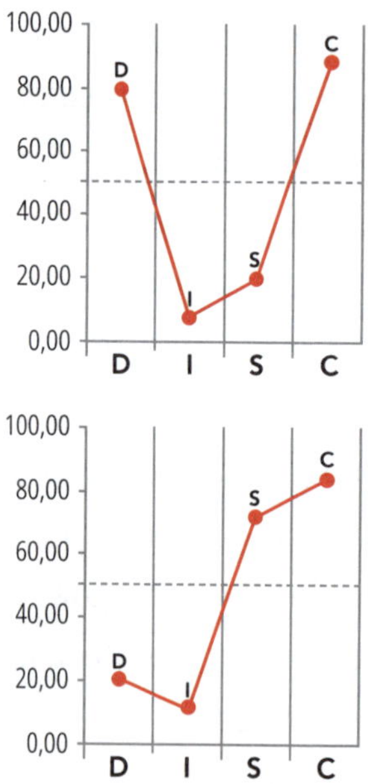

Figura 37. Subfator C/I.

O subtraço de Precisão é encontrado em perfis DISC com alta Conformidade e baixa Influência. Quanto maior a diferença entre esses dois fatores, mais preciso é o indivíduo em questão. O subtraço oposto de Precisão, onde a Influência é maior do que a Conformidade, é a Autoconfiança.

Essa subcaracterística também é, às vezes, chamada de “Cuidado”. O tipo de pessoa a quem se refere odeia cometer erros – elas verificam e verificam novamente seu trabalho e são propensas a corrigir erros em outras pessoas, independentemente de terem sido solicitadas a fazê-lo. Essa necessidade de certeza significa que nunca correrão riscos, a menos que seja absolutamente necessário. Elas também são cautelosas na comunicação, raramente revelando mais sobre si mesmos do que o mínimo.

A Precisão é um subtraço introvertido clássico: aquelas que a possuem são altamente analíticas e relativamente pouco comunicativas. Por causa de seu estilo analítico, pessoas desse tipo muitas vezes evitam agir, em vez de arriscar resultados negativos. Elas preferem o previsível e sistemático. Isso pode fazer com que sejam vistas por tipos mais ativos como bastante sisudas e sem inspiração. Na verdade, estilos precisos são tão capazes de pensamento original e inventividade quanto qualquer outro estilo, mas normalmente relutam em agir de acordo com suas ideias ou comunicá-las a outras pessoas, a menos que sejam encorajados a fazê-lo.

A precisão assume uma forma única em perfis que mostram alta Conformidade em conjunto com alta Dominância (o perfil Alto-DC, como na **Figura 37**). Neste caso, o elemento analítico e pouco expressivo do subtraço é combinado com um elemento mais exigente e assertivo. A exigência de precisão e a falta de vontade de correr riscos desnecessários associados à Precisão são mantidas, mas o Alto-DC também tem a assertividade de exigir essas características daqueles que o cercam.

Subfator 12: subcaracterísticas do perfil C/S – Perceptividade ou Sensibilidade

Pessoas com esse perfil são extremamente conscientes de seu ambiente e das mudanças que ocorrem nele, na me-

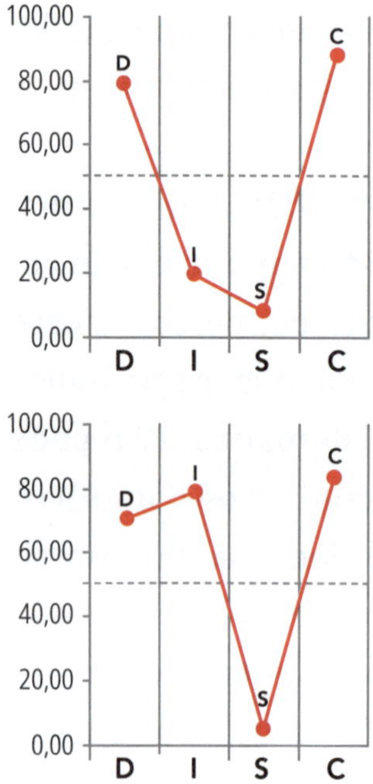

Figura 38. Subfator C/S.

dida em que muitas vezes percebem pontos sutis que outras pessoas não percebem ou ignoram. Em si, este é um fator positivo, mas tem a consequência de que elas têm um limiar de tédio muito baixo e se distraem com muita facilidade.

A natureza precisa da Sensibilidade varia um pouco, dependendo da posição do fator de Influência dentro do perfil.

Onde a Sensibilidade é acompanhada por alta Influência, descreve indivíduos socialmente conscientes e capazes de detectar nuances na comunicação. Um exemplo disso é mostrado no segundo perfil na **Figura 38**. Embora a sensibilidade social desse tipo seja valiosa, ela também pode ter suas desvantagens: especificamente, os indivíduos podem se tornar supersensíveis às opiniões dos outros, às vezes vendo críticas ou desaprovações em situações que, de fato, não as apresentam.

Onde a Influência é baixa no perfil, a Sensibilidade se torna uma subcaracterística mais prática, focando em questões de fato e precisão. Em um perfil desse tipo, a Sensibilidade reforça a Precisão: esse indivíduo se preocupa em checar as coisas com cuidado e garantir que erros sejam evitados. Novamente, essa abordagem detalhada é positiva em si mesma, mas às vezes pode ser levada a extremos.

DISC, profissões e perfis – Usando a avaliação DISC para ajudar a determinar uma boa adequação ao trabalho

Muitos empregadores utilizam o perfil DISC para avaliar como os funcionários podem reagir em situações específicas. Essas avaliações podem determinar se uma pessoa é adequada para um ambiente que exige alta agilidade ou para um trabalho de ritmo mais lento. Os resultados fornecem informações sobre traços e características do perfil, tornando-se uma fonte confiável para aqueles que buscam uma carreira que acomode suas preferências e tendências comportamentais.

Pode ser problemático decifrar quais qualidades se encaixam melhor em uma determinada carreira. Por exemplo, alguém que precisa estar rodeado de pessoas pode odiar trabalhar em um ambiente autônomo, e vice-versa. Esses fatores influenciam fortemente o nível de satisfação na vida profissional de uma pessoa. Papéis específicos exigem habilidades definitivas que podem determinar o conforto e a facilidade de alguém em uma situação.

Escolher a profissão certa faz toda a diferença, especialmente para alunos do ensino médio e universitários. Encontrar o campo de interesse correto economiza tempo, dinheiro e estresse. O perfil DISC oferece a autoconsciência necessária para essas decisões, permitindo que as pessoas invistam com segurança em seu futuro.

Os empregadores também usam essa avaliação para decidir entre candidatos a emprego. Fazer a avaliação DISC antecipadamente pode ajudar no processo de inscrição, evitando que as pessoas sejam rejeitadas ou acabem em uma linha de trabalho inadequada. No geral, essa avaliação atende a uma ampla variedade de pessoas, permitindo que percebam seu verdadeiro potencial e se preparem para o sucesso.

Certos estilos são atraídos por certas ocupações

Certos perfis DISC não apenas são atraídos por certos tipos de empregos ou carreiras, mas também se realizam, sendo produtivos e criativos em áreas que correspondem aos seus perfis ou estilos. Por exemplo, alguém com S alto pode se sentir mais satisfeito trabalhando como enfermeiro do que como corretor da bolsa de valores. Qualquer pessoa pode realizar qualquer trabalho, mas apenas certos estilos ficarão verdadeiramente satisfeitos em determinado trabalho. Este capítulo reúne algumas profissões e carreiras, e sugere a conexão dessas ocupações com os perfis DISC que apresentam maior afinidade para cada tipo de trabalho.

Quando você aceita um trabalho que não atende às necessidades do seu perfil, pode descobrir que, embora consiga atingir os objetivos, se sente infeliz. A insatisfação no trabalho pode levar ao estresse, pois você passa grande parte do tempo trabalhando. Uma carreira que atenda às necessidades de sua personalidade permite que você produza energia positiva, melhorando sua criatividade e aumentando sua produtividade.

Nas páginas seguintes, são listadas quase 500 ocupações em 16 grupos de carreiras diferentes. Certos perfis têm uma habilidade natural para realizar, se destacar e ser felizes com os requisitos dessas ocupações. Lembre-se, qualquer estilo PODE EXERCER qualquer ocupação; no entanto, alguns estilos parecem NATURALMENTE DESFRUTAR mais de determinado trabalho.

A seguir, uma lista de **perfis** para muitas ocupações. Se você não encontrar seu **perfil** exato, procure qualquer combinação de seu **perfil**. (Por exemplo, se você é uma combinação de I/S/C ou S/C/I, você pode querer olhar para os **perfis** I/S, I/C, S/C, C/S, S/I ou C/I).

As melhores carreiras para perfis DISC

Perfil D

A personalidade D, sendo um dos quatro tipos primários, tem um forte impulso para o sucesso. Essas pessoas se concentram nos resultados, trabalhando rapidamente e tomando decisões diretas e eficientes. Normalmente afastadas da cena social, preferem ser independentes e ter controle sobre as situações. Elas tendem a motivar e desafiar seus colegas dc trabalho de maneira urgente.

Além de serem líderes de alto nível, tendem a ter dificuldades com trabalho em equipe, detalhes e planejamento. Os perfis D podem parecer críticos, tornando a comunicação difícil. Suas predisposições enérgicas e impacientes podem ser intimidadoras, especialmente porque se esquecem de incluir outras pessoas no processo de solução de problemas. Eles agem dessa forma porque querem atingir seus objetivos instantaneamente, sem gastar mais tempo com detalhes.

Os tipos DISC D sentem-se mais satisfeitos em posições de autoridade. Quando estabelecem uma meta, nada os impede de alcançá-la. Eles escolhem cuidadosamente seu plano de ação antes de executar meticulosamente cada etapa ao longo do caminho.

Esses fatores os tornam altamente qualificados para as seguintes oportunidades:

- Presidentes.
- Fundadores.
- CEOs.
- Policiais.
- Advogados.
- Diretores.
- Qualquer outra profissão que exiba poder.

Perfil DC

Os perfis DC raramente gostam de situações sociais e, em vez disso, se envolvem em interações solenes e relacionadas a negócios, com um objetivo final em mente. Pessoas de fora devem perceber que eles não estão tentando ferir os sentimentos dos outros, embora possam parecer frios. Seu pensamento interno gira em torno das etapas necessárias para alcançar o sucesso, mesmo que isso prejudique sua vida pública. Aqueles com este perfil trabalham duro para controlar seu ambiente, evitando distrações. Sendo realistas, demonstram pensamento concreto e comportamento cauteloso em todos os aspectos de suas vidas.

A comunicação com colegas de trabalho é a maior falha naqueles com esse perfil. Os tipos DC geralmente parecem rudes e controladores por causa de sua natureza direta. Eles costumam considerar a lógica em vez dos sentimentos, o que pode aumentar a tensão entre os colegas de trabalho. Como querem encontrar soluções rápidas e fáceis, podem se tornar críticos, inflexíveis e firmes. Essas pessoas também se tornam argumentativas e teimosas se as coisas não saem conforme o planejado ou se outros tentam dominá-las.

Esses fatores os tornam altamente qualificados para as seguintes oportunidades:

- Gerente.
- Diretor.
- Policial.
- Advogado.

Perfil DI

Aqueles com perfil DI assumem o comando enquanto motivam os colegas a exercitar suas habilidades. É provável que cresçam com suas reflexões e encontrem soluções únicas que os outros talvez não encontrem. Esses indivíduos se destacam na área gerencial e, geralmente, trabalham com rapidez e eficiência para concluir projetos. Como resultado, são líderes excelentes e convincentes, com talento para dirigir os outros enquanto executam plenamente a tarefa em mão.

Esses tipos têm pontos fracos, no entanto. Devido ao seu estilo acelerado, podem pressionar os colegas de trabalho sem querer. Podem se tornar excessivamente exigentes e esperar demais das pessoas ao seu redor. Focados em um objetivo ou ideia, podem pular detalhes importantes, não fornecendo uma abordagem passo a passo para uma solução. Essas pessoas também preferem ser superiores e têm dificuldade em aceitar a orientação de uma autoridade superior.

Independentemente disso, esses fatores não diminuem os muitos aspectos positivos que a personalidade do perfil DI traz para o mundo do trabalho. Com sua natureza competitiva e persuasiva, comportamento orientado para objetivos e um forte senso de direção, eles são excepcionais em posições executivas, cargos de diretoria e em atuar como empreendedores.

Perfil ID

O perfil ID prospera no cenário social e, naturalmente, sabe como se comunicar de maneira prática e empolgante. O local de trabalho aprecia seu comportamento descontraído e animado, tornando-os altamente acessíveis. Estar perto de novas pessoas dá a esses indivíduos um desafio empolgante, e eles têm facilidade em reunir grupos. Eles produzem líderes de qualidade, pois também se destacam na solução de problemas, improvisação e delegação.

No entanto, esses seres sociais apresentam algumas fraquezas. Por exemplo, a personalidade ID não gasta muito tempo planejando ou estabelecendo uma rotina. Eles ficam entusiasmados com suas ideias e, como resultado, negligenciam detalhes críticos. Embora sua visão de mundo otimista alimente sua excitação interior, também pode impedi-los de ver a realidade das situações. Os colegas de trabalho podem, portanto, ter dificuldade em acompanhá-los, levando a um ambiente de trabalho desequilibrado.

Com suas habilidades pessoais alegres e encantadoras, esses indivíduos funcionam bem em ambientes sociais de alta energia. Eles anseiam por estímulos constantes em uma atmosfera em constante mudança, e não gostam de estrutura e nem de regras.

Os perfis ID se encaixam melhor em papéis de liderança como:

- Gerentes.
- Diretores.
- Fundadores.

Perfil I

O perfil I tem fortes habilidades de socialização devido à sua natureza extrovertida e amigável. Eles adoram estar perto de pessoas e sabem como se envolver em uma conversa com sucesso, mantendo uma personalidade relaxada e amigável. Eles se conectam bem com os outros, permitindo que entendam e motivem aqueles ao seu redor. Sua energia positiva também incentiva um ambiente de trabalho saudável e produtivo.

O perfil I tem problemas com a rotina estruturada e previsível exigida por muitos trabalhadores. Eles passam a maior parte do tempo conversando com outras pessoas, deixando pouco espaço para a conclusão de tarefas. Essas pessoas geralmente têm dificuldade em tomar decisões, com medo de desaprovação ou rejeição. Além disso, falham em perseguir muitas das grandes ideias que têm.

Essas pessoas precisam deixar sua criatividade brilhar com a oportunidade de aprender e explorar coisas novas. Elas exigem interação regular com os outros e geralmente preferem ocupações que envolvam muito trabalho em equipe e colaboração.

O perfil I tem muita afinidade com carreiras como:

- Escritor.
- Artista.
- Artista gráfico.
- Designer.
- Músico.
- Profissional de Relações Públicas.
- Corretor de imóveis.
- Profissional de Marketing.

Perfil IS

Aqueles que se identificam como um tipo IS veem o melhor nos outros e têm uma personalidade alegre e otimista.

Seu principal objetivo é promover os outros a alcançarem o máximo possível para ajudá-los a crescer em suas habilidades. Eles se sentem mais satisfeitos ao interagir com as pessoas ao seu redor, e costumam usar sua gentileza para construir uma forte camaradagem. O perfil IS cria uma atmosfera acolhedora e segura no processo.

Esses indivíduos sentem imensa satisfação em fazer amigos. No entanto, isso pode levar à sua queda final, pois os outros os veem mais como um conhecido do que como uma figura de autoridade. Eles podem ter dificuldades em alcançar uma meta devido às suas expectativas esperançosas em relação aos outros, predisposições para agradar e dificuldade em dizer "não!". Eles não gostam de rotina ou consistência, e têm dificuldade em tomar decisões racionais.

Os perfis IS adoram manter o equilíbrio e a harmonia. Eles desejam conhecer muitas pessoas e ajudá-las a ter sucesso o máximo possível. Esses perfis se destacam em papéis que influenciam os outros de maneira positiva, como relações públicas, professores e atividades gerenciais.

Perfil SI

Altamente compassivo e empático, o perfil SI sabe como fazer os outros se sentirem apoiados enquanto estabelece um profundo nível de confiança. Essas pessoas são realistas e genuínas, promovendo sentimentos de calma e facilidade em seu comportamento acessível. Por aceitarem seus colegas, também são ótimos colegas de trabalho.

Embora esses funcionários se destaquem como agradáveis e fáceis de conviver, suas práticas também podem causar alguns problemas. Ao evitar o confronto e o feedback negativo, os colegas podem não saber o que os tipos SI esperam deles. Eles podem ceder sob pressão ou quando confrontados com pessoas hostis ou agressivas, e não se dão bem em situações emocionalmente carregadas. Esses indivíduos têm dificuldade em fazer escolhas, pois temem o julgamento e não querem incomodar os outros. Consequentemente, perdem a autoridade rapidamente devido à tendência de se tornarem amigos dos colegas de trabalho.

Os tipos SI desejam paz e harmonia em todos os aspectos de seu trabalho. Eles não querem nada além de ajudar os outros ao seu redor e estabelecer um senso de confiança e amizade. Essas pessoas precisam de afirmação verbal, o que significa que os ambientes colaborativos são mais adequados para elas. Muitos indivíduos com esse perfil têm afinidade com posições de conselheiros, professores, mentores, terapeutas e especialistas de suporte.

Perfil S

Os perfis S têm o dom de fazer os outros se sentirem confortáveis e à vontade. Eles exibem uma consciência natural em relação aos outros e, combinada com seu comportamento paciente, tornam-se excelentes pacificadores. Alguns podem considerá-los conselheiros ou terapeutas naturais, pois são altamente empáticos e compreensivos. No ambiente de trabalho, eles se destacam na construção de relacionamentos duradouros e saudáveis, baseados na confiança e na certeza. Esses tipos motivam as pessoas ao seu redor enquanto acalmam situações estressantes.

As práticas bondosas desses humanitários têm suas desvantagens. Essas pessoas têm dificuldade em ser diretas, fornecer feedback negativo e tomar decisões que afetam os outros. Eles têm dificuldades ao lidar com indivíduos raivosos ou indisciplinados e muitas vezes não conseguem ser produtivos em ambientes emocionalmente carregados. Seu desejo de evitar conflitos também pode criar uma comunicação indireta e pouco clara, deixando as pessoas ao seu redor confusas e desviadas.

Para se sentirem mais realizados, esses indivíduos devem trabalhar em funções voltadas para as pessoas, que lhes permitam exibir seu lado compassivo. Eles ganham autoestima e motivação ajudando os outros e construindo relacionamentos de confiança. Muitos também preferem planejar o futuro e respeitar esses detalhes. Por esses motivos, eles se destacam nas áreas de saúde, terapia, atendimento ao cliente e em cargos de assistência.

Perfil SC

Aqueles com um perfil SC não correm riscos, florescendo em empregos previsíveis que raramente mudam. Antes de tomar uma decisão, eles avaliam cuidadosamente todas as opções e consideram cada detalhe. Eles seguem uma rotina rígida e mapeiam eficientemente as metas necessárias para chegar a uma solução. Esses indivíduos se destacam ainda mais no cenário social e nas configurações de equipe, com sua capacidade de trabalhar em harmonia com as pessoas ao seu redor.

Pessoas com esse perfil enfrentam algumas dificuldades. Devido à sua necessidade de estabilidade, tendem a sacrificar suas próprias necessidades para manter a harmonia e o equilíbrio. Podem deixar de expressar seus sentimentos, levando ao ressentimento e à raiva. Ao trabalhar em equipe, podem ser mais agradáveis em vez de oferecerem sua visão honesta, o que pode se tornar um problema, pois novas ideias surgem de diferentes pontos de vista. Eles também demoram mais do que a média para tomar uma decisão e podem atrasar essas escolhas ou delegar a responsabilidade a alguém com autoridade superior.

Profissões que exigem um alto nível de trabalho meticuloso e organizado parecem se adequar melhor a esses indivíduos. Eles gostam particularmente de produzir planos, regras e diretrizes. Sua eficiência no processo de tomada de decisão é de grande importância no ambiente certo. A maioria dessas pessoas também precisa estar perto de outras para se sentir energizada. Como resultado, eles se destacam como cientistas, pesquisadores, analistas, contadores ou em profissões técnicas.

Perfil CS

Os perfis CS são conhecidos por seu comportamento sério, mas metódico. Eles articulam suas palavras de maneira admirável e não demonstram muita emoção ao falar. Têm uma forte intuição para identificar pessoas falsas, insinceras e egocêntricas, embora evitem os holofotes sociais. São excepcionais na tomada de decisões, pois ouvem atentamente antes de escolher, logicamente, a abordagem mais eficaz para resolver um problema. Esses tipos também se destacam ao ensinar outras pessoas de maneira instrutiva, passo a passo.

O perfil CS não gosta de situações sociais, preferindo se isolar e trabalhar sozinho em vez de em equipe. Esses indivíduos tendem a pensar de forma ordenada, deixando de incluir comunicação verbal ou pensamento abstrato em sua abordagem. Eles tomam decisões demoradas e normalmente hesitam em finalizar uma solução sem o endosso de uma figura autoritária. Sendo perfeccionistas, podem assumir muito e complicar tarefas simples.

Desenvolver suas habilidades e um crescimento consistente em seu aprendizado faz com que essas pessoas se sintam mais satisfeitas. Elas precisam trabalhar em um ambiente organizado que promova estabilidade e segurança. Com sua experiência em sistemas, detalhes e estrutura, elas exibem principalmente suas habilidades em funções financeiras, de engenharia e científicas. Muitos tipos CS acabam como cientistas, contadores, pesquisadores e administradores de sistemas.

Perfil C

O perfil C predominante requer muita independência, privacidade e isolamento. Eles hesitam em ingressar em grupos sociais e demoram mais para se sentirem à vontade com os outros. Sua percepção analítica da vida traz qualidades únicas ao ambiente de trabalho. Essas pessoas sabem quais perguntas fazer usando uma abordagem sistemática, tornando-as excelentes solucionadoras de problemas. Ao analisar informações e aprender com dados ou resultados anteriores, exibem habilidades exemplares de tomada de decisão.

Elas são verdadeiras perfeccionistas e têm pouca paciência para situações e pessoas que não se alinham com esses ideais. Gastam muito tempo interpretando dados e buscando soluções na tentativa de encontrar a resposta perfeita. Aquelas que se identificam como perfil C tendem a fazer muitas perguntas enquanto criticam aquelas que não conseguem demonstrar precisão e exatidão inatas.

As carreiras dessas pessoas devem incluir esforço analítico independente, sem muita colaboração ou socialização. Elas também precisam de um ambiente altamente estruturado com instruções e regras exatas. Carreiras como a de engenheiro, analista, cientista, desenvolvedor, administrador de sistemas, cientista de dados e analista de investimento têm grande aderência a pessoas com o perfil C.

Perfil CD

Os perfis CD adoram perguntar por que as coisas acontecem e preferem respostas lógicas a essas perguntas. Evitando a cena social quase inteiramente, eles parecem frios e distantes à primeira impressão. No entanto, com o tempo, aprendem a confiar nas pessoas mais próximas, mesmo que pareçam sem emoção. Esses indivíduos também precisam de muito tempo sozinhos e espaço pessoal. Eles beneficiam fortemente o ambiente de trabalho com suas táticas estruturadas e eficazes. Sabem o que querem e exatamente como obtê-lo, mesmo que isso signifique desconsiderar os sentimentos dos outros ao longo do caminho.

Da mesma forma, esses perfis podem parecer imprudentes e implacáveis. No entanto, aqueles que trabalham com o perfil CD devem entender que seus processos internos giram em torno do sucesso e da solução de problemas, e não das emoções. Lembre-se de que eles não desconsideram intencionalmente os sentimentos dos outros, mas simplesmente não pensam neles. Como resultado, podem lutar para manter relacionamentos fortes com colegas de trabalho e, em vez disso, parecer microgerenciadores, controladores e robóticos.

As pessoas com esse perfil se saem melhor em papéis de liderança que lhes permitem exibir autoridade. Elas sabem como encontrar e executar a solução para um problema e efetivamente eliminar as distrações contraproducentes. Esses indivíduos também precisam que seu trabalho reflita sua natureza independente e lógica, tornando as posições de gerente, policial, cargos de diretoria e gerência de operações mais adequadas ao perfil CD.

Outras áreas

Área agrícola

Competências e habilidades necessárias para a carreira agrícola:

- Habilidades pessoais.
- Habilidades de comunicação.
- Criar e aplicar procedimentos.
- Fazer registros precisos.
- Gerenciamento de tempo.
- Trabalho de rotina.
- Seguir rigorosamente instruções.
- Tomar decisões.
- Longas horas de trabalho.
- Soluções práticas.

Ocupação	Perfil ou estilo sugerido
Engenheiro agrônomo	C, SC
Cientista agrícola	C, SC
Cientista biológico	C, SC
Trabalhador de cooperativa	S, SC, CS
Mecânico de equipamentos agrícolas	C, SC
Fazendeiro/gerente de fazenda	DI, ID, IC
Guarda pesqueiro (polícia ambiental)	IS, ID, DC
Trabalhador florestal	S, SC, IS
Silvicultor e cientista de conservação	C, SC

Escritório de negócios (indústria, comércio e serviços)

Competências e habilidades necessárias para o escritório de negócios:

- Habilidades pessoais.
- Habilidades de comunicação.
- Precisão.
- Habilidade com números e finanças.
- Redação.
- Trabalho com agilidade.
- Seguir procedimentos.
- Receptividade às mudanças.
- Resolução de conflitos.
- Habilidade de trabalhar em equipe.
- Raciocínio lógico.
- Respeito à hierarquia.

Ocupação	Perfil ou estilo sugerido
Funcionário de serviço de autopeças	I, S, C
Caixa comércio/varejo/banco	S, SC, CS, IS
Analista de faturamento, custos e taxas	C, CS, SC
Analista contábil	C, CS, SC
Supervisor de escriturário	I, S, C, DC
Balcão e balconista	I, IS, S, DC
Analista de informática	C, S, SC
Auxiliar de escritório em geral	S, I, C
Analista de dados	C, CS, SC, S

Assistente jurídico/paralegal	C, I, S
Funcionário da folha de pagamento	C, CS, SC
Recepcionista	I, S, IS
Encarregado de remessa/recebimento	C, CS, SC, DI
Estoquista	C, CS, SC

Negócios e profissionais (em geral)

Competências e habilidades necessárias para negócios e profissionais:

- Habilidades pessoais.
- Habilidades de comunicação.
- Habilidades de liderança.
- Habilidades de negociação.
- Gestão do tempo.
- Tomada de decisão.
- Julgamentos pessoais.
- Capacidade de mudança.
- Resolução de conflitos.
- Capacidade criativa.
- Habilidades de trabalho em equipe.
- Detalhista.

Ocupação	Perfil ou estilo sugerido
Contador	C, CS, SC
Auditor	C, CS, SC
Gerente de serviços administrativos	C, S, I, D

Publicitário	I, IC, ID
Analista de orçamento	S, C, SC, CS
Inspetor de construção	C, S, CS, SC
Comprador	D, DC, DI
Gestor municipal	D, DC, DI
Programador de computador	C, CS, SC
Inspetor de construção	C, CD, DC
Gerente de construção	D, DI, DC
Orçamentista	C, CS, SC
Gerente de processamento de dados	C, CS, IC, DC
Gestor educacional	IC, ID, DC, D
Analista de recrutamento e seleção	I, D, ID, IS
Gerente de engenharia e ciência	S, SC, C, CS
Gerente financeiro	C, DC, ISC

Profissões em geral

Perfil ou estilo sugerido

Ocupação	Perfil ou estilo sugerido
Agente de compras	I, ID, IS, D
Agente de seguros	I, D, ID, IC
Agente de viagens	I, ID, IS, IC
Agente penitenciário	ID, DI, IS, ISC
Agente/corretor de seguros de vida	I, S, IS, SI, ID
Agricultor	D, DC, CS
Analista de crédito	C, CS, SC, S
Apresentador de rádio/TV, repórter	I, ID, IS, S
Assistente (consultório odontológico)	I, C, S, IS

Auxiliar de professor	IS, IC, SC
Auxiliar de saúde domiciliar	S, IS, ISC, IC
Avaliador	C, CS, SC
Babá	I, IS, SI, IC
Barbeiro, cosmetologista	I, IS, SI, S
Caixa de instituição financeira	C, CS, SC, S
Caldeireiro/mecânico	C, CS, SC, DC
Carpinteiro	C, CS, SC, S
Comerciante/gerente graneleiro	I, ID, DI, D
Comissário de bordo	I, S, IS, ID
Cortador de carne (frigorífico)	S, SC, SI
Criador de animais/técnico	S, SC, IS, IC
Cuidador de animais	S, SC, C, CS, IC
Designer de interiores/decorador	I, S, IS, SI, IC
Designer de moda	ID, IC, IS, I
Designer gráfico	C, CD, CS, DC
Detetive	ID, DI, ISC
DJ (radialista)	IS, SI, I, S
Eletricista	C, S, CS, SC
Encanador	S, C, SC, CS
Engenheiro operacional	C, CS, SC, DC
Escriturário/contador	C, CS, SC, CD
Expositor de merchandising (promotor)	I, S, IS, ID
Ferreiro (serralheiro)	S, SC, CS, D
Fotógrafo	IS, IC, I
Funcionário alfandegário/agente	CI, IC, I, C
Funcionário de cobrança	C, CS, SC
Funcionário de entrada de dados	C, CS, SC

Gerente de restaurante/alimentação	I, ID, D, IS
Gerente de varejo	I, ID, D, IS
Gerente imobiliário	I, ID, IC
Gestor de resíduos perigosos	C, CS, SC, DC
Guarda costas (segurança pessoal)	DI, ID, IS
Higienista dental (técnico de saúde bucal)	I, C, S, IS
Inspetor de construção	DC, CD, CI
Instalador/acabador de drywall	C, CS, SC, S
Instrutor/treinador de aeróbica	I, ID, DI, IS, SI
Joalheiro/reparador de joias	C, CS, SC, S
Maquinista (operador de máquinas)	S, SC, CS, C
Massoterapeuta	I, IS, SI, SC
Matemático	C, CS, SC
Mecânico de aeronaves	C, S, CS, SC
Mecânico de bicicleta	C, CS, SC
Mecânico de equipamentos agrícolas	C, CS, SC, S
Mecânico de máquinas industriais	C, CS, SC, S
Médico assistente	C, DC, CS, SC
Modelista	SC, CS, S, C
Motorista de caminhão	S, SI, IS, IC
Ocupação da oficina de forja	C, CS, SC, S
Ocupação de laboratório fotográfico	S, SC, CS, C
Operador de tratamento de efluentes	S, SC, CS, IC
Operador de impressoras gráficas	S, C, SC, CS
Operador de máquinas-ferramenta	C, CS, SC, S
Paralegal (operador do direito)	C, CS, SC, S
Pedreiro	C, S, CS, SC

Pesquisador/examinador de títulos	SC, CS, C, S
Piloto de avião/helicóptero	DC, CD, ISC
Pintor/escultor	SC, CI, CD, IS
Planejador/comprador de mídia	I, D, ID, IS
Policial	ID, DI, IS, D
Professor de pré-escola	S, I, IS, SI
Programador de máquinas operatrizes	S, SC, CS, C
Radiologista	C, CS, SC, S
Recepcionista	I, IS, ID, IC
Redator	C, CD, DC, D
Repórter do tribunal (escrivão)	C, CD, CS
Repórter/correspondente	I, D, ID, IS
Representante de vendas	I, ID, D, IS
Serralheiro	S, C, SC, I
Soldador	S, SC, CS, SI
Técnico de ar-condicionado/refrigeração	C, S, CS, SC
Técnico de diálise	C, CS, SC
Técnico de emergência médica	C, CD, CS, D
Técnico de engenharia industrial	C, CS, SC, S
Técnico de engenharia mecânica	C, CS, SC, S
Técnico de equipamentos agrícolas	C, S, SC, CS
Técnico de equipamentos biomédicos	C, CS, SC
Técnico de equipamentos fotográficos	C, SC, CS, C
Técnico de farmácia	C, CS, SC
Técnico de horticultura	C, CS, SC, S
Técnico de instrumentos	C, CS, SC, S
Técnico de laboratório odontológico	C, S, SC, CS
Técnico de equipamentos com laser	C, CS, SC, S

Técnico de produção de piscicultura	C, CS, SC, S
Técnico de registros médicos	C, CS, SC
Técnico de robótica	C, SC, CS, S
Técnico de serviço de eletrodomésticos	C, S, CS, SC
Técnico de serviço marítimo	CD, C, CS, SC
Técnico de serviços de computador	C, CS, SC
Técnico de testes de laboratório	C, CS, SC, S
Técnico de TV a cabo	C, S, CS, SC
Técnico de vendas/serviços eletrônicos	C, CS, SC, S
Técnico florestal	C, SC, CS, C
Técnico veterinário	SC, S, C, SI
Tecnólogo cardiovascular	C, CS, SC, IC
Tecnólogo de serviço de saúde	C, CS, SC
Tecnólogo de equipamento médico	C, SC, CS, C
Telemarketing	I, D, ID, IS
Topógrafo	CS, C, SC, S
Tosador de animais de estimação	IS, SI, S, I,
Trabalhador da tecnologia da madeira	S, C, SC, CS
Trabalhador de chapas metálicas	S, SC, CS, C
Trabalhador de galvanoplastia	C, CS, SC, S
Trabalhador de recreação	IS, S, I, ID
Trabalhador de vendas de automóveis	ID, DI, IS, I
Tratador	S, SC, IS, IC
Treinador de animais	ID, DC, I, S
Ultrassonografista de diagnóstico médico	C, CS, SC

Desvendando a sua carreira com a essência do DISC

Por Mayara Baeza

Compreender o funcionamento das pessoas é um caminho valioso, e, até agora, você absorveu esse conhecimento com maestria. No entanto, que tal iniciar sua jornada de autoconhecimento?

É sabido que cada indivíduo possui uma personalidade única, mesmo entre gêmeos idênticos com a mesma criação e genética. A chave está em compreender seu próprio "jeitão" e empregar isso de maneira eficaz na vida, nos relacionamentos e na carreira. É precisamente sobre carreira que eu quero falar com você.

Uma pesquisa da Gallup revelou que 85% das pessoas não estão satisfeitas com suas carreiras, um dado preocupante, dado o considerável tempo que dedicamos ao trabalho. Outro estudo, envolvendo 12 mil profissionais em 85 países, indicou que a maioria trabalha mais de oito horas por dia, sendo que quase metade dos brasileiros chega a dedicar até onze horas diárias ao trabalho.

Vamos refletir sobre o fato de que 85% das pessoas insatisfeitas não estão apenas trabalhando, mas dedicando horas de suas vidas. Quantas horas você gasta exercendo sua profissão? Considerando o tempo médio que dedicamos ao deslocamento, esse período ultrapassa quinze horas, indicando que, descontando o tempo destinado ao sono, mais da metade de nossos dias é consumida por atividades profissionais.

A gente gasta mais da metade do nosso tempo acordado trabalhando. Isso é muita coisa!

Não se trata apenas de um emprego para quitar os boletos; estamos investindo tempo de nossas vidas. Viver insatisfeito nesse ciclo contínuo é contraproducente, e muitos de nós fazemos parte da estatística de pessoas descontentes, perdendo não apenas o entusiasmo, mas também comprometendo a saúde física e mental devido a trabalhos desprovidos de significado, que meramente consomem nossa existência.

Tenho a convicção de que a falta de autoconhecimento profissional é a principal causa dessa insatisfação. Afinal, quem não consegue identificar suas características, habilidades reais e talentos não consegue extrair o melhor de si mesmo.

Cada indivíduo deveria possuir conhecimento o suficiente de si mesmo para escolher sua profissão e aproveitar ao máximo as oportunidades que surgem. Mas, por que essa tarefa é tão desafiadora? As respostas para perguntas evidentes nem sempre são facilmente fornecidas pelo nosso cérebro. Portanto, recorrer a métodos que facilitam o autoconhecimento é uma abordagem inteligente. Nesse contexto, o DISC se destaca como minha ferramenta preferida.

Retomando o tema da insatisfação profissional, sustento firmemente a ideia de que a educação que recebemos desempenha um papel significativo nesse cenário. Ao longo de décadas, fomos educados em um sistema que favorece a formação de estudantes medianos, onde é necessário atingir a nota média para avançar de ano. Não há um programa que incentive o desenvolvimento em habilidades nas quais somos excelentes.

Esse modelo está tão arraigado culturalmente que muitas vezes nem percebemos. Por isso, gostaria de apresentar uma situação hipotética: imagine que seu filho obteve uma nota 4 em matemática, e 10 em inglês. Sobre qual disciplina você conversaria mais com ele? Provavelmente, seria sobre aquela em que teve um desempenho inferior, uma vez que desde sempre nos ensinam a melhorar nossas fraquezas em vez de maximizar nossas forças.

Quando um aluno tem facilidade em exatas, mas enfrenta dificuldades em humanas, ele acaba concentrando seus esforços em humanas para aprimorar essa habilidade, muitas vezes deixando de lado sua aptidão em exatas. Infelizmente, esse hábito limita seus talentos, pois ele busca a aprovação escolar e familiar, priorizando a medianidade. Esse comportamento, de certa forma, é refletido em sua carreira na vida adulta.

Experimentamos a mesma situação, tanto eu quanto você: fomos orientados a direcionar grande parte de nossos esforços para mitigar pontos fracos e investir pouco na maximização de nossos pontos fortes. Essa dinâmica permeia o ambiente doméstico, escolar, universitário e, por fim, o mercado de trabalho. O paradoxo é que o aluno que atinge a média em todas as disciplinas na escola muitas vezes é atropelado pelo mercado de trabalho, pois em um mundo competitivo, não é vantajoso ser mediano em várias coisas; o mercado quer que você seja destaque em uma.

Voltando ao exemplo da escola, se a criança fosse motivada a se esforçar nas atividades nas quais demonstrou ter aptidão, iria progredir muito e se destacar, um esforço inteligente, e é isso que devemos fazer com nossas carreiras. Na sua carreira, hoje, você se sente estimulado a progredir nas aptidões que já tem? Ou você tem gastado energia em coisas que não tem tanta facilidade?

Como afirmou Kanitz: "Acabou a era do generalista. Aquele que sabe de tudo um pouco e não sabe muito sobre nada". O esporte oferece um exemplo notável. No futebol, um atacante dedica-se diariamente para se tornar o melhor no ataque, não o vemos, por exemplo, defendendo no gol, pois não faz sentido investir tempo e energia no desenvolvimento de uma habilidade em que seja apenas mediano. Outro exemplo é Usain Bolt, reconhecido como o homem mais rápido do mundo. Suas realizações no atletismo lhe renderam o apelido de *lightning Bolt* (raio, em português) pela imprensa internacional. Ele alcançou esse feito ao focar diariamente no aprimoramento de suas melhores habilidades. O mesmo princípio se aplicou a Pelé, jogador de futebol que, além de possuir aptidões genéticas naturais, dedicou-se continuamente ao treinamento desde a infância para aprimorar seu talento no esporte.

A mensagem é clara: aposte em suas habilidades, não em suas fraquezas. Integrar essa combinação entre seu perfil comportamental, experiências e habilidades pode torná-lo excepcional. Percebe o poder de cultivar suas forças diariamente? Ao adotar essa abordagem inteligente, é possível construir uma carreira bem-sucedida. É por isso que defendo com tanta certeza que o autoconhecimento profissional é a chave, pois proporciona clareza. Enquanto muitas pessoas dedicam anos tentando aprimorar suas fraquezas, aquelas que têm acesso ao autoconhecimento focam em aprimorar o que já fazem bem, ganhando mais experiência nas áreas em que são fortes.

Como Abraham Lincoln eloquentemente expressou em sua famosa citação: "Se eu tivesse oito horas para derrubar uma árvore, passaria seis afiando o meu machado". Na vida, o mesmo princípio se aplica. Ter vários machados não adianta se nenhum deles estiver afiado. Assim, acredito firmemente que o maior talento de todos é reconhecer qual é o seu talento. Embora esse conceito seja fácil de compreender, reconhecer nossos próprios talentos é, na prática, bastante complexo.

Por isso, gostaria de compartilhar uma história bem particular relacionada ao DISC. Ao longo da minha vida escolar, sempre fui uma boa aluna, mantendo a média em várias disciplinas e destacando-me em outras. Eu adorava aprender, estudar e ensinar, mas desde a infância, não tinha a menor ideia de como responder à pergunta: "Mayara, o que você quer ser quando crescer?".

À medida que os anos passavam, ainda não tinha essa resposta definida. Então, deixei a vida me guiar e comecei a trabalhar em uma grande multinacional como aprendiz. Foi lá que decidi cursar Administração na faculdade. Passei por grandes empresas, trabalhei em vários subsistemas de Recursos Humanos e era muito feliz, mas sempre atuando como generalista. Eu transitava bem em todas as demandas até ser contratada para trabalhar na parte mais analítica da área, e o que parecia um sonho se tornou um pesadelo.

Acordava todos os dias desejando voltar para casa, não suportava as atividades que realizava e me sentia subaproveitada o tempo todo. Além disso, meu corpo somatizou toda essa insatisfação. Encontrei-me frequentando o hospital pelo menos duas vezes por semana, desenvolvendo uma série de problemas físicos que, mais tarde, descobri terem raízes emocionais. Era uma Mayara de 20 e poucos anos, sem nenhuma saúde. Quando você está em meio a uma crise de burnout, sente que todos os recursos internos foram esgotados, mas não consegue se libertar da compulsão de seguir em frente. É a redução da vida a uma lista de tarefas, a sensação de que você otimizou sua existência de modo que não passe de um robô, que trabalha e, por acaso, tem necessidades físicas, as quais você se esforça ao máximo para ignorar. Eu ignorei ao máximo até o meu corpo me parar. Eu já não tinha forças nem para ir até o trabalho, mas naquela época não fazia ideia do que era burnout.

O burnout foi reconhecido como diagnóstico psicológico em 1974, pelo psicólogo Herbert Freudenberger, em casos de colapso físico ou mental resultante de excesso de trabalho. Embora relacionadas, a exaustão e o burnout são distintos. Exaustão significa ir até um ponto em que não é possível ir além; burnout significa chegar a esse ponto e se esforçar para continuar, por dias, semanas ou anos.

A prevalência do burnout tornou-se tão significativa que, em maio de 2019, a Organização Mundial da Saúde (OMS) o reconheceu como um “fenômeno relacionado ao trabalho”, resultado do “estresse profissional crônico não resolvido adequadamente”. A pandemia, sem dúvida, intensificou esse fenômeno, destacando que o burnout não é uma condição transitória, mas sim uma realidade contemporânea.

Eu sabia que não estava sozinha; na mesa ao lado, colegas de trabalho viviam situações semelhantes, mas eu não fazia ideia de como resolver aquilo. Foi um período extremamente desafiador em minha vida, no qual senti a necessidade de aprofundar minha compreensão sobre o que estava acontecendo comigo. Em um momento de profundo descontentamento, não enxerguei outra saída senão pedir demissão.

Esse processo foi árduo, levando mais de um ano para que eu pudesse restabelecer minha saúde física. Desenvolvi intolerâncias alimentares, enxaqueca, problemas hormonais, problemas no estômago, esofagite, queda de cabelo, e por aí vai. Foi nesse momento que decidi direcionar meu olhar para dentro. Finalmente, compreendi a importância tão destacada do autoconhecimento e, em uma dessas jornadas, deparei-me com o DISC. Lembro-me nitidamente da primeira vez que li meu relatório; foi como se, de repente, algumas peças do meu quebra-cabeça se encaixassem.

Por meio do relatório, obtive clareza sobre meu perfil comportamental, influente e dominante. Era como se eu já intuísse essas características, mas agora eu tinha em mão um documento profissional repleto de dados e fatos sobre mim, proporcionando uma compreensão profunda da razão por trás de minha insatisfação.

Ao estabelecer um contato contínuo com essa ferramenta e buscar incessantemente o autoconhecimento profissional, elaborei um plano estratégico para minha carreira. Concentrei-me nas habilidades que me diferenciariam no mercado, direcionando todos os meus esforços e dedicação para aprimorá-las.

A comunicação é uma das minhas virtudes; possuo facilidade para ensinar, inspirar e instigar reflexões, seja para uma plateia numerosa ou para um único indivíduo. Hoje, compreendo e reconheço essa habilidade, dedicando meu tempo ao seu desenvolvimento. Entretanto, há alguns anos, minha abordagem estava centrada em tentar ser uma pessoa detalhista, minuciosa, reservada e focada em atividades analíticas. Nesse processo, minha carreira estagnava, eu me diminuía e a frustração crescia ao tentar me encaixar em espaços que não eram adequados para mim. Pior ainda, eu culpava a empresa por minha insatisfação.

Este livro é sobre a metodologia DISC, uma ferramenta que mudou a forma como eu me enxergo e lido com os outros também, mas quero te dizer que **essa metodologia te abre portas para acessar um autoconhecimento mais profundo.** Depois que eu tive essa autodescoberta, fui dar uma olhadinha no meu passado; afinal, ele deixa pistas, sabia?

Ao aprofundar um pouco mais, recordo-me do tempo no ensino fundamental, quando fui escolhida para ser multiplicadora de conhecimento na escola. Nessa função, eu e outras duas alunas íamos semanalmente para outra escola, estudávamos temas diversos e tínhamos a missão de transmitir esse conhecimento para todos os alunos. Achava essa atividade envolvente e me destacava, conseguindo prender a atenção até dos alunos mais velhos.

Curiosamente, na minha cabeça, aquilo era tão fácil e comum que não enxergava como uma aptidão, então só deixei aquilo no passado. É nesse ponto que quero chegar com você: por que valorizamos tanto o talento de outras pessoas e diminuímos os nossos?

Levei um tempo considerável para perceber que a Mayara do ensino fundamental possuía habilidades que poderiam ser mais bem aproveitadas, enquanto eu focava exclusivamente em minhas fraquezas. Certamente, eu acreditava não ter nenhum talento, especialmente por minha falta de aptidão em esportes, teatro, dança e atividades artísticas.

No entanto, com a chegada do autoconhecimento, pude recalcular meu caminho. Há anos, venho explorando o melhor de mim mesma, ministrando cursos, orientando carreiras e atuando como professora universitária. Uma baita transformação, não é mesmo? Reconectei-me com aquela garotinha, uma simples multiplicadora de conhecimento, e construí minha carreira com grande realização profissional.

Querido leitor, qual é a sua história? Olhe com carinho, afinal, ela trouxe você até aqui.

Que tal uma reflexão?

1. De todas as suas experiências, qual foi a que mais gostou?
2. Qual foi o ponto alto dessas experiências?
3. O que menos gostou?
4. Em que tema você se aprofundou mais do que a maioria das pessoas?
5. Quais eram seus desejos de criança?
6. Suas experiências até agora destacam suas habilidades em quê?
7. Existe algum padrão em suas vivências?
8. Lembre-se: "Você só consegue conectar os pontos da história se olhar para trás".

Talentos

Considero que existem dois momentos significativos na vida de uma pessoa. O primeiro ocorre no momento de seu nascimento, e o segundo surge quando ela descobre qual é o propósito de sua existência neste mundo. "A razão pela qual vim ao mundo" ou "qual é o meu propósito?" são perguntas frequentes, e uma rota eficaz para encontrar as respostas é reconhecer seus próprios talentos.

Então, afinal, o que são talentos?

Eu aprecio a definição do escritor Geoff Colvin: "Talento é uma aptidão natural para fazer alguma coisa melhor do que a maioria das pessoas". Talentos são padrões naturais de pensamentos e comportamentos, combinações genéticas que funcionam como um caminho mais fácil para o nosso cérebro; no fundo, são presentes que a natureza nos deu. Talentos são programações genéticas com grande potencial, mas ainda são diamantes brutos que precisam ser lapidados com **esforço.**

Não basta apenas descobrir quais são seus talentos; afinal, talento sem esforço é um potencial desperdiçado. Sabe aquela pessoa que parece ter muitos talentos, tinha tudo para dar certo, mas não deu? Pois é, se não adicionar esforço, o seu talento é só uma pedra bruta.

Embora geralmente seja simples, descobrir nossos talentos pode parecer complexo, pois muitas vezes consideramos essas habilidades tão naturais que duvidamos que sejam, de fato, talentos. Como relatei nas páginas anteriores, já enfrentei essa situação no passado. Tendemos a menosprezar nossos talentos com afirmações como: "todo mundo se comunica bem", "todo mundo consegue analisar dados", "todo mundo é bom em gerenciar conflitos", "isso não pode ser um talento, é tão fácil...". Será mesmo que todo mundo tem facilidade em fazer o que você faz bem? A resposta é clara e simples: NÃO.

É crucial destacar que identificar um talento não implica ser a melhor pessoa do mundo naquilo; significa apenas ter uma facilidade natural. Além disso, identificar seus talentos não garante sucesso profissional; eles precisam ser aprimorados com conhecimento, esforço, técnica e prática.

Por isso, separei três passos para ajudar você a potencializar seus talentos:

1. Descubra quais são seus talentos.
2. Invista em conhecimentos e técnicas – adicione esforço.
3. Pratique e alcance um desempenho acima da média.

Talvez você tenha terminado de ler essas páginas ainda dizendo: "EU NÃO SEI QUAIS SÃO MEUS TALENTOS", por isso separei perguntas poderosas para te ajudar. Elas têm o poder de INCOMODAR, de fazer pensar, refletir e chegar a respostas que antes não eram claras. Algumas dessas perguntas eu uso no processo de mentoria de carreira, então aproveite a oportunidade e coloque a mão na massa, lembrando que a resposta "não sei" está proibida aqui.

- O que você faz com facilidade, sem pensar, e para os outros não parece tão natural?
- O que você aprende com rapidez, e não é todo mundo que consegue?
- Quais elogios você geralmente recebe?
- O que as pessoas te pedem ajuda?
- O que você tem prazer em fazer, não vê o tempo passar, e não é assim para qualquer um?

Depois de listar todos os talentos, transforme-os em um talento que pode ser útil no mercado. Por exemplo: ajudar pessoas, se pergunte como:

- Aconselhar.
- Ter organização.
- Ter autocuidado.

Seja específico:

- **Organização:** organizar ambientes.
- **Estudar:** estudar sobre tecnologia.
- **Planejamento:** planejar a agenda de treinamentos da equipe.
- **Comunicação:** conversar e ensinar todo tipo de pessoa.

Tempo, energia e dinheiro

Compreender que há três recursos limitados na vida: tempo, energia e dinheiro, é crucial para dedicá-los adequadamente. Muitas pessoas são competentes em diversas áreas, mas não se destacam em nenhuma. Até agora, sabemos que essa não é a estratégia mais eficaz, pois investem tempo excessivo em assuntos genéricos e dedicam pouco esforço para potencializar suas habilidades.

Lembre-se de que o **tempo** é irreversível; portanto, evite iniciar cursos aleatórios, inscrever-se em pós-graduações, mudar de emprego ou participar de treinamentos indiscriminadamente antes de se conhecer. Concentre-se em uma única coisa que o ajude a aprimorar suas habilidades já existentes. Direcione seu tempo, dinheiro e energia para suas virtudes, pois essa é a chave para o sucesso em sua carreira. Se ainda não sabe quais são suas virtudes, dedique-se a identificá-las. Não se esqueça de que o tempo não espera por ninguém.

Estratégias para facilitar esse processo

- Modifique a sua percepção sobre si mesmo.
- Utilize ferramentas de autoconhecimento a seu favor; a metodologia DISC, apresentada neste livro, é poderosa e capaz de revelar aspectos valiosos para o seu autoconhecimento profissional.
- Observe-se mais atentamente.
- Valorize aquilo que lhe parece fácil; será que todos executam tarefas da mesma maneira que você?
- Procure novas referências.
- Amplie o seu círculo social.
- Explore novas possibilidades.
- Se estiver enfrentando dificuldades para realizar esse movimento sozinho, busque a orientação de um profissional que o auxilie a encurtar o caminho.

Não hesite em pedir ajuda, afinal, ninguém alcança o sucesso isoladamente. Albert Einstein, uma das mentes mais brilhantes da ciência, deixou um legado significativo, mas, antes de se tornar uma referência, ele contou com Max Talmud, seu primeiro mentor. Max compartilhava uma refeição por semana com a família Einstein durante seis anos, enquanto orientava o jovem Albert. **Ninguém se faz sozinho.**

Aproxime-se de pessoas que ampliem a sua visão de mundo, que o ajudem a enxergar o melhor em si mesmo. É assim que coisas incríveis acontecem.

O objetivo é alcançar clareza sobre si mesmo para aprimorar seu desempenho nas áreas que realmente importam. Entretanto, imagino que você deve estar se questionando: "E quanto aos meus pontos fracos?". Eu sei que você, assim como eu, dedicou boa parte da vida focando exclusivamente nessas áreas, mas agora compreende a importância de direcionar seu olhar para suas habilidades. Se seus pontos fracos estão impactando negativamente seus resultados, é um sinal de alerta, pois pode representar um fator limitante. Nesse caso, é hora de analisá-los também.

Por exemplo, a introversão pode ser considerada um ponto fraco apenas se a pessoa estiver desempenhando o papel errado, em uma função que exija extroversão, comunicação e habilidades interpessoais. No entanto, se esse não for o caso, a introversão pode ser positiva, contribuindo para a concentração em atividades detalhadas e uma atuação profissional mais reservada.

Um ponto fraco que merece sua atenção é aquele que prejudica seu desempenho e pode colocar seu trabalho em risco. Nesse cenário, o ideal é administrá-lo, buscar melhorias ou delegar responsabilidades. Lembre-se de que sua energia e esforço devem ser direcionados principalmente para suas aptidões.

Muitos comportamentos são rotulados como pontos fracos quando analisados isoladamente. No entanto, se aplicados na profissão certa, podem gerar resultados excelentes. Por exemplo, ser inflexível, sistemático e exigente pode ser altamente valorizado em funções como segurança do trabalho ou qualidade, uma vez que essas áreas demandam essas características. Ser comunicativo, curioso e insistente pode ser altamente vantajoso em campos como vendas, área comercial ou mesmo no ensino. No entanto, o problema reside no fato de que as pessoas frequentemente tentam corrigir esses comportamentos, acreditando que não são bem aceitos pelo mercado. Esquecem de abordar essas características de maneira estratégica, e o pior, investem tempo e energia tentando modificar algo que poderia ser aproveitado como um talento. Em outras situações, por exaustão, acabam aceitando empregos que não condizem com seu perfil comportamental.

Trabalhe naquilo que está mais alinhado com quem você é

Peter Drucker afirmava que "é preciso muito mais trabalho e energia para passar da incompetência para a mediocridade do que transformar talento em excelência". Minha proposta é que você direcione sua atenção para seus pontos fortes e os aplique onde possam gerar resultados. Afinal, ao desempenhar uma atividade relacionada à sua personalidade, você a executa com mais naturalidade e resiste por um período prolongado antes de se cansar. Portanto, quanto mais você puder integrar o seu jeito natural de ser, maior será sua produtividade, eficiência e eficácia.

Não estou sugerindo que se acomode e nunca pense em aprimorar-se. Já discutimos a importância de analisar os pontos limitantes que merecem sua atenção. No entanto, a grande sacada que quero que compreenda é que, ao aproveitarmos ao máximo o que já possuímos, reduzimos o estresse e alcançamos resultados mais expressivos. Assim, convido você a refletir sobre as características do DISC e maneiras de potencializar sua atuação.

Se o trabalho envolve atividades que demandam que o profissional seja reservado, dedicando a maior parte do tempo a tarefas que exigem concentração, atenção aos detalhes e pouco contato interpessoal, o perfil comportamental C – Conformidade do DISC – é mais adequado. Isso ocorre porque um perfil oposto, como o perfil I – Influência –, por exemplo, levaria dias ou até semanas para realizar o que o perfil C faz de forma mais eficiente, dada a congruência com as exigências da função.

O perfil I – Influência do DISC –, por sua vez, destaca-se pela facilidade na comunicação, no relacionamento interpessoal, na extroversão e sociabilidade. Portanto, se as atividades são dinâmicas e demandam contato frequente com outras pessoas, esse perfil certamente terá um desempenho excepcional.

Para funções que exigem objetividade, rapidez, praticidade, foco em metas e resultados imediatos, o perfil mais indicado é o D – Dominância do DISC. Indivíduos com esse perfil são excelentes em lidar com desafios, conseguindo realizar tarefas complexas com alto desempenho, desde que alcancem os resultados esperados.

Em trabalhos que necessitam de linearidade, organização de processos e padrões, o perfil ideal é o S – Estabilidade do DISC. Esses indivíduos destacam-se pela habilidade em organizar, planejar e executar tarefas com segurança, garantindo qualidade, além de manterem bons relacionamentos interpessoais, contribuindo para um ambiente harmonioso.

Portanto, busque envolver-se em atividades nas quais você possa render ao máximo. Quando suas tarefas são gratificantes, você se entrega de corpo e alma, tornando mais fácil trabalhar arduamente e dedicar horas a fio quando o desafio é motivador.

Muitas vezes, estamos condicionados a olhar para o exterior, constantemente tentando nos encaixar em descrições de vagas que parecem demandar alguém perfeito. Contudo, quando foi a última vez que dedicamos um momento para olhar para nosso interior? Consciente dessa realidade, proponho uma atividade: desvie o olhar das exigências do mercado e concentre-se em olhar para dentro de si. Escreva a descrição de uma vaga que seria ideal para você: como seria um trabalho que explorasse ao máximo seu perfil comportamental e seus talentos? É importante ter em mente que não vivemos em um conto de fadas; trabalho é trabalho e sempre vai dar trabalho. Portanto, não esqueça dessa realidade e imagine um trabalho que melhor aproveite suas competências.

"Fala-nos do autoconhecimento"

Diante de tantos questionamentos, é comum sentir-se culpado por dedicar muito tempo à reflexão mental, buscando soluções enquanto tudo permanece nebuloso. A tarefa de integrar nossas experiências em uma resposta coerente para a mente pode ser verdadeiramente desafiadora, assemelhando-se à montagem de um grande quebra-cabeça. Quando abordamos questões tão íntimas, é prudente acreditar que as respostas já estão em nosso interior, e o que necessitamos é de uma busca focada no autoconhecimento profissional, sem pressa, mas com estrutura.

É natural que leve algum tempo para reunir todas as peças do quebra-cabeça, pois são fragmentos cruciais dessa construção. Devemos examinar o passado, como mencionado anteriormente, pois ele deixa pistas valiosas. Contudo, a busca não se limita ao passado; é igualmente crucial coletar e analisar nossas sensações no presente, reconectando-nos com nossos desejos autênticos.

Dado que estamos enfatizando a importância do autoconhecimento em sua jornada, convido você a refletir sobre o poema de Khalil Gibran, escritor libanês:

> *E um homem disse: "Fala-nos do Autoconhecimento."*
> *E ele respondeu, dizendo:*
> *O vosso coração sabe, em silêncio, os segredos dos dias e das noites.*
> *Mas os vossos ouvidos anseiam pelo som do saber do vosso coração.*
> *Saberíeis por palavras aquilo que sempre soubestes em pensamento.*

E tocaríeis com os vossos dedos o corpo despido dos vossos sonhos.
E é bom que assim seja.
A fonte escondida da vossa alma precisa erguer-se e correr murmurando para o mar;
E o tesouro das vossas profundezas infinitas seria revelado aos vossos olhos.
Mas não deixeis que haja balanças que pesem o vosso tesouro desconhecido;
E não busqueis as profundezas do vosso saber com um cajado ou uma sonda.
Porque o eu é um mar sem limites nem medidas.
Não digais "Encontrei a verdade", mas antes "Encontrei uma verdade".
Não digais "Encontrei o caminho da alma". Dizei antes "Encontrei a alma percorrendo o meu caminho".
Pois a alma anda sobre todos os caminhos.
A alma não anda sobre uma linha, nem cresce como uma cana.
A alma desdobra-se, como um lótus, em inúmeras pétalas.

Este poema explora a profundidade do autoconhecimento e a complexidade do eu. A metáfora poética revela a dualidade entre a busca externa de conhecimento e a compreensão intrínseca que reside silenciosamente no coração.

A imagem do coração como depositário dos segredos dos dias e das noites sugere que a verdadeira sabedoria está arraigada no âmago de nosso ser. No entanto, a busca por esse conhecimento interno muitas vezes é obscurecida pela necessidade de validação externa.

A mensagem essencial destaca a importância de reconhecer que o autoconhecimento não é uma jornada linear ou limitada. A alma é comparada a um mar sem medidas, sugerindo uma vastidão inexplorada dentro de nós. A metáfora do tesouro desconhecido simboliza as riquezas ocultas que podem ser descobertas quando permitimos que a fonte escondida de nossa alma flua livremente.

A poesia adverte contra a imposição de balanças ou instrumentos de medida sobre esse tesouro interno, enfatizando a natureza infinita e insondável do eu. A ideia de encontrar "uma verdade" em vez de "A verdade" ressalta a subjetividade do conhecimento e a constante evolução do entendimento pessoal.

Em última análise, o poema nos convida a abraçar a jornada do autoconhecimento como um processo fluido e não linear, onde a descoberta da alma ocorre enquanto percorremos os diversos caminhos da vida. No fim das contas, não estamos apenas adquirindo conhecimento sobre empregos, mas sim sobre nós mesmos. Aprimorar a forma como nos enxergamos e falamos conosco é como descobrir vozes internas que são construtivas para nossa jornada.

Frequentemente, em momentos desafiadores, muitos de nós intensificamos a autocrítica, como se fosse necessário dar conta de todas as demandas o tempo todo, sem vacilar. No entanto, é crucial acolher a vulnerabilidade e compreender que as falhas são apenas uma parte da jornada, não necessariamente a mais significativa. Afinal, você está trilhando seu próprio caminho, e ele inevitavelmente incluirá não apenas sucessos, mas também desafios.

Internalizar vozes de fragilidade e medo não contribuirá para o seu crescimento. Em vez disso, é necessário cultivar a autocompaixão para enfrentar as dificuldades, enquanto uma voz forte e positiva pode dissipar os medos, lembrando-o de seus pontos fortes. Aprenda a calar todas as vozes inúteis, sejam elas suas ou de outras pessoas, e foque realmente naquelas que você precisa ouvir.

Insegurança e ansiedade são sentimentos comuns em nossa sociedade, muitas vezes alimentados pelo autojulgamento. Culpar a si mesmo quando sentimos que não estamos atingindo as expectativas da vida pode ser prejudicial. Em vez disso, é fundamental praticar a autocompaixão, reconhecendo que o sucesso é uma jornada única e pessoal, e não um padrão predefinido a ser alcançado em uma determinada fase da vida.

Acabamos nos tratando com crueldade, convencidos de que somos uma fraude ou que não possuímos a capacidade para construir uma carreira bem-sucedida. No entanto, questiono se alguém maltrataria um amigo usando as mesmas palavras que direciona a si mesmo. Provavelmente, não. Devemos nos dedicar à mesma gentileza, cuidado e compaixão que ofereceríamos a um bom amigo ou mesmo a um estranho. Poucas pessoas são tão severas consigo mesmas quanto nós.

Este ciclo é complexo, pois muitas vezes duvidamos de nossa própria competência, entramos em um modo de comparação e ficamos paralisados em nossas ações. Parece que a maioria das pessoas está sempre tão confiante e segura, enquanto nós, simples mortais, constantemente pensamos: "Será que sou capaz? Não sou bom o suficiente... Não posso cometer erros, e se as pessoas julgarem?".

Eu uso o pronome "nós" porque já me senti assim e, na verdade, às vezes ainda sinto. Um exemplo recente que posso compartilhar é quando recebi o convite do Daniel Luz para escrever este livro. Confesso que me questionei: "Quem sou eu para colocar um livro no mundo? Por que alguém iria querer ler o que saiu da minha cabeça? Para quem e por que estou escrevendo? Não sou hábil na escrita; sou melhor em falar". Até tentei me sabotar, mas depois respirei fundo e falei: "Impossível ser a única a passar por isso".

Será que sou a única?

Então, recordei-me de um conceito que aprendi há algum tempo, a "Síndrome do Impostor", que é a crença de que uma pessoa não é suficientemente competente, mesmo quando alcança resultados positivos. Ela não consegue reconhecer suas conquistas, atribuindo-as à sorte ou a outros fatores externos. Essa síndrome está ligada à insegurança quanto às próprias capacidades, habilidades e ao sentimento de não merecimento.

Estudos indicam que, em média, cerca de 70% das pessoas no ambiente de trabalho já experimentaram esses sentimentos, como se estivessem prestes a ser descobertas, revelando que não possuem a capacidade ou habilidade que aparentam, e, por fim, ser percebidas como impostoras. O termo "síndrome do impostor" foi cunhado após um estudo que revelou que muitos executivos de sucesso compartilhavam esse sentimento. Embora afete tanto homens quanto mulheres, os homens tendem a experimentar a síndrome em menor proporção.

A síndrome do impostor não é exatamente uma condição clínica, no sentido de não ser uma condição médica formal; trata-se de uma denominação para descrever o desconforto que muitas pessoas enfrentam. Ao aprofundar-me nesse tema, encontrei outras pessoas que compartilham desses sentimentos. Inclusive, Michelle Obama, conhecida por sua força, sabedoria e influência, revela suas próprias vulnerabilidades em sua biografia *Minha História*.

> *Eu tive que trabalhar duro para superar aquela pergunta que ainda faço a mim mesma: Eu sou boa o suficiente? É uma pergunta que tem me perseguido por grande parte da minha vida.* **(Michelle Obama).**

Ah, essa frase da Michelle Obama é tipo um soco no estômago, né? A gente sempre acha que ela é super confiante e poderosa. Mas saber que até ela se perguntava se era boa o suficiente é tão real! Às vezes, a gente pensa que só a gente se sente assim, mas, olha só, até a ex-primeira dama dos EUA teve que encarar essa dúvida. É como se ela dissesse: "ei, eu já estive nesse barco também, garota!". É reconfortante, né? Acho que todo mundo, de alguma forma, se questiona se é bom o suficiente. Então, não estamos sozinhas nessa!

Seguindo na pesquisa, encontrei mais "impostores". A atriz Emma Watson, que todo mundo conhece por ser a Hermione, da saga *Harry Potter*, soltou essa: "Às vezes, acho que vão perceber que sou uma fraude. Não pode ser que eu seja tão boa quanto os outros acham".

É interessante ver que até quem está no topo do jogo tem essas dúvidas, né? É uma daquelas coisas que mostra que todo mundo é humano, independentemente da fama e do sucesso. É difícil acreditar que mulheres tão incríveis, com fama, beleza, sucesso e dinheiro, se sintam assim, né? Mas parece que compartilhamos um sentimento comum: "Não mereço estar aqui". É como se, a qualquer momento, alguém fosse descobrir que somos uma fraude, que chegamos lá por engano cósmico ou por nossa própria ilusão.

Será que estamos sendo tudo o que podemos ser como pessoas ou profissionais? Será que precisamos de aprovação externa para seguir em frente? Precisamos ser nota dez em tudo? Pode ser que estejamos nos sabotando, saindo da síndrome do impostor e caindo na "síndrome da boa aluna" ou do Especialista, um subtipo da famosa síndrome do impostor, que atinge cerca de 70% das pessoas em algum momento de suas carreiras, de acordo com a Dra. Valerie Young.

Um comportamento característico de pessoas com essa síndrome é o constante estudo, nunca se sentindo preparada o suficiente. São vários cursos, inúmeras capacitações, mas a pessoa só se vê no papel de ouvinte, de aprendiz, nunca assumindo o palco ou o papel de autoridade no assunto. Para quem ouve o termo pela primeira vez, pode se perguntar: o que há de ruim em desejar estudar e se preparar melhor? A resposta: nada.

A situação se complica quando os cursos parecem nunca ser suficientes, e a prática fica em segundo plano. Sempre há mais um curso online para fazer, um livro que ainda não foi lido, outro treinamento... Esse problema pode esconder inseguranças e crenças limitantes. Se não conseguirmos lidar com o "será que está bom o suficiente" ou "quem você pensa que é", não vamos progredir.

O intrigante é que, muitas vezes, acreditamos que esse sentimento de incompetência está relacionado ao que os outros pensam de nós, mas, na verdade, está intimamente ligado ao que pensamos de nós mesmos. Portanto, antes de nos apresentarmos ao mundo, precisamos entender quem realmente somos, daí a importância constante do autoconhecimento.

O autoconhecimento é a trilha para transformar sua carreira. Afinal, só podemos nos apresentar ao mundo como pessoas capazes e interessantes quando conhecemos nossa melhor versão. É crucial se conhecer, se aceitar e se aprofundar em si mesmo para maximizar o seu potencial. Não busque a perfeição, pois ela não existe nos seres humanos; busque a sua melhor versão.

(Termos como) Perfeito e à prova de balas são sedutores, mas não existem na experiência humana.
(Brené Brown)

Brené Brown nos lembra da realidade humana, onde a perfeição e a invulnerabilidade são ideais inatingíveis. Ao reconhecer que todos nós, como seres humanos, enfrentamos desafios, imperfeições e vulnerabilidades, ela nos encoraja a abraçar nossa autenticidade e aceitar a complexidade da experiência humana. Essa perspectiva nos liberta das pressões irreais. Se for necessário mudar, mude! Faça isso por você, afinal, o mundo não vai esperar até que você se sinta seguro. Esse poder está em suas mãos.

Autoestima e carreira

A forma como você se percebe desempenha um papel crucial nos resultados de sua carreira. A falta de autoconhecimento está diretamente relacionada a uma autoestima mais baixa. Quando não nos conhecemos o suficiente, tendemos a nos comparar constantemente com os outros, perdendo a clareza sobre nossas habilidades e limitando nosso potencial. Afinal, quando não temos uma compreensão real de quem somos, podemos pensar que não temos nada especial a oferecer e nos contentamos com a média.

Cultivar uma visão equilibrada de si mesmo significa reconhecer que não somos nem inferiores nem superiores aos outros. Podemos ser melhores em algumas áreas e menos competentes em outras, refletindo a natureza humana. No entanto, a falta desse entendimento leva a comparações injustas.

A ausência de autoconhecimento leva a avaliações equivocadas, impactando diretamente na autoestima. Muitas vezes descobrimos que somos nós mesmos a pessoa que mais maltratamos no mundo. Observe cuidadosamente o que você diz sobre si mesmo, e o que faz.

Afinal, a autoestima é um conjunto de pensamentos, sentimentos e atitudes alimentados diariamente sobre nós mesmos. Quando a autoestima é baixa, isso indica que estamos nutrindo pensamentos disfuncionais, resultando em expectativas limitadas para o futuro. Colin Marshall expressou isso ao dizer: "A compulsão por evitar o constrangimento é uma forma de suicídio". Evitar a vulnerabilidade, em última análise, impede o desenvolvimento. Cada crítica pode ser vista como uma oportunidade de crescimento e, no final das contas, embora não possamos evitá-las, temos controle sobre como reagimos a cada uma delas.

A baixa autoestima gira em torno de um ciclo que se alimenta perpetuamente. Vamos analisar essas etapas:

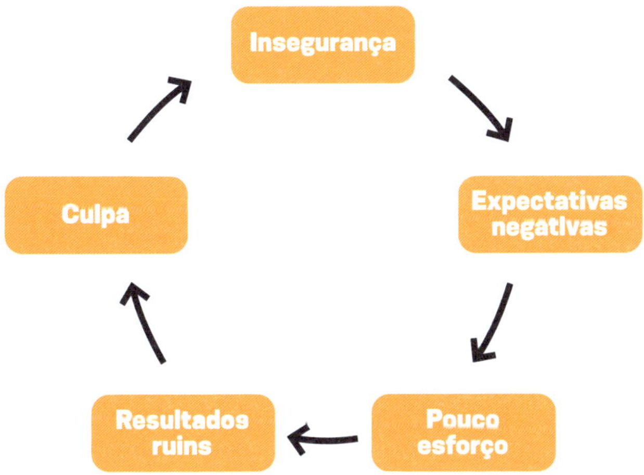

Figura 39. Ciclo da baixa-estima.

- **Insegurança:** questionar as próprias habilidades, sentimentos e ações é um desafio comum. Compreender a origem dessa insegurança é crucial. Ao modificar comportamentos, é possível cultivar uma sensação de segurança, trabalhando simultaneamente de dentro para fora e de fora para dentro.
- **Expectativas negativas:** na dinâmica da baixa autoestima, a visão futura tende a ser obscurecida por expectativas negativas. Isso, muitas vezes, serve como uma defesa contra possíveis decepções, mas também pode restringir a vivência de experiências positivas. Aprender a lidar com a frus-

tração é fundamental, pois representa uma oportunidade valiosa de aprendizado e é uma parte inevitável da vida.

- **Esforço:** o esforço despendido em uma tarefa está diretamente ligado aos resultados alcançados. Se os resultados não atendem às expectativas, a frustração pode reforçar a insegurança. Aumentar o empenho e reconhecer que deu o melhor de si em determinada situação contribui para consolidar a confiança nas próprias capacidades. Identificar áreas de melhoria é crucial para alcançar resultados ainda mais significativos.
- **Resultados:** os resultados que colhemos são reflexo de nossas ações e mentalidade. Quando agimos no ciclo da baixa autoestima, permeados por insegurança, culpa, expectativas negativas e esforço insuficiente, é improvável obter resultados positivos. Ajustar comportamentos sob controle é essencial para mudar o curso e conquistar resultados mais satisfatórios.

Assim sendo, é fundamental compreender que a melhoria da autoestima está intrinsecamente ligada à ação, sendo diretamente proporcional ao orgulho que sentimos em relação às nossas ações cotidianas. Portanto, se recusamos constantemente oportunidades, a autoestima tende a não evoluir.

Viver constantemente insatisfeito, imerso em pensamentos destrutivos, geralmente está associado a emoções negativas, como medo, ansiedade, angústia, estresse, pressa, raiva, insegurança, entre outras. Tomar decisões nessas condições é desafiador, assemelha-se a tentar resolver problemas enquanto se está afogando. Antes de tudo, é necessário emergir, respirar fundo e, somente então, abordar questões pendentes.

Por isso, é crucial identificar as crenças arraigadas em nossa essência para promover a mudança de comportamento. Nossas crenças funcionam como lentes que moldam a forma como enxergamos os fatos e a vida. São pressupostos que internalizamos como verdades quase absolutas, muitas vezes sem perceber que estão lá.

Essas crenças têm origem na infância, quando nossas mentes absorvem tudo ao nosso redor. Entre dois e sete anos, desenvolvemos intensamente a imaginação e as emoções, mas ainda não possuímos plena capacidade cognitiva para pensar de maneira lógica. Assim, formulamos nossas crenças pessoais com base em experiências emocionais, adotando-as como verdades inquestionáveis.

Podemos classificá-las em dois tipos:

1. **Crenças limitantes:** agem como âncoras pesadas, rígidas e pessimistas, travando nosso progresso e nos fazendo sentir aprisionados.
2. **Crenças fortalecedoras:** funcionam como balões leves, dinâmicos e otimistas, direcionando-nos para o que consideramos o melhor.

Muitas vezes, acreditamos nessas crenças sem questioná-las, e é nesse espaço que residem todos os nossos medos e inseguranças, alimentados diariamente por mentiras que contamos a nós mesmos.

Quais são as crenças que você tem alimentado sobre si?

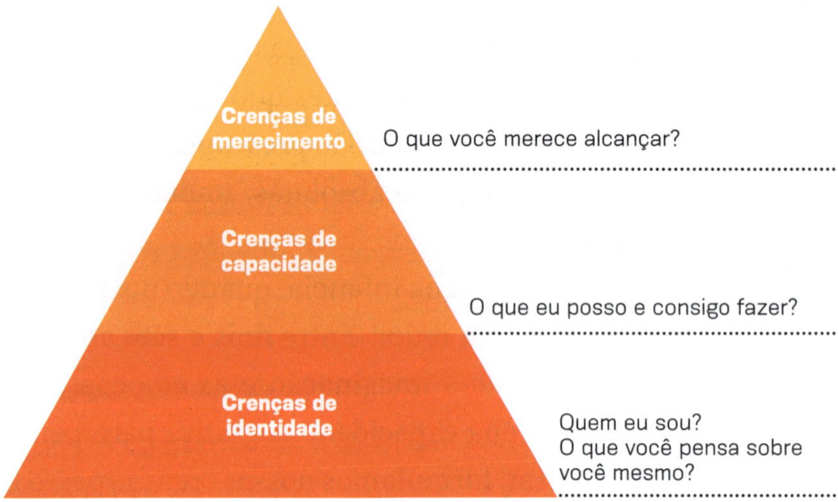

Figura 40

Anote suas crenças. Se surgirem crenças limitantes, troque-as imediatamente por crenças fortalecedoras. Trabalhe ativamente em se conectar com você mesmo.

Neste processo de autoconhecimento, você se desvendará e, naturalmente, encontrará aspectos que encantam e outros que podem não ser tão agradáveis. Além disso, é inevitável enfrentar desafios após essas descobertas, superando medos, lidando com perdas e abrindo mão do que não é prioritário.

O autoconhecimento lança luz sobre alguns medos. Portanto, não se resume apenas a descobrir quem você é, mas também a bancar quem você é. Assumir nossa história, aceitar quem somos e nos amarmos nesse processo é uma das atitudes mais corajosas que podemos adotar. É uma prática diária de abandonar a ideia do que pensamos que deveríamos ser e abraçar quem realmente somos.

"O que é realmente difícil e espantoso
é desistir de ser perfeito e começar
o trabalho de ser você mesmo".
(Anna Quindlen)

E quanto ao medo de se lançar em sua própria jornada?

Socorro, todos nós vamos amadurecer! Entrar na idade adulta é o desafio de se tornar mais você mesmo. É aprender a lidar com a linearidade do tempo, onde todas as nossas ações têm consequências duradouras.

Tendemos a achar que o tempo passa rápido demais; a infância já se foi e, diante do tempo que temos, nem sempre sabemos o que fazer. Crescer não é fácil. Na infância, as coisas podem ser consertadas, mas, na vida adulta, precisamos fazer escolhas verdadeiras que nos levam sempre mais longe.

Casar com A em vez de B, decidir ter filhos ou não, escolher uma área de estudo, optar entre trabalho CLT ou empreendedorismo... A cada vez que nos deparamos com esse tipo de decisão, trilhamos um caminho e abrimos mão de outras possibilidades. Isso nos leva, por vezes, a nos questionar: "Como seria minha vida se tivesse feito outra escolha?" A resposta pode ser: "Você estaria se perguntando como seria sua vida se tivesse feito a escolha que fez". Não podemos escapar do arrependimento por ter renunciado a outras vidas possíveis.

A criança não enfrenta esse problema; ela pode sonhar em ser treinadora de golfinhos, astronauta ou médica, e até mesmo todas essas opções simultaneamente. O adulto, claro, não tem mais essa flexibilidade, e muitos vivem um presente contínuo, encontrando maneiras ilusórias de viver, nunca terminam nada do que começam, mudam de emprego frequentemente, prolongam os estudos e se distraem com festas, viagens e consumo, tudo para não se comprometer e viver o presente como crianças.

Quando experimentamos o medo da vida, tendemos a nos retrair, adotando uma postura ilusória, nos escondendo atrás de outras pessoas ou desculpas. Evitamos enfrentar a nossa própria vida e nos fechamos em uma existência que segue em círculos, marcada pela repetição quase constante. Como disse Sêneca: "seguindo pelo caminho chamado 'mais tarde', chegamos a um lugar chamado 'nunca'".

Voltando à infância, a influência do ambiente familiar exerce um papel importante no desenvolvimento da trajetória profissional. O início da carreira tem suas raízes em casa. Aquilo que absorvemos de nossos pais ou cuidadores impacta significativamente não apenas nosso comportamento no ambiente profissional, mas também as decisões que tomamos.

Reflita: você se sentia reconhecido por seus pais? Havia confiança nas figuras de autoridade que cuidavam de você? Conseguia expressar abertamente suas emoções e necessidades? Como era a dinâmica com seus irmãos – marcada por cumplicidade ou concorrência? Quem costumava resolver os conflitos familiares e de que maneira isso acontecia? Seus "nãos" eram levados em consideração?

Com calma, faça um exercício de memória e responda a essas perguntas. Dessa forma, poderá compreender que muitas das questões e inseguranças profissionais têm raízes não no ambiente de trabalho, mas nas experiências vivenciadas fora dele.

Temos a tendência inconsciente de reproduzir, no ambiente de trabalho, os padrões de relacionamento aprendidos em casa. Por exemplo, aquele profissional que constantemente entra em discussões ou aquele que nunca se sente reconhecido no trabalho. Há também quem não consiga dizer "não" para colegas ou superiores, aceitando tudo por não conseguir se posicionar.

Esses padrões de comportamento podem ser observados em minha própria trajetória, e na de muitos mentorados que atendi, evidenciando como as influências do passado moldam, muitas vezes de forma inconsciente, as dinâmicas e desafios enfrentados no ambiente profissional.

Agora, vou compartilhar uma história pessoal. Nasci em um lar disfuncional e, em meio a tantos conflitos, desenvolvi uma "casca" que, ao longo do tempo, revelou-se algo positivo em minha vida, contribuindo para meu crescimento e amadurecimento. Claro que não foi um caminho fácil, mas essa jornada moldou a pessoa que sou hoje, a Mayara que enfrentou e superou desafios.

Durante muito tempo, mantive uma imagem distorcida de mim mesma, considerando-me carente de talentos e medíocre. Mesmo quando algumas pessoas de fora expressavam elogios, eu não conseguia acreditar que aquilo fosse verdade.

A autocobrança em minha vida só aumentava, e eu não compreendia por que via tantos defeitos em mim mesma. Foi em uma aula de psicologia na faculdade que tudo começou a fazer sentido. A professora abordou o tema do narcisismo, e, à medida que ela explicava, meu mundo parecia desmoronar. Levei 24 anos para perceber que minha mãe era narcisista. Naquele momento, compreendi que todas as críticas, palavras desanimadoras e frases como "não fez nada além da sua obrigação", apesar dos meus esforços máximos por seu reconhecimento, não eram sobre mim, mas eram sobre ela e seu modo de se relacionar.

Desejei ardentemente que nossa relação fosse positiva, esforçando-me em todas as áreas da vida para conquistar seu orgulho. No entanto, todos os meus esforços eram em vão. Com estudo e terapia, ganhei clareza sobre quem eu era, minhas forças e como poderia me apresentar ao mundo. Foi como se eu me desse a permissão para ser livre de seus julgamentos, vivendo a plenitude da minha essência. Não preciso mais agradar nem ser reconhecida por ela. Perdoei e posso seguir minha vida e carreira com leveza.

Ressignificar essa relação profunda fez com que eu acreditasse em mim, encontrasse meu lugar ao sol, e transformasse completamente minha carreira. Como consequência, minha qualidade de vida e remuneração melhoraram significativamente. Não sei se é obra de Deus ou uma manifestação da lei da atração, mas, após minha cura, pude ajudar outras pessoas a encontrarem o caminho da cura. Isso me faz tão realizada: ajudar pessoas a enxergarem seu valor e colocarem sua voz no mundo. Ao atender diversos profissionais que enfrentaram problemas semelhantes em casa, testemunhei suas histórias sendo ressignificadas e, como bônus incrível, suas carreiras deslancharam.

Confesso que demorei algumas horas até tomar a decisão de escrever sobre isso. Afinal, são poucas as pessoas que sabem dessa parte da minha história; são dores que não queremos cutucar, mas não posso ser hipócrita: o processo da construção bem-sucedida vem de dentro para fora. Você precisa se autorizar a vencer.

Esse é um processo doloroso, bonito e poderoso (tudo ao mesmo tempo), que te permitirá assumir sua força, sua luz e suas sombras. Como bem disse Carl Jung: “Até você se tornar consciente, o inconsciente dirigirá a sua vida e você o chamará de destino”.

Independentemente do seu passado, das suas dores ou referências, é crucial tornar conscientes os elementos que o compõem. Independentemente do tamanho dessas questões, enfrentar algumas zonas de aprendizado é essencial. Essas zonas possuem etapas definidas. Optar por permanecer na zona de conforto significa evitar o desconhecido, mas isso também mantém a ansiedade em um nível reduzido. Quando decidimos sair dessa zona, entramos na zona do medo, onde a falta de autoconfiança, a ansiedade e o receio do julgamento podem aumentar. No entanto, ao persistir e progredir, alcançamos a zona de aprendizado, onde recuperamos a confiança em nós mesmos. Continuando nossos esforços, finalmente atingimos a zona de felicidade, onde os projetos se concretizam e dão sentido à vida.

O que, obviamente, levanta a questão do sentido da vida, uma das questões existenciais mais desafiadoras e até assustadoras.

Quem pode responder? Será que existe mesmo algum significado a ser encontrado? Como saber o que estamos fazendo na Terra? Por que estamos aqui? O que nos leva a continuar?

Responder a essas perguntas é o trabalho de uma vida toda. Se você ainda não consegue respondê-las, observe se existe algum sofrimento em sua vida: ansiedade, depressão, medos, culpas, etc. Se a resposta for sim, já temos uma boa pista. Então, o seu lugar atual não é um bom lugar. Muitas vezes, na vida, é preciso mudar de lugar para conseguir viver verdadeiramente a própria vida. Se há sofrimento no lugar que você ocupa hoje, ele pode servir de ponto de partida para a sua busca de sentido.

Por que é tão difícil saber quem nós somos?

É fácil descrever nossos gostos, preferências e algumas características, mas dizer quem somos é outra história. Somos mutáveis; em alguns momentos, demonstramos coragem, enquanto em outros, covardia. Experimentamos alegria e tristeza de maneira alternada, e as emoções emergem em nós, às vezes parecendo fora de controle.

É difícil saber quem somos por uma razão inesperada: não queremos saber. Muitos optam por permanecer na obscuridade. Por que hesitamos em descobrir quem realmente somos? Estamos preparados para reconhecer nosso valor e nosso papel? Será que aceitamos plenamente a realidade da vida adulta e todas as suas implicações?

Uma verdade sobre a vida é que ela não possui gavetas separadas. O trabalho não apenas molda nossas competências, mas também contribui para a formação de quem somos. Somos seres destinados a construir nossa própria realidade, e isso envolve o trabalho. Podemos encará-lo como uma mera fonte de sobrevivência ou como uma expressão de propósito no mundo.

Ao longo dos anos e com as mudanças geracionais, o significado do trabalho se transformou. Antigamente, havia uma pressão para ganhar dinheiro e prover sustento à família. Hoje, a ênfase mudou para ganhar dinheiro com propósito.

Diante desse cenário, surgem questionamentos importantes: por que estou investindo tanto esforço no meu trabalho? Ele possui propósito, ou estou apenas visando o ganho financeiro?

Quando nos deparamos com essas reflexões, a ansiedade muitas vezes se intensifica, acompanhada pela sensação de que estamos trocando tempo de vida por um salário no final do mês. Esses dilemas podem surgir em diferentes fases da vida, à medida que aumentamos nossa consciência sobre o todo. No entanto, é comum que essa reflexão atinja seu ponto crítico na chamada "crise de meia-idade". Uma pesquisa conduzida pelas universidades de Warwick e Dartmouth concluiu que as pessoas enfrentam níveis mais altos de infelicidade após os 30 anos, mas voltam a declarar felicidade após os 50.

"Estamos observando essa curva em U, essa queda psicológica, inúmeras vezes. Há, sem dúvida, uma fase de baixa na meia-idade", afirmou o economista Andrew Oswald, da Universidade de Warwick, coautor do estudo.

Cada indivíduo carrega consigo uma série de questionamentos, que evoluem ao longo da vida. Tenho um sobrinho de três anos, que está na fase de questionar tudo. Ele já acorda perguntando:

"Malala, o que é isso?".

Não importa quantas vezes eu responda, ele continua questionando sobre qualquer coisa nova que apareça. Com os adultos, não é tão diferente. Novas perguntas surgem, talvez não sejam "o que é isso", mas sim "por que?", "para quê?", "qual o sentido disso?" Essas perguntas se tornam cada vez mais profundas...

Qual é o fio condutor da minha vida? E, assim, começamos a analisar a vida em busca de sentido, de respostas mais profundas e relevantes para cada fase.

> *Tem paciência com tudo não resolvido em teu coração, e tenta amar as perguntas em ti como se fossem quartos trancados ou livros escritos em idioma estranho.*
> *Não pesquises em busca de respostas que não te podem ser dadas, por que tu não as podes viver, e trata-se de viver tudo.*
> *Vive as grandes perguntas agora.*
> *Talvez em um dia longínquo, sem se perceber, se familiazarás com a resposta.*
> **(Rainer Maria Rilke)**

É um eterno afinar da vida, coração e razão. Imagine-se em uma jornada subindo uma montanha. Ao alcançar o topo, você se depara com uma visão panorâmica de toda a sua vida, onde as diferentes fases se assemelham às estações do ano. Assim como a primavera representa a fase de crescimento e maturação física, o verão simboliza a fase de plena vitalidade. O outono, marcado pela mudança de cores e queda das folhas, representa um leve declínio, preparando o terreno para o inverno, uma fase mais rigorosa, onde muitas plantas perdem força, aguardando a chegada de uma nova primavera.

Essa analogia reflete a natureza cíclica da vida, um eterno ajuste entre as estações, representando o constante afinar da vida, coração e razão, como propõe Rainer Maria Rilke em sua poesia. Tal qual nas estações, nossa vitalidade e frutos não são constantes; em alguns momentos, assemelhamo-nos a uma árvore despojada de folhas, um esqueleto de galhos aguardando ansiosamente por uma nova estação.

Cada indivíduo pode ser o jardineiro de sua própria vida, seguindo o provérbio chinês que diz: "Levamos vinte anos para aprender, vinte anos para lutar e vinte anos para tornar-nos sábios".

Na pulsante jornada da vida, experimentamos um contínuo processo de desenvolvimento, repleto de ciclos. A abordagem de Rudolf Steiner, idealizador da antroposofia, propõe a leitura da vida em setênios, ou seja, ciclos de sete anos.

Do nascimento aos 21 anos, vivenciamos a primavera da vida

Nos primeiros anos, aprendemos a pensar, falar e ganhamos a capacidade de andar. Essa fase é marcada por três setênios: desde o nascimento até a maturidade escolar, por volta dos sete anos, seguida pela adolescência, aos 14 e culminando na maioridade, aos 21 anos. São fases pontuadas por transformações biológicas e físicas, muitas das quais visíveis. Embora pudéssemos aprofundar vários aspectos relacionados ao crescimento, crenças e interações sociais, gostaria de focar no terceiro setênio, dos sete aos 14 anos. Esse período representa uma crise significativa, abrangendo não apenas a puberdade e as descobertas sexuais, mas também o surgimento de questionamentos cruciais: "Quem sou eu? De onde venho? Qual é a minha missão neste mundo?". Essas perguntas abrangem aspectos sociais, religiosos, sexuais e profissionais. Por exemplo: "Será que realmente quero cursar Direito? Essa ideia é minha ou dos meus pais?".

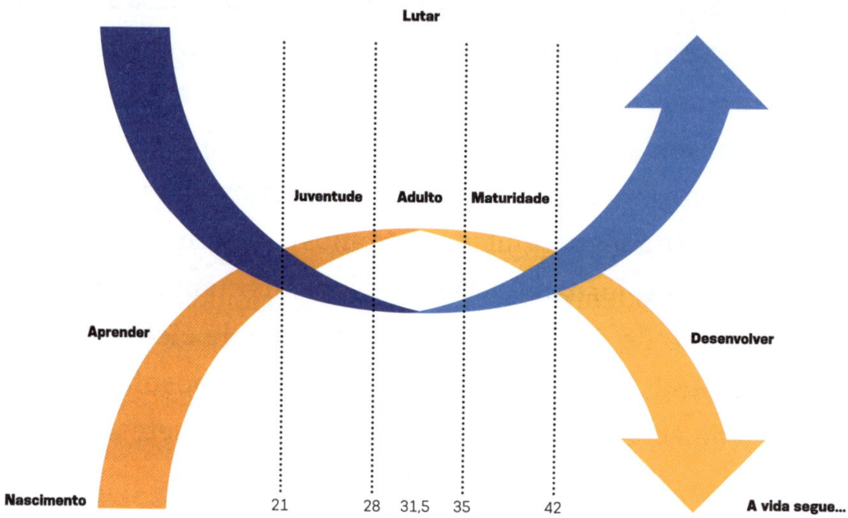

Figura 41

Então, avançamos para o próximo setênio.

Dos 21 aos 42 anos é como o verão da vida

O corpo físico já não demanda forças de crescimento como nas fases anteriores; agora, ocorre a expansão da consciência. É o momento de olhar para dentro, identificar habilidades, avaliar o que está disponível para atividades profissionais, o que é necessário manter e o que deve ser descartado. A pergunta central deste setênio, dos 21 aos 28 anos, é: "Como vivencio tantas experiências?". Nessa fase, geralmente, estamos repletos de ideias e buscamos concretizá-las, vivendo diferentes papéis, focando em tarefas e desenvolvimento técnico. Este é o período em que buscamos nossa independência e tentamos conquistar nosso lugar no mundo, com o objetivo de alcançar independência financeira.

Entretanto, a questão de ser produtivo *versus* ser feliz emerge dos 28 aos 35 anos

As crises neste setênio levam a questionar o sentido de nossa própria existência, gerando dúvidas sobre nosso papel no mundo. Experimentamos momentos intensos de impotência, frustração e angústia. Então, enfrentamos a crise dos talentos aos 28 anos, uma fase desafiadora que nos fortalece e amadurece. Esse setênio nos oferece uma oportunidade única de transformar nossa visão de mundo. Não há necessidade de gritar para afirmar nossa independência, mas ainda não temos total certeza de que as escolhas que fazemos nos conduzirão na direção desejada. É nesse ciclo que assumimos a responsabilidade por nossa própria narrativa, surgindo novas reflexões: "Estou vivendo verdadeiramente o que desejo ou apenas seguindo o caminho traçado por outras pessoas?". Essa pergunta reflete um desejo profundo de reestruturação interna, a busca por nosso próprio lugar ao sol.

Ao atingir aproximadamente os 33 anos, tendemos a questionar escolhas feitas anteriormente. "O que devo fazer para consolidar minha vida? Este trabalho será para o resto da vida? Quero ter filhos? Estou replicando o comportamento do meu pai? Devo empreender?". No aspecto profissional, surge uma grande interrogação: "Como devo organizar minha carreira?", "Como eu organizo a mim mesmo?".

Dos 35 aos 42 anos

As batalhas entre ser e ter que marcaram os setênios anteriores ainda persistem, mas a dimensão do SER assume uma relevância ainda maior. Surge como uma indagação existencial: "Com calma, quem sou eu realmente?". É como se as fronteiras da consciência se alargassem, proporcionando uma visão mais distante do mundo e uma introspecção mais profunda. Este é um estágio de maior maturidade, no qual contemplamos profundamente nosso eu. É nesse ponto que a curva da juventude, repleta de vitalidade, começa a declinar suavemente, e surge a necessidade de conexão com o "EU". Perguntas instigantes também emergem: "Qual é o significado de tudo o que construí até agora?", "A que propósito sirvo?", "Este sou eu, mas qual é o meu lugar?".

Na fase dos 42 aos 63 anos, vivenciamos o outono da vida

Aos 42 anos, estamos prontos para a expansão da consciência, uma jornada que se estende até os 63 anos e engloba o alargamento do pensar, sentir e desejar. De acordo com a teoria do professor B. Lievegoed, atingimos a verdadeira maturidade aos 42 anos, alcançando um marco significativo no processo de amadurecimento. Na esfera profissional, é como alcançar o cume da montanha e, do alto, contemplar uma visão panorâmica que possibilita compreender as circunstâncias que nos conduziram até ali.

E então, reflita: as coisas estão conforme o desejado? Se a resposta for afirmativa, questione-se: "Como posso utilizar essas qualidades em benefício dos outros?" e "Quais aptidões e talentos que deixei para trás posso resgatar e empregar agora?". No entanto, se a resposta for negativa e você perceber que as coisas não estão como gostaria, experimentando o inevitável sentimento de "não aguento mais fazer o que faço", talvez seja o momento propício para uma mudança de carreira, mesmo que seja uma guinada de 180 graus. Nesse contexto, é crucial ter clareza sobre suas experiências, identificar o que precisa ser atualizado em seus conhecimentos e promover o autoconhecimento para ampliar as oportunidades.

No oitavo setênio, dos 49 aos 56 anos

Essa é a fase de tornar-se sábio, caracterizada por uma harmonia interna mais acentuada e uma interação mais significativa entre o mundo e o eu. Aos 50 anos, surge a oportunidade de planejar a vida, não apenas no âmbito profissional, mas também em relação ao bem-estar e equilíbrio com o seu ritmo. Valoriza-se mais o contexto evolutivo do "nós" do que do "eu".

Já dos 56 aos 63 anos é uma fase mais intuitiva

É como revisitar o passado: o que consegui realizar? Quais são os meus desejos remanescentes? A maturidade e sabedoria adquiridas nesta fase proporcionam a oportunidade de abrir mão do que não faz sentido e dedicar-se ao que traz satisfação. Segundo a antroposofia, o envelhecimento é uma chance de expansão da consciência, nutrindo o discernimento e a sabedoria.

Aprecio essa perspectiva de vida, na qual podemos identificar ciclos, aprendizados, questionamentos e a busca por nosso "lugar ao sol" em diferentes momentos e prioridades. Independentemente do ciclo, devemos viver a nossa verdade, abraçando as crises e descobertas que surgem, pois é nesse processo que se encontra o aprendizado. Afinal, falar sobre carreira também é falar sobre a vida.

"Nos olhos do jovem arde a chama, nos olhos do velho brilha a luz" (Victor Hugo). Essa citação poética de Victor Hugo sugere uma bela reflexão sobre as diferentes fases da vida. Nos olhos do jovem, há a chama da paixão, energia e descoberta, representando o impulso e a intensidade da juventude. Já nos olhos do velho, brilha a luz da experiência, sabedoria e tranquilidade, simbolizando a serenidade e a profundidade que vêm com o tempo. É um lembrete poético de que cada fase da vida possui sua própria beleza e riqueza, formando um ciclo contínuo de crescimento e aprendizado.

A natureza do trabalho *versus* propósito

Estou perdido(a) em relação ao meu propósito... Será que todos têm um propósito de carreira único? É necessário que todos trabalhem com um propósito? Existe algo errado em trabalhar apenas por dinheiro? O valor do dinheiro diminui quando se trabalha com propósito? Trabalhar alinhado ao propósito garante apenas dias bons? Para todas essas questões, a resposta é NÃO!

Engajar-se no trabalho é, sem dúvida, uma empreitada desafiadora. Afinal, eu sempre digo: trabalhar dá trabalho. Mas quando o trabalho está alinhado a um propósito que ressoa com nossas habilidades, a recompensa é maior, proporcionando uma sensação de realização. Nesse contexto, recordo com apreço uma ponderação do filósofo brasileiro Mário Sérgio Cortella: "Faço o que faço porque isso me dá satisfação e orgulho? Ou faço o que faço porque tenho de fazer e, se não fizer, pereço?". É compreensível que, para muitos de nós, a segunda alternativa possa ser a realidade, uma vez que a sobrevivência muitas vezes impõe escolhas pragmáticas. E não há desonra em reconhecer essa necessidade premente.

Contudo, é importante ressaltar que estar em um trabalho primariamente por razões de subsistência não precisa ser o fim da jornada. Mesmo nessas circunstâncias, é possível encarar essa experiência como um estágio temporário enquanto se planeja conquistar horizontes mais amplos. Afinal, o propósito tem a notável capacidade de reorganizar nossas ações e perspectivas.

Essa reflexão de Mário Sérgio Cortella provoca uma profunda análise sobre a motivação por trás das nossas ações. A pergunta confronta a ideia de realizar tarefas apenas por obrigação e sobrevivência, em contraste com a busca por satisfação pessoal e orgulho no que fazemos. Ao questionar se o que fazemos nos traz satisfação e orgulho, estamos considerando a importância de alinhar nossas atividades com nossos valores e aspirações pessoais. É um convite para avaliarmos se estamos vivendo de maneira autêntica e significativa, em vez de apenas cumprir obrigações impostas pelo contexto externo. Essa reflexão destaca a busca por um propósito que transcende a mera sobrevivência, promovendo uma conexão mais profunda com nosso trabalho e, por conseguinte, com nossa jornada de vida.

Seu propósito de carreira é individual, afinal, somos seres diferentes com contribuições diferentes para o mundo. O que muda é como você o enxerga.

O sentido que atribuímos a qualquer coisa é percepção nossa. Ainda está confuso? Calma que eu vou explicar por meio de uma história.

Vamos ilustrar isso com uma história que ocorreu durante a construção de uma igreja, onde dois pedreiros estavam trabalhando. Uma pessoa de fora fez a eles a seguinte pergunta: "O que vocês estão fazendo?". O primeiro respondeu: "Estou colocando tijolos". O segundo respondeu: "Estou construindo a casa do Senhor".

Nesse contexto, não estamos abordando questões religiosas, mas sim diferentes perspectivas e interpretações sobre a mesma tarefa. De acordo com Amy Wrzesniewski, Ph.D., professora e pesquisadora de Yale, a visão que uma pessoa tem sobre seu trabalho não está necessariamente ligada ao tipo específico de trabalho que realiza. Amy conduziu uma pesquisa em um hospital nos Estados Unidos para investigar como os funcionários atribuíam significado ao trabalho. Ao entrevistar a equipe de limpeza do hospital, os pesquisadores descobriram um grupo de faxineiros que não se via apenas como parte da equipe de limpeza, mas como uma parte crucial da equipe terapêutica da instituição.

Outra pesquisa realizada pela pesquisadora Amy Wrzesniewski, desta vez com assistentes administrativos, revelou que:

- Um terço considerava sua ocupação apenas um emprego (voltado para o salário).

- Um terço via como uma carreira (vinculado a conquistas profissionais).
- Um terço encarava como vocação (uma função interessante, socialmente útil e digna de seu tempo e energia).

Os resultados foram semelhantes em outras ocupações estudadas. A maneira como percebemos o trabalho tem o poder de conferir significado ao nosso dia. O propósito não reside apenas na atividade em si, mas na nossa perspectiva. Como você enxerga o seu trabalho? Portanto, é fundamental investigar duas coisas: primeiro identificar nossos talentos, ou seja, os atributos que possuímos naturalmente. Em segundo lugar, compreender qual é o nosso papel, buscando uma conexão entre ambos. Nossos recursos são essenciais, e ter clareza sobre eles é crucial.

Afinal, ao entrar no jogo, descobrir suas habilidades e entender o melhor caminho para cumprir seu propósito, você precisa de direção e tempo. Quanto ao tempo, ele tem uma direção. Compartilho a visão de Pedro Calabrez: "O tempo sempre segue para frente, nunca para trás".

É como se dissesse: "Gente, não dá para retroceder nas horas, então vamos focar no agora e pensar no que vem pela frente!". É meio filosófico, mas faz sentido, né? A vida é uma jornada contínua, e o tempo é um recurso que não podemos recuperar.

Em termos de propósito e realização, isso reforça a ideia de que a jornada da vida está constantemente em movimento, incentivando as pessoas a aproveitarem cada momento para progredir em direção aos seus objetivos. Nada no futuro pode alterar o passado, mas o futuro pode ser maior que seu passado.

Mesmo que as escolhas de carreira que você fez anteriormente não façam mais sentido para quem você é hoje, não tema a mudança. Algumas mudanças, mesmo que significativas, não invalidam sua experiência anterior. Você pode aplicar a trajetória de sua carreira anterior na sua nova escolha. O futuro pode ser planejado e melhor aproveitado por meio das habilidades que você construiu até agora.

Nossa carreira não é construída a partir de uma única escolha, mas sim de uma série delas. A vida é como uma escola que nunca fecha, e continuamos a trilhar nosso caminho no processo contínuo de construção do nosso ser, fazendo escolhas e enfrentando mudanças, pois tudo é impermanente.

Entendemos que alguns perfis comportamentais têm maior apetite ao risco, enquanto outros enfrentam mais dificuldade. Em ambos os casos, é crucial compreender que nossas decisões sempre envolverão algum tipo de risco, seja ele pequeno ou grande. Até mesmo quando você decide não escolher, isso também é uma escolha, como se estivesse abrindo mão do seu poder de decisão e deixando que alguém decida por você. Adultos agindo como adultos, nada vai ser ridiculamente fácil. Somos adultos e não podemos negligenciar nossas escolhas, ainda que tenham chances de dar errado. É o risco da vida.

Miguel de Cervantes proporcionou uma reflexão impactante por meio de *Dom Quixote* sobre a natureza humana: "Eu sei quem sou e quem posso ser, se eu desejar". A liberdade de escrever sua jornada, de atribuir significado ao seu trabalho, de viver com propósito está em suas mãos. Então, me diga, qual é a escolha para o seu futuro?

Sei que, por vezes, a vida se torna desafiadora; enfrentaremos tempestades, e está tudo bem. Todos passamos por esses momentos. Contudo, quando você conhece suas razões, compreende o seu porquê, manter-se firme no propósito não é tão complexo quanto parece. Afinal, o propósito também serve como guia nos momentos difíceis. Entendo que o trabalho nunca será tão prazeroso quanto uma viagem de férias. No entanto, ele ocupa uma parcela significativa de nossa vida para não ser algo que nos traga benefícios. Passamos metade da vida adulta trabalhando, e isso não pode ser sem sentido.

Reconheço que não é uma jornada simples. No entanto, algo ressoou em minha trajetória, e espero que também ressoe na sua:

> *Escrever a nossa própria história pode ser difícil, mas não é tão duro quanto passar a vida fugindo dela. Aceitar nossas vulnerabilidades é arriscado, mas não é tão perigoso quanto desistir do amor, do pertencimento e da alegria, que, por outro lado, são as experiências que nos deixam mais vulneráveis. Somente quando tivermos coragem suficiente para explorar a escuridão, descobriremos o poder infinito da nossa luz.* **(Brené Brown)**

A citação de Brené Brown, escritora norte-americana, é uma poderosa reflexão sobre a jornada humana. Ela nos lembra que enfrentar as dificuldades e escrever nossa própria história, mesmo que desafiador, é menos doloroso do que passar a vida evitando essa responsabilidade. Aceitar nossas vulnerabilidades, embora arriscado, é fundamental, pois desistir do amor, do pertencimento e da alegria nos priva das experiências mais significativas e nos torna mais vulneráveis.

A metáfora da exploração da escuridão destaca a coragem necessária para confrontar nossos medos e incertezas. Somente ao enfrentar essas áreas mais obscuras de nossa vida é que descobrimos o poder infinito da nossa luz interior, indicando que a verdadeira força reside na autenticidade e na aceitação de quem somos, com todas as nossas imperfeições. É um convite para abraçar a totalidade de nossa jornada e encontrar significado mesmo nas experiências desafiadoras.

O livro *Vidas muito boas: as vantagens do fracasso e a importância da imaginação* é uma obra da renomada autora J.K. Rowling, conhecida por criar o universo mágico de Harry Potter. Nele, Rowling aborda as vantagens do fracasso, compartilhando sua própria jornada notável. Em um cenário em que muitos considerariam desvantagens significativas, como ser mãe solteira e enfrentar dificuldades financeiras, ela persistiu, apesar das rejeições iniciais do manuscrito por várias editoras. Rowling, determinada a superar cada negação, teve o manuscrito rejeitado por muitas editoras. Ela chegou a colar a primeira carta de rejeição na parede de sua casa, pois decidiu que não ia desistir até que cada um dos editores a negasse.

Em um trecho de sua obra, Rowling afirma: "É impossível viver sem fracassar em alguma coisa, a não ser que vocês vivam com tanto cuidado que acabem não vivendo de verdade e, neste caso, vocês fracassam por omissão". J.K. Rowling não desistiu, e hoje figura como uma das escritoras mais bem remuneradas da história. Como premiada autora da série Harry Potter, seus livros ultrapassam a marca de 450 milhões de exemplares vendidos globalmente, traduzidos para 80 idiomas, e adaptados em filmes de grande sucesso de bilheteria. Eu sou fã.

A escritora construiu um legado, deixou uma marca em várias gerações e alcançou uma realização notável. É reconfortante saber que ela não desistiu. Existem inúmeros exemplos de pessoas que enfrentaram o fracasso, superaram o medo inicial, abraçaram seus talentos e alcançaram sucesso em suas áreas.

Certamente, descobrir o nosso lugar não acontece de um dia para o outro, mas podemos perceber que estamos nos aproximando dele. Mesmo quando sentimos que o alcançamos, ele permanece dinâmico e em constante evolução. É crucial estar disposto a comprometer-se com nossa própria jornada, o que significa aprender a não ficar preso a pensamentos recorrentes, a não procrastinar, e a se libertar do medo de enfrentar desafios.

> *A você foi dada uma vida humana. A você foi dada a sua vida. Ninguém mais tem a sua versão. Você nunca vai dar de cara com você mesmo na calçada. Você nunca encontrará alguém que tem a sua combinação exata de ascendências, amores e lembranças. Sua vida nunca será vivida por outra pessoa. E então, como você está usando essa dádiva que recebeu?* **(João Branco)**

Espero que você reconheça suas habilidades e talentos, esforce-se para aprimorá-los e trabalhe com dedicação, sabendo que sua vida está se desenrolando aqui e agora, correndo rapidamente.

Daniel Luz, meu parceiro e coautor desta obra, é uma fonte constante de inspiração. Durante nossas inúmeras viagens a trabalho, aproveitamos o tempo no trânsito para filosofar sobre a vida, e, de quebra, aproveito para pedir uns conselhos. Ter Daniel em minha vida é, verdadeiramente, um presente significativo.

Em momentos nos quais buscava palavras para complementar meu raciocínio, lembrei-me de uma passagem marcante de seu livro best-seller, *Insights: reflexões para uma vida melhor*, na qual ele escreveu: “Alice, é você?”.

Você se lembra da história “Alice no País das Maravilhas”? Lembra-se de quando ela chegou à encruzilhada e indagou ao gato, que se encontrava ali perto, qual caminho deveria seguir? O gato perguntou aonde ela queria ir. Alice respondeu que não sabia. O gato replicou que, sendo assim, qualquer caminho a levaria a seu destino.

Como Alice, a maioria de nós não sabe para onde quer ir. Levantamos de manhã porque disseram que temos de trabalhar. Passamos o dia trabalhando, fazendo tudo o que tem de ser feito. No fim do dia, vamos para casa, passamos algum tempo com a família, jantamos e nos acomodamos diante do televisor, deixando-o insultar nossa inteligência e anestesiar nossas mentes curiosas, de modo que, na manhã seguinte, quando o despertador tocar, possamos estar suficientemente entorpecidos para começar outro dia de rotina, em que não atingiremos nenhuma meta.

Em outras palavras, quase todos nós perambulamos sem rumo, somos organismos passivos, reagindo aos desafios da vida como um proverbial barco sem leme. O barco encontrará um porto? Nem mesmo um porto determinado, mas qualquer um? Dificilmente. Se isso acontecer, será por acaso. Chega a ser trágico, mas a maioria de nós gasta mais tempo fazendo planos para uma festa, uma viagem de férias ou um passeio do que planejando a própria vida.

Para onde você está indo? Você se vê em uma subida difícil, em algum degrau da vida que parece desaparecer nas nuvens lá em cima. Um dia, você terá filhos. Um dia, eles terminarão a escola. Um dia, surgirá um emprego melhor. Um dia, seus filhos se casarão. Um dia, terá mais liberdade para viajar. Um dia, você se aposentará. E então, naturalmente, um dia, você morrerá.

Mas, e a vida? Por que se importar? Se tanta gente vai bem sem um propósito, sem metas, por que você se importaria em ser diferente? A razão é que você quer o sucesso! Cada indivíduo vive de acordo com seus propósitos. Podemos não os chamar de alvos, mas é isso que são. O modo como vivemos, em qualquer momento, é determinado pelo alvo em direção ao qual nos movemos. Se nossas metas forem claras e boas, é quase certo que estamos vivendo bem; mas, se nossos alvos forem inferiores ou confusos, as chances são de que nossa vida também tenha essas qualidades.

Precisamos, portanto, de prioridades. Precisamos saber que estamos trabalhando nos alvos melhores e mais importantes. Os alvos são a nossa motivação para o futuro; mas alvos sem planejamento são como um navio que tem destino, mas não tem leme. Você pode estar em movimento, mas tem pouco ou nenhum controle sobre a sua direção. Bons alvos merecem bons planos. Idealize, planeje e viva!

Por que planejar?

O cérebro humano tem uma inclinação natural para buscar previsibilidade e controle nas situações, visando minimizar a ansiedade. Conscientes da limitação de nossa energia, o planejamento se mostra essencial. Ao direcionar de maneira estratégica nossos esforços, a prática do planejamento não apenas alinha nossas ações na direção correta, mas também resulta em maior produtividade.

Um ponto importante sobre o plano de carreira: ele não vem em um cavalo branco, prontinho para você. Você precisará construí-lo passo a passo. Gosto de pensar que é como um quebra-cabeça; as peças já estão aí, só que todas embaralhadas. É a sua missão desvendar o desenho final. A carreira é uma parte fundamental da sua vida, então quem faz esse movimento é você. O protagonismo é seu; é você quem cuida da sua carreira e do seu desenvolvimento. Para isso, não basta correr para uma nova graduação ou fazer qualquer MBA só para preencher a sensação de vazio e se convencer de que está em movimento. É necessário descobrir qual é o seu plano de carreira e se concentrar nele, antes de sair fazendo cursos a torto e a direito. É necessário priorizar o que importa.

Muitos têm a concepção equivocada de que a mentoria de carreira opera como um processo mágico, como se um indivíduo excepcional, quase um gênio da lâmpada, pudesse, com um simples esfregar, revelar o caminho para o sucesso. Infelizmente, não é bem assim. A mentoria é um processo passo a passo que envolve um profundo autoconhecimento profissional, exigindo dedicação mútua. A ideia é que você não precise enfrentar as tentativas e erros sozinho, mas sim contar com a orientação e apoio contínuo durante a jornada.

Planejar a carreira é fundamental por várias razões:

1. **Visão de longo prazo:** o planejamento de carreira permite que você estabeleça metas a longo prazo, fornecendo uma visão clara do que deseja alcançar profissionalmente.
2. **Alinhamento de objetivos:** ajuda a alinhar seus objetivos pessoais e profissionais, garantindo que suas escolhas de carreira estejam em harmonia com seus valores, interesses e aspirações.
3. **Desenvolvimento de habilidades:** ao traçar um plano de carreira, você identifica as habilidades necessárias para atingir seus objetivos, possibilitando um desenvolvimento contínuo e aprimoramento profissional.
4. **Tomada de decisões informadas:** o planejamento proporciona uma base para tomar decisões informadas sobre oportunidades de emprego, mudanças de carreira e desenvolvimento educacional.
5. **Resiliência profissional:** em um ambiente de trabalho dinâmico, o planejamento de carreira ajuda a criar resiliência, permitindo que você se adapte a mudanças e enfrente desafios com uma mentalidade estratégica.
6. **Autoconhecimento:** o processo de planejamento estimula o autoconhecimento, ajudando a compreender suas habilidades, valores e preferências, o que é crucial para escolhas de carreira.

7. **Competitividade:** com um plano de carreira bem estruturado, você pode se posicionar de maneira mais competitiva no mercado de trabalho, destacando suas qualificações e experiências relevantes.
8. **Satisfação profissional:** planejar a carreira com base no que você valoriza e deseja alcançar contribui para uma maior satisfação profissional, promovendo um senso de propósito e realização.
9. **Adaptação a mudanças:** ao antecipar possíveis mudanças no mercado de trabalho, o planejamento permite que você esteja melhor preparado para enfrentar desafios e aproveitar novas oportunidades.
10. **Controle pessoal:** em vez de deixar a carreira evoluir de forma aleatória, o planejamento oferece um senso de controle pessoal, permitindo que você tome as rédeas da sua trajetória profissional.

Em resumo, o planejamento de carreira é uma ferramenta poderosa para navegar no mundo profissional de maneira estratégica, permitindo que você alcance seus objetivos de forma mais eficaz e gratificante. O seu planejamento de carreira pode trazer mudanças, sejam elas grandes ou pequenas, abruptas ou escalonadas. Você é quem vai decidir. Não importa o tamanho do seu plano, não subestime o poder de um ajuste; pequenas mudanças podem ter grandes consequências positivas. Então, se esse for o seu caso, execute. Inove, reinvente-se, crie, ouse pensar além dos limites, experimente o fracasso, recomece, mas não deixe de avançar. É preferível se arrepender de ações realizadas do que permanecer preso ao passado, olhando para trás com as mãos atadas, incapaz de voltar no tempo.

A maioria das pessoas com quem convivo, sejam colegas ou mentorados, passam boa parte da vida profissional falando: "Ah, já sou velho demais para mudar", "Se eu fosse mais novo, tentaria outra carreira", "Tenho medo de mudar, aqui está ruim, mas está bom", "Estou há anos nesse trabalho e não fui promovido", "Estou decepcionado porque pensei que nessa idade já estaria no cargo X". A lista de reclamações é infinita. Nossa vida profissional é baseada no tempo de algo ou alguém, no nosso ou no comparativo injusto que costumamos fazer com o outro. Não existe jeito certo ou errado de viver o tempo da carreira; o certo e errado são completamente subjetivos aqui, afinal, depende de quem julga, das expectativas, dos objetivos, dos conhecimentos e das condições no momento da escolha.

Desenvolver uma carreira é um processo que demanda tempo, uma espera muitas vezes relutante. A impaciência nos leva a querer resultados imediatos, desejando alcançar metas sem passar por todas as etapas necessárias. Às vezes, parece que estamos ansiosos para começar pelo final, em uma busca frenética pelo sucesso, sem definir claramente o destino desse caminho. Quando abordamos a relação entre tempo e carreira, é crucial compreender que cada indivíduo possui o seu próprio ritmo. O tempo de cada pessoa é o adequado, pois representa a medida possível, não necessariamente ideal ou perfeita, mas sim a que se encaixa nas circunstâncias individuais.

Falando em tempo, vamos contemplar juntos a brevidade da existência. A enfermeira australiana Bronnie Ware compartilhou preciosas reflexões em seu livro *The top five regrets of the dying* (Os cinco principais arrependimentos que as pessoas têm antes de morrer). Ao passar vários anos dedicada aos cuidados paliativos, ela testemunhou as últimas semanas de vida de diversos pacientes.

Os cinco arrependimentos mais frequentemente expressos foram:

1. Gostaria de ter tido a coragem de viver uma vida autêntica, não aquela que os outros esperavam de mim.
2. Gostaria de não ter trabalhado tanto.
3. Gostaria de ter tido a coragem de expressar meus sentimentos.
4. Gostaria de ter mantido contato com meus amigos.
5. Gostaria de ter me permitido ser mais feliz.

Chama a atenção que o arrependimento mais profundo foi a falta de coragem para viver a vida desejada. Quantas vezes sacrificamos nossos próprios anseios em prol dos sonhos alheios? “Meu pai sempre quis que eu fosse advogado”, “minha família é de médicos, preciso honrar isso”. Ou talvez tenhamos nos perdido, sem criar nossos próprios planos, submetendo-nos aos desejos alheios. Lembre-se, você possui apenas uma vida, e foi concedido a você o direito e a oportunidade de fazer o melhor com ela.

Ainda não temos o poder de voltar ou avançar no tempo, mas vamos brincar com a ideia de receber um presente especial: a oportunidade de dar um salto para o futuro e encontrar o seu eu aos oitenta anos. Que mensagem você gostaria de ouvir dele? “Sinto-me feliz por ter vivido plenamente” ou “gostaria de ter vivido de outra forma"? Certamente, ninguém deseja encontrar o seu eu octogenário carregado de arrependimentos por não ter abraçado a vida com plenitude. Como Ware, tão perspicazmente, destacou: "A maioria das pessoas não realizou nem a metade dos seus sonhos e teve que partir ciente de que isso foi resultado das escolhas que fizeram, ou deixaram de fazer".

Essa reflexão nos chama a atenção para a importância de viver de acordo com nossos próprios desejos e aspirações, em vez de nos conformarmos com as expectativas dos outros ou ceder às pressões externas. É um lembrete tocante sobre a necessidade de buscar autenticidade e perseguir nossos sonhos para evitar arrependimentos profundos no final da jornada.

Não se esqueça de que estamos aqui temporariamente, e quero incentivá-lo a refletir sobre a vida. Assim, compartilho o poema da poetisa brasileira Martha Medeiros, intitulado *A morte devagar*:

> *Morre lentamente quem não troca de ideias, não troca de discurso, evita as próprias contradições.*
> *Morre lentamente quem vira escravo do hábito, repetindo todos os dias o mesmo trajeto e as mesmas compras no supermercado.*
> *Quem não troca de marca, não arrisca vestir uma cor nova, não dá papo para quem não conhece.*
> *Morre lentamente quem faz da televisão o seu guru e seu parceiro diário. Muitos não podem comprar um livro ou uma entrada de cinema, mas muitos podem, e ainda assim alienam-se diante de um tubo de imagens que traz informações e entreteni-*

mento, mas que não deveria, mesmo com apenas 14 polegadas, ocupar tanto espaço em uma vida.
Morre lentamente quem evita uma paixão, quem prefere o preto no branco e os pingos nos is, a um turbilhão de emoções indomáveis, justamente as que resgatam brilho nos olhos, sorrisos e soluços, coração aos tropeços, sentimentos.
Morre lentamente quem não vira a mesa quando está infeliz no trabalho, quem não arrisca o certo pelo incerto atrás de um sonho, quem não se permite, uma vez na vida, fugir dos conselhos sensatos.
Morre lentamente quem não viaja, quem não lê, quem não ouve música, quem não acha graça de si mesmo. Morre lentamente quem destrói seu amor-próprio. Pode ser por depressão, que é a doença séria e requer ajuda profissional. Então fenece a cada dia quem não se deixa ajudar.
Morre lentamente quem não trabalha e quem não estuda, e na maioria das vezes isso não é opção e sim, destino: então um governo omisso pode matar lentamente uma boa parcela da população.
Morre lentamente quem passa os dias queixando-se da má sorte ou da chuva incessante, desistindo de um projeto antes de iniciá-lo, não perguntando sobre um assunto que desconhece e não respondendo quando lhe indagam o que sabe.
Morre muita gente lentamente, e esta é a morte mais ingrata e traiçoeira, pois quando ela se apro-

> *xima de verdade, aí já estamos muito destreinados para percorrer o pouco tempo restante. Que amanhã, portanto, demore muito para ser nosso dia. Já que não podemos evitar um final repentino, que ao menos evitemos a morte em suaves prestações, lembrando sempre que estar vivo exige um esforço bem maior do que simplesmente respirar.*

Desejo sinceramente que você não morra lentamente, que não permaneça onde sua essência não floresce e não é devidamente apreciada. Anseio que você descubra seu caminho, dedicando-se ao que faz seus olhos brilharem e seu coração pulsar de alegria. Minha torcida é intensa para que você seja valorizado – acredite, quando isso acontece, a vida se torna incrível. Para concluir, carregue consigo a sabedoria do sábio romano Sêneca, que nos ensina na tradição antiga: "A vida é como uma história: o que importa não é o tempo que dura, mas o quão boa ela é". Que essas palavras inspirem você a buscar uma narrativa repleta de significado, realizações e alegrias genuínas.

Devolutivas: usando o relatório DISC para dar feedback

O feedback implica, na maioria das vezes, a necessidade de uma mudança pessoal de foco, atividade ou comportamento, o que pode despertar medos e inseguranças. Essas dicas podem ajudar a tornar o feedback mais facilmente aceito:

Considerações iniciais para quem vai dar uma devolutiva

É bom lembrar ao perfilado que:

- Não existem perfis bons ou ruins.
- Não existe melhor ou pior perfil.
- Todos os perfis têm pontos fortes e limitações.
- Todos os perfis podem ser mais ou menos eficazes, dependendo de como um indivíduo é capaz de modificar seu comportamento para atender às necessidades dos outros.

Devolutivas: orientações para uma boa devolutiva

Recomendado	Não recomendado
1. Trate todos como indivíduos únicos, lembrando que somos uma mistura de TODOS os fatores do DISC – não apenas um. 2. Esteja atento a outros fatores na vida de um indivíduo que possam afetar suas escolhas – adote uma abordagem holística quando necessário. 3. Identifique e chame a atenção para a diferença entre suas opiniões (ou julgamentos pessoais) e os fatos. 4. Mantenha sua opinião o mais neutra possível – é fácil influenciar os outros. É muito melhor fazer mais perguntas do que dar respostas. 5. Lembre-se do que Jung disse: "Todo indivíduo é uma exceção à regra". Entenda e permita isso. 6. Lembre-se de que este é um modelo comportamental – trata-se de preferência, não de capacidade. Não é uma medida de habilidade ou inteligência. Descreve, mas não define.	1. Encaixotar ou rotular qualquer pessoa – sempre evite isso. 2. "Diagnosticar" ou interpretar "fatos" usando os fatores. O especialista é o próprio indivíduo. 3. Fazer suposições, dando como certo possíveis comportamentos de determinado fator. 4. Usar os fatores de forma depreciativa ou pejorativa – ou julgar usando a distribuição dos fatores (por exemplo, só porque você tem S baixo, não significa que você não consiga fazer uma planilha!). 5. Restringir a capacidade de qualquer pessoa de transcender suas preferências comportamentais com experiência, educação e perseverança. 6. Dizer que alguém está errado, rebaixar seu perfil ou dizer a alguém qual perfil você acredita que ele tenha antes que ele responda o questionário de autopercepção (avaliação de perfil).

Devolutivas: como dar feedback para cada estilo DISC

ESTILOS D

- Lembre-se: eles temem perder o controle, ser explorados.
- Seja direto e breve.
- Ofereça sugestões e ouça as deles.
- Faça perguntas do tipo "o quê": o que você está tentando alcançar? Quais são seus planos?
- Mostre confiança em suas habilidades.
- Saiba que eles podem responder de forma brusca, mas isso não significa necessariamente que estejam com raiva ou rejeitando seu feedback.
- Lembre-se de que eles gostam de competição e respondem bem a metas ambiciosas.
- Elogie-os de forma direta e imediata.

ESTILOS I

- Lembre-se: eles temem rejeição, perda de aprovação.
- Forneça feedback em um ambiente casual.
- Destaque como suas sugestões irão beneficiá-los.
- Dê-lhes tempo para verbalizar seus pensamentos, sentimentos e ideias.
- Pergunte sobre a motivação deles para tomar uma atitude ou fazer uma mudança.
- Saiba que eles podem precisar responder emocionalmente antes de realmente ouvir ou agir com base no seu feedback.

- Lembre-se de que eles precisam se expressar.
- Elogie-os publicamente.

ESTILOS S

- Lembre-se: eles temem perder a segurança, mudanças repentinas.
- Seja específico em seu feedback e ofereça exemplos concretos.
- Explique como as mudanças aumentarão a estabilidade no longo prazo.
- Ofereça-se para discutir o assunto novamente mais tarde para dar-lhes tempo para pensar.
- Pergunte se uma mudança na estrutura ou na política tornaria a mudança mais fácil.
- Saiba que eles podem ficar emocionados, então seja paciente enquanto processam o feedback. Eles também podem precisar revisar seus comentários com outras pessoas antes de aceitá-los.
- Peça suas ideias e dê-lhes bastante tempo para responder.
- Ofereça elogios sinceros em um ambiente privado.

ESTILOS C

- Lembre-se: eles temem críticas de desempenho, falta de padrões.
- Revise os resultados esperados para ter certeza de que você está alinhado. Seja específico e factual.
- Pergunte a eles como planejam fazer mudanças e de qual suporte precisarão.

- Consulte os padrões acordados ou as melhores práticas.
- Dê-lhes tempo para pensar sobre o seu feedback e se comprometer com as mudanças.
- Saiba que eles podem ter uma resposta emocional, mas você provavelmente não a verá.
- Se você acha que pode tê-los machucado, pergunte.
- Incentive-os a ajudar a definir os padrões de qualidade.
- Elogie-os em particular e seja específico.

Apêndice: 15 combinações comportamentais (estilos) mais comuns no ambiente de trabalho moderno

Existem muitos outros estilos possíveis ao combinar as quatro dimensões de comportamento DISC. Os quinze estilos básicos são grupos de ocorrência natural, que são úteis para representar o estilo comportamental primário ou características comumente observadas no ambiente de trabalho.

Cada estilo é cuidadosamente observado e descrito considerando as quatro dimensões comportamentais DISC em um estilo integrado que é facilmente identificado por observadores não treinados.

Padrão 1

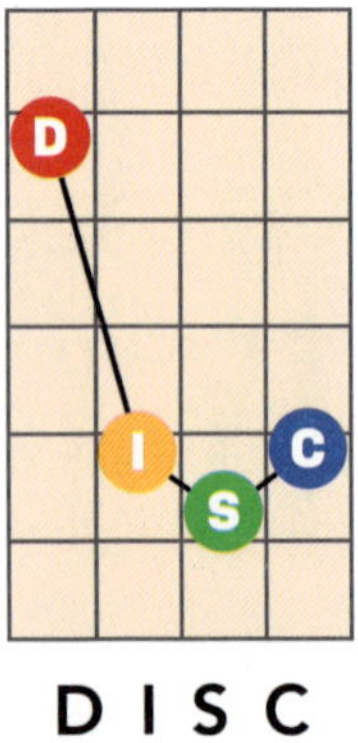

Figura 42. Visão geral do comportamento D predominante.

Estilo D alto: os "Ds" altos seguem seu próprio caminho e buscam novos projetos e desafios. Eles são autossuficientes e gostam de resolver seus problemas sem pedir ajuda. Essa independência promove a inovação, que é fortemente defendida para os outros. Estar no controle é importante para eles, e podem recuar se forem desafiados. Eles têm grandes expectativas em relação aos outros e podem ser bastante críticos se os resultados esperados atrasarem. Eles podem ser vistos como indiferentes e, às vezes, difíceis de trabalhar.

Relação com	**Tendência comportamental**
Metas	Encontrar novas oportunidades e desafios a superar.
Características emocionais	Se esforçará para atender às suas próprias necessidades à sua maneira.
Como os outros são avaliados	Com base na capacidade de criar soluções viáveis que atendam aos padrões exigidos.
Influência do grupo	Influenciará estabelecendo uma agenda competitiva, de ritmo acelerado, voltada para a obtenção de resultados e projetando poder pessoal.
Valor para a organização	Evitará o "jogo da culpa" e oferecerá soluções novas e inovadoras. Terá resultados.
Cuidados	Pode parecer sobre o controle dos outros e dos resultados, a fim de apoiar e atender às suas próprias agendas pessoais.
Quando sob pressão	Pode ficar isolado e reagirá com força se for desafiado ou ameaçado, ou se novas oportunidades forem negadas.
Medos	Perder o controle ou ficar sem desafios significativos.

Padrão 2

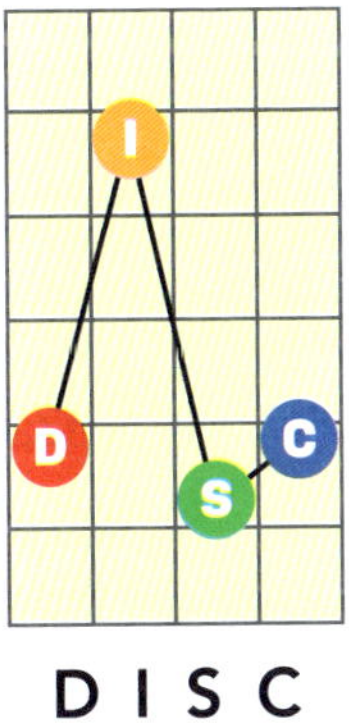

Figura 43.
Visão geral do comportamento I predominante.

Estilo I alto: os "Is" altos têm muitos contatos pessoais que apoiam seus esforços. Eles são extrovertidos, socialmente confortáveis e fazem amigos com facilidade. Promovem com entusiasmo e usam seus contatos para ajudá-los a atingir seus objetivos. São bastante otimistas, o que pode levar a julgar mal os outros, e podem não perder tempo considerando as consequências negativas de seus instintos. Eles podem falar demais enquanto perseguem seus objetivos.

Relação com	Tendência comportamental
Metas	Ganhar aprovação, popularidade e reconhecimento.
Características emocionais	Muito disposto a aceitar e a incluir os outros.
Como os outros são avaliados	Por meio das suas habilidades verbais.
Influência do grupo	Por meio de elogios, oportunidades e favores.
Valor para a organização	Ideal para promover ideias e projetos.
Cuidados	Pode exagerar nos elogios e ser muito otimista.
Quando sob pressão	Pode se tornar ainda menos focado em detalhes, desorganizado, e pode resistir para realmente fazer as coisas.
Medos	Ser visto sob uma ótica ruim que diminui o prestígio e a autoestima.

Padrão 3

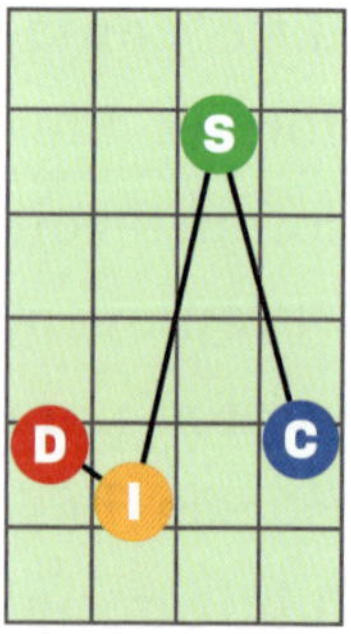

D I S C

Figura 44.
Visão geral do comportamento S predominante.

Estilo S alto: os "Ss" altos combinam bem com a maioria dos outros estilos. Comportamentos moderados com comportamentos discretos definem esse padrão. Provavelmente será atencioso, prestativo e paciente. Construirá um relacionamento sólido com um número limitado de associados. Será mais eficaz em áreas técnicas de especialização, bem planejado e consistente no desempenho. Não gosta de "apagar incêndios". Será bom em contribuir para projetos e atividades.

Relação com	**Tendência comportamental**
Metas	Ter consistência e manter o *status quo* com um mínimo de mudança radical.
Características emocionais	Muitas vezes encontrará o meio-termo cooperativo.
Como os outros são avaliados	Por meio da qualidade dos relacionamentos e da competência demonstrada.
Influência do grupo	Desempenho confiável e consistente, com o qual se pode contar.
Valor para a organização	Bom planejador de curto prazo, com um nível de atividade constante, estável e consistente.
Cuidados	É improvável que corra riscos, resistirá passivamente à mudança.
Quando sob pressão	Propenso a se tornar uma figura de poder ou assumir a direção do grupo.
Medos	Mudanças rápidas e atividades desorganizadas.

Padrão 4

Figura 45. Visão geral do comportamento C predominante.

Estilo C alto: os "Cs" altos são rigorosos e exigentes, com uma capacidade altamente desenvolvida de pensamento crítico. Eles valorizam a lógica e os fatos, mas também possuem habilidades intuitivas que combinam com os dados. Podem parecer tímidos, mas conseguem trabalhar bem com outras pessoas que tenham um foco de alta qualidade semelhante ao deles. Evitam situações de confronto e, por precisarem fazer certo, podem atrasar as decisões. Se cometerem um erro, provavelmente pesquisarão material adicional para justificar sua escolha original.

Relação com	Tendência comportamental
Metas	Controlar as circunstâncias, resultados e outras pessoas.
Características emocionais	Pode parecer desinteressado e contido.
Como os outros são avaliados	Pela capacidade de usar a lógica e os dados de maneira eficaz.
Influência do grupo	Por meio da persistência, tenacidade e foco constante.
Valor para a organização	Obtém os fatos, revisa as descobertas e traz clareza analítica ao projeto.
Cuidados	Sujeito a "paralisia por análise".
Quando sob pressão	Pode ficar bastante preocupado com o bom resultado.
Medos	Comportamento errático de outras pessoas ou enfrentar fortes críticas ou culpas.

Padrão 5

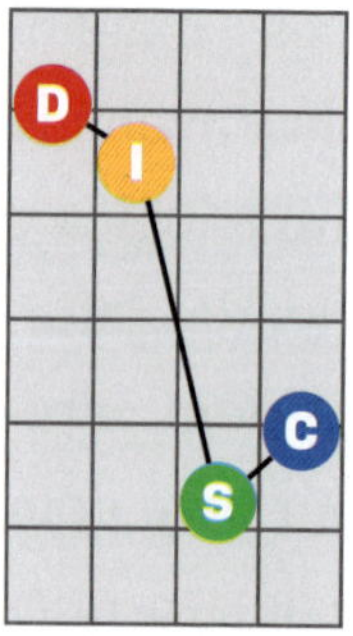

D I S C

Figura 46.
Visão geral do comportamento DI predominantes.

Estilo DI altos: os "DIs" altos tentarão ajustar ou modificar os pensamentos e ações dos outros. Eles são bons em orientar os outros em direção a um resultado predeterminado. Preparam o terreno para o resultado desejado antes de verbalizá-lo. Suas fortes habilidades persuasivas podem obter cooperação de outras pessoas, mas às vezes criam a sensação de manipulação. Podem ser intimidadores e tentar anular as decisões dos outros.

Relação com	**Tendência comportamental**
Metas	Controlar as circunstâncias, resultados e outras pessoas.
Características emocionais	Pode parecer não precisar de atenção ou afirmação dos outros.
Como os outros são avaliados	Pela projeção de seu poder pessoal.
Influência do grupo	Por meio de charme ou intimidação e, às vezes, oferecendo incentivos e recompensas.
Valor para a organização	Será um motor e agitador, inovador e exigente, esperando resultados disciplinados.
Cuidados	Entender que nem sempre os fins justificam os meios.
Quando sob pressão	Pode ser visto como argumentador, manipulador e abrasivo.
Medos	Ser visto sendo explorado ou humilhado, ou perder status social no grupo.

Padrão 6

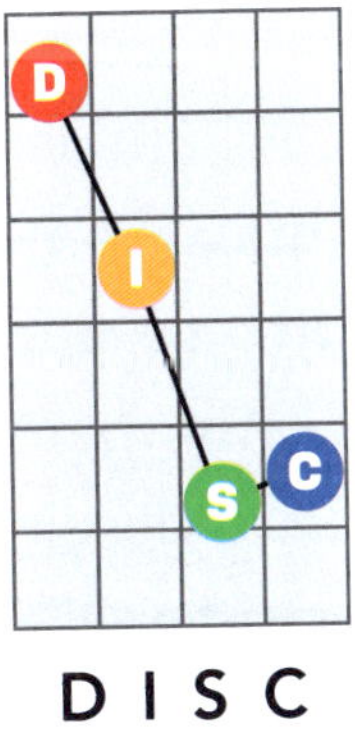

Figura 47.
Visão geral do comportamento D alto e I médio.

Estilo DI: os "DIs" são orientados para resultados e exibem uma forte autoconfiança que pode ser vista como arrogância. Eles buscam opções que os desafiem a alcançar objetivos. Gostam de tarefas difíceis, oportunidades únicas e buscam posições de autoridade. Evitam constrangimentos e as regras podem ser vistas como diretrizes soltas. Agem rapidamente e podem ficar impacientes e críticos com pessoas mais metódicas e analíticas. No extremo, podem parecer frios e abrasivos.

Relação com	Tendência comportamental
Metas	Vencer, alcançar domínio e liberdade (não ter restrições).
Características emocionais	Alta força do ego e desenvolvimento de conceitos próprios.
Como os outros são avaliados	Pela capacidade de realizar tarefas rapidamente.
Influência do grupo	Pelo poder de afirmação e persistência para vencer.
Valor para a organização	Busca e obtenção de resultados.
Cuidados	Pode ficar muito impaciente e buscar o cenário "eu ganho – você perde".
Quando sob pressão	Pode se tornar crítico e focar em falhas, ultrapassar os limites e não contribuir totalmente para a direção da equipe, se for diferente da sua.
Medos	Que o outro se aproveite, parecer muito complacente ou muito lento para agir.

Padrão 7

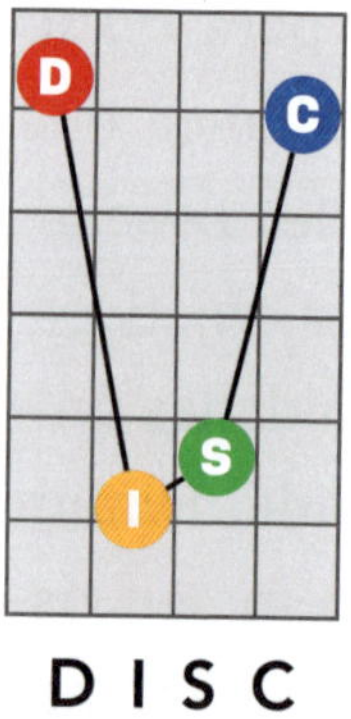

Figura 48. Visão geral do comportamento DC predominantes.

Estilo DC alto: os "DCs" exibem direções opostas em seus comportamentos. Há um desejo de resultados e realização de metas, juntamente com um desejo competitivo de que esses resultados sejam perfeitos. Alternam entre agressividade e sensibilidade, o desejo de resultados imediatos *versus* a consideração de alternativas. Tomam decisões rotineiras rapidamente, mas precisam ser cautelosos em decisões maiores. São agentes de mudança que desejam espaço e flexibilidade para explorar, testando e revisitando suas conclusões ao longo do tempo. Podem ser vistos como emocionalmente distantes e surpreendentemente diretos.

Relação com	**Tendência comportamental**
Metas	Alcançar o domínio e objetivos únicos.
Características emocionais	Pode ser agressivo.
Como os outros são avaliados	Os outros cumprem seus padrões? Os outros podem apresentar ideias únicas que sejam eficazes e precisas?
Influência do grupo	Criará uma estrutura eficaz e se concentrará em alcançar os objetivos e metas do grupo.
Valor para a organização	Iniciará ou ajustará táticas e planos.
Cuidados	Pode se tornar excessivamente crítico e firme com os outros.
Quando sob pressão	Pode se entediar com tarefas rotineiras, não responde bem ao microgerenciamento e pode se tornar dominante.
Medos	Precisar ser influente ou lutar com desempenho ruim.

Padrão 8

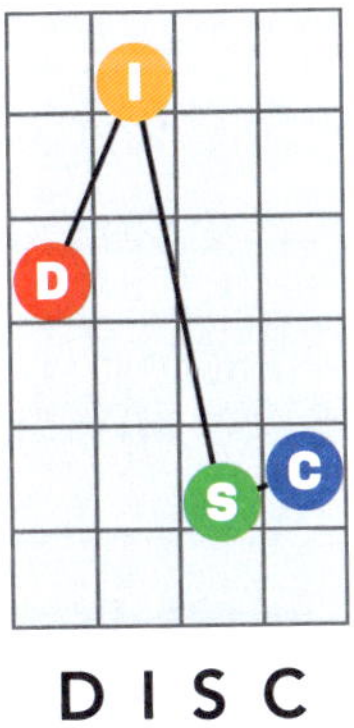

Figura 49. Visão geral do comportamento I alto e D médio.

Estilo ID: os "IDs" gostam de trabalhar com outras pessoas e são vistos como amigáveis, mesmo quando buscam atingir seus objetivos pessoais. Geralmente ganham o respeito e o apoio dos outros. Aspiram a posições de autoridade e é importante para eles ficarem bem aos olhos dos outros. Gostam de variedade em seu dia e podem ser muito otimistas em relação aos outros, acreditando que podem influenciá-los mais do que realmente conseguem. Precisam de suporte analítico para compensar sua tendência de agir sem todos os fatos.

Relação com	Tendência comportamental
Metas	Buscar autoridade e prestígio por meio de símbolos de status.
Características emocionais	Será vibrante, entusiasmado e confiante.
Como os outros são avaliados	Pela capacidade de verbalizar e se comprometer.
Influência do grupo	Por meio de amizade, influência e relacionamentos.
Valor para a organização	Bom em vendas, equilibrado e confiante, capaz de delegar a outros.
Cuidados	Vender demais (supervalorização da ideia), entusiasmar demais e ser otimista demais.
Quando sob pressão	Pode se tornar muito persuasivo, leviano e inconsequente.
Medos	Rotina, atividades chatas e relacionamentos com pessoais difíceis e altamente políticas.

Padrão 9

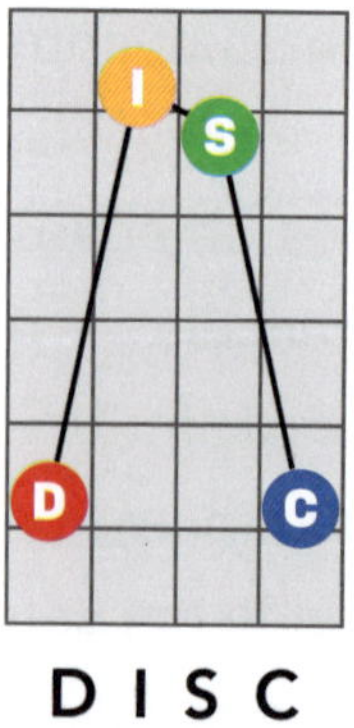

Figura 50. Visão geral do comportamento IS predominantes.

Estilo IS altos: os "ISs" são especialistas em resolver problemas pessoais. São vistos como calorosos, empáticos e perspicazes. Gostam de formar relacionamentos pessoais prolongados e muitas vezes desenvolvem uma reputação de esforços discretos e contributivos ao trabalhar com outras pessoas. Podem se tornar muito lenientes com contribuidores marginais e tendem a ser muito brandos ao emitir correções, orientações e expectativas.

Relação com	Tendência comportamental
Metas	Construir relacionamentos pessoais e redes de aliança.
Características emocionais	Quer ser visto como caloroso e aberto pelos outros.
Como os outros são avaliados	Pela abertura para com os outros e bondade básica.
Influência do grupo	Por meio de relacionamentos pessoais e abertura às ideias, problemas e necessidades dos outros.
Valor para a organização	Trará estabilidade aos esforços do grupo com ações previsíveis e boas habilidades de escuta.
Cuidados	Pode se tornar muito tolerante e evitar confrontos necessários.
Quando sob pressão	Pode se tornar muito complacente, confiando e compartilhando demais com os outros.
Medos	Ter que pressionar os outros, ou ser visto como a fonte de dor ou problemas pelos outros.

Padrão 10

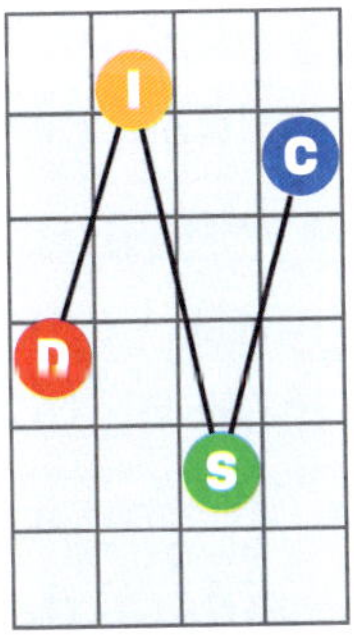

D I S C

Figura 51. Visão geral do comportamento IC predominantes.

Estilo IC altos: os "ICs" aplicam foco criativo a conceitos práticos e viáveis, tornando-os factíveis. Eles exibem interações competitivas e voltadas para resultados, mas envolvem os outros com persuasão, em vez de métodos agressivos. São bons em explicar suas ideias e os passos necessários para alcançar seus objetivos. São organizados e muitas vezes têm um plano de ação passo a passo para garantir um bom resultado. Podem ser bastante verbais ao declarar sua insatisfação e ao criticar os que não estão contribuindo.

Relação com	Tendência comportamental
Metas	Vencer e vencer com estilo.
Características emocionais	Forte desejo de parecer bom para os outros.
Como os outros são avaliados	Pela capacidade de instigar ações e atividades.
Influência do grupo	Forte apresentação de suas ideias competitivas.
Valor para a organização	Bons integrantes de equipes, que trabalham por meio dos outros.
Cuidados	Pode ultrapassar os limites de autoridade e responsabilidade.
Quando sob pressão	Pode se tornar excessivamente crítico e impaciente com os outros.
Medos	Ser mal visto pelos outros e/ou não ser considerado um vencedor.

Padrão 11

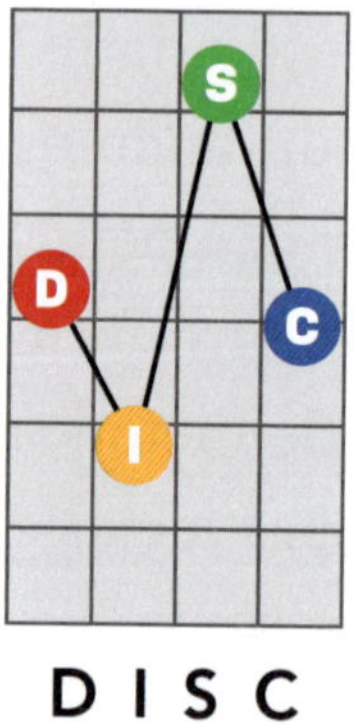

Figura 52. Visão geral do comportamento S alto, D médio e C médio (SDC).

Estilo SDC: os "SDCs" são firmes, objetivos e analíticos. Eles são bem-sucedidos devido à sua forte persistência na busca de objetivos. Destacam-se em projetos complexos e/ou técnicos, confiando mais na lógica do que na emoção. Gostam de trabalhar sozinhos e não sentem necessidade de se comprometer ou se envolver com outras pessoas, podendo ser vistos como carentes de tato e/ou cordialidade.

Relação com	**Tendência comportamental**
Metas	Controlar as circunstâncias, resultados e outras pessoas.
Características emocionais	Pode parecer desinteressado e contido.
Como os outros são avaliados	Pela capacidade de usar a lógica e os dados de maneira eficaz.
Influência do grupo	Por meio da persistência, tenacidade e foco constante.
Valor para a organização	Contribuição eficaz da equipe, com capacidade de trabalhar individualmente ou com outras pessoas.
Cuidados	Pode se tornar pouco diplomático e franco.
Quando sob pressão	Pode guardar rancor e tornar-se não comunicativo.
Medos	Muita interação com outras pessoas e suas ideias.

Padrão 12

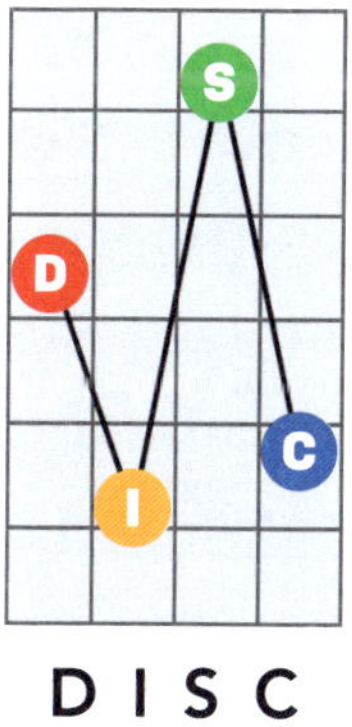

Figura 53. Visão geral do comportamento S alto e D médio (SD).

Estilo SD: os "SDs" possuem um forte senso de responsabilidade pessoal e orientação para resultados. Demonstram grande interesse na qualidade do trabalho realizado, e frequentemente assumem tarefas para garantir que sejam bem feitas. Operam com alta eficiência e esperam reconhecimento e recompensas por seus esforços.

Relação com	Tendência comportamental
Metas	Realizações e resultados pessoais, podendo perseguir objetivos às custas de outros.
Características emocionais	Trabalhador, diligente, pode demonstrar frustração.
Como os outros são avaliados	Pelos resultados que alcançam.
Influência do grupo	Pela responsabilidade e resultados de suas próprias ações.
Valor para a organização	Estabelece e cumpre as metas que define para si mesmo.
Cuidados	Pode se tornar muito autoconfiante e orientado para tarefas.
Quando sob pressão	Pode ficar frustrado e impaciente com os outros; as comunicações podem se degradar, tornando-se mais prático em vez de delegar/compartilhar atividades.
Medos	Concorrentes ou aceitar padrões, produtos ou trabalhos ruins.

Padrão 13

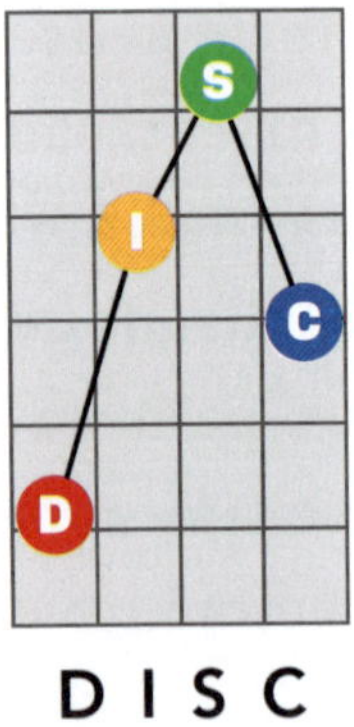

Figura 54.
Visão geral do comportamento S alto e I alto (SI).

Estilo SI altos: os "SIs" equilibram conexões interpessoais e metas/objetivos. São solidários, fazem os outros se sentirem incluídos e estendem uma mão amiga. São bem-organizados e entregam resultados efetivos. São orientados para o serviço, assumindo tarefas que outros podem ter dificuldade. Evitam conflitos e conexões com indivíduos mais agressivos.

Relação com	**Tendência comportamental**
Metas	Ser aceito e apreciado pelos outros.
Características emocionais	Responde a carinhos e elogios, rejeita comportamentos agressivos dos outros.
Como os outros são avaliados	Pela disposição em incluir as pessoas nas atividades e processos.
Influência do grupo	Oferecer amizade e ter disposição para ouvir.
Valor para a organização	Combina bem com os outros, é solidário e orientado para a equipe.
Cuidados	Uso excessivo de bondade e acomodação.
Quando sob pressão	Confiará em informações de contato ou relacionamentos pessoais para abordar o problema.
Medos	Evita conflitos, raiva e desarmonia.

Padrão 14

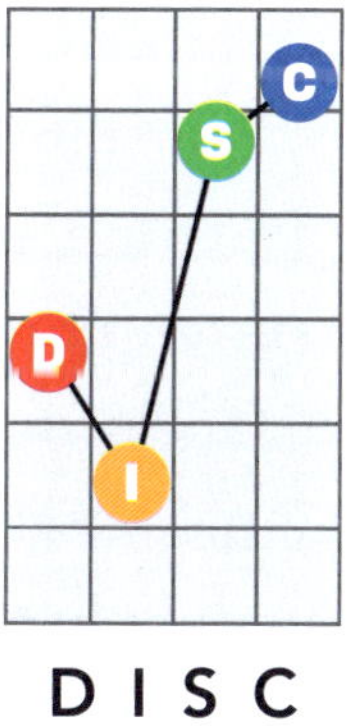

Figura 55. Visão geral do comportamento CS predominantes.

Estilo CS altos: os "CSs" confiam em procedimentos e estrutura em todos os aspectos da vida. São detalhistas e buscam a perfeição, necessitando conhecer as expectativas e cronograma de seu trabalho. Podem ficar atolados em detalhes e não apressar decisões importantes. Assumem riscos se tiverem fatos que os apoiem. Podem, inicialmente, suspeitar de elogios pessoais.

Relação com	Tendência comportamental
Metas	Alcançar realizações estáveis e confiáveis.
Características emocionais	Concentram-se em fazer as coisas corretamente, podendo parecer reservados e contidos.
Como os outros são avaliados	Pela capacidade de ser preciso e acurado.
Influência do grupo	Por meio de informações detalhadas e precisas sobre os esforços da equipe.
Valor para a organização	Adotam e apoiam alta qualidade e padrões esperados.
Cuidados	Confiar demais em procedimentos anteriores; pode se tornar limitado por regras.
Quando sob pressão	Pode ser excessivamente diplomático.
Medos	Relacionamentos e interações agressivas e exigentes.

Padrão 15

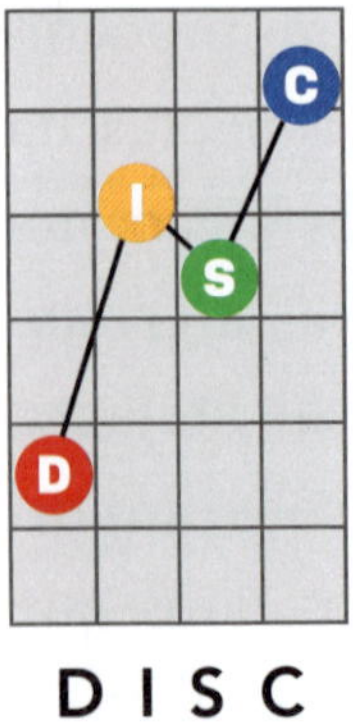

Figura 56. Visão geral do comportamento CI predominantes.

Estilo CI altos: os "CIs" buscarão projetos em suas áreas de especialização, constantemente desafiando seu próprio trabalho e resultados. Provavelmente possuem conhecimento em muitas áreas, sendo fáceis de trabalhar, a menos que sua experiência seja desafiada. São orientados para a qualidade e esperam bons resultados de si mesmos e dos outros. Podem se tornar críticos dos outros se obtiverem resultados ruins e, às vezes, podem ser muito insistentes em fazer as coisas de maneira específica.

Relação com	Tendência comportamental
Metas	Altas expectativas para seu próprio crescimento e avanço.
Características emocionais	Precisam estar atualizados e acompanhar os outros.
Como os outros são avaliados	Pela autodisciplina, posição e autoridade demonstradas.
Influência do grupo	Projetar confiança na capacidade de criar, implementar e expandir as atividades corretas.
Valor para a organização	São solucionadores de problemas qualificados e especialistas na identificação de soluções em suas áreas de experiência.
Cuidados	Foco excessivo em objetivos pessoais, podendo esperar demais dos outros.
Quando sob pressão	Pode ficar inibido e excessivamente sensível ao feedback crítico.
Medos	Ser muito previsível ou não ser reconhecido por suas contribuições.

Glossário

Este glossário abrange termos utilizados neste livro que possuem um significado específico ou técnico no contexto de uma análise DISC.

Assertividade: na análise de traços, "Assertividade" é uma medida da capacidade do perfilado para um comportamento direto e proativo. Está relacionada tanto com Dominância quanto com Influência, de forma que perfis que apresentem ambas em alto nível serão mais assertivos.

Assertivo: a assertividade, no contexto DISC, refere-se a indivíduos que são proativos e diretos. Eles lideram em vez de seguir e gostam de agir imediatamente sempre que podem. Acreditam em aproveitar oportunidades e seguir seu próprio caminho. Muitas vezes independentes e comandantes, preferem dar ordens a aceitá-las, e darão instruções em vez de pedir cooperação.

Autoconfiança: é um subfator DISC encontrado em perfis que mostram Influência superior a Conformidade. Perfis autoconfiantes representam pessoas que raramente têm dúvidas e que se sentem à vontade em quase todas as situações sociais. Eles se misturam facilmente com estranhos e não têm medo de iniciar contato social. Às vezes, eles podem ficar excessivamente confiantes, levando-os a agir impulsivamente.

Automotivação: é um subfator DISC encontrado em perfis que mostram Dominância maior que Estabilidade. A ação é um ingrediente chave desse subfator. Esse tipo de pessoa sente necessidade de estar ativo o tempo todo e fica impaciente com quem não quer ou não consegue acompanhar seu ritmo urgente. Reagem rapidamente a novos desenvolvimentos, mas nunca perdem de vista os seus próprios objetivos e ambições.

Conformidade: é o fator mais à direita mostrado em um perfil DISC, o "C" do DISC. É o fator de estrutura, detalhes e fatos, e aqueles que apresentam altos níveis desse fator estão interessados em precisão e exatidão. Como são naturalmente reticentes em falar abertamente, a menos que sejam chamados por outros, muitas vezes imagina-se que os indivíduos altamente complacentes carecem de ambição. Na verdade, esse não é o caso – nesse sentido específico, eles são semelhantes a indivíduos altamente dominantes em seu desejo de controle sobre o ambiente. Contudo, devido ao seu estilo menos assertivo, tentarão alcançar esse controle por meio da utilização de estruturas e procedimentos, insistindo em regras e códigos de conduta definidos para atingir os seus fins. Esta é a raiz do estilo "orientado para regras", frequentemente associado ao Compliance.

Consideração: é um subfator DISC encontrado em perfis que mostram Estabilidade maior que Influência. Indivíduos atenciosos, que planejam suas palavras e ações cuidadosamente e quase nunca agem por impulso. Prazos e outras restrições de tempo são difíceis de lidar para esse tipo de pessoa. Sua vantagem, porém, é a confiabilidade e a estabilidade que trazem ao seu trabalho.

Controlado: indivíduos controlados são práticos e podem parecer um tanto cínicos em estilo. Eles valorizam fatos concretos e argumentos racionais acima de considerações emocionais, e preferem seguir suas próprias ideias a confiar em outras pessoas. Às vezes, eles podem ser desconfiados e raramente fornecerão informações sobre si mesmos a outras pessoas.

Cooperatividade: é um subfator DISC encontrado em perfis que mostram Conformidade superior a Dominância. Esse é o clássico subfator "orientado para regras", relativo a uma pessoa que precisa ter absoluta certeza da sua posição, e prefere usar regulamentos e procedimentos estabelecidos como estrutura para apoiar as suas ideias. As pessoas cooperativas são assim chamadas porque esse aspecto do seu estilo pessoal se estende à necessidade de apoio prático de gestores, colegas e amigos, e por isso tendem a procurar manter relações de trabalho eficazes com os outros.

DISC: a metodologia usada pelos perfiladores DISC para levantar o perfil do comportamento provável de uma pessoa. O nome é um acrônimo formado a partir dos quatro fatores comportamentais que medem: Dominância, Influência, Estabilidade e Conformidade. O DISC analisa as combinações desses fatores, expressos de diversas maneiras, para fornecer uma avaliação do estilo comportamental de uma pessoa.

Dominância: é o fator mais à esquerda mostrado em um gráfico DISC, o fator de franqueza, assertividade e controle, e o "D" do DISC. Como todos os fatores, o "D" é uma mistura de características positivas e negativas. Do lado positivo, os indivíduos altamente dominantes têm uma mente independente, são motivados para o sucesso e geralmente são muito eficazes em conseguir o que querem. Menos positivamente, eles também podem ser temperamentais e até agressivos sob certas condições.

Eficiência: é um subfator DISC encontrado em perfis que mostram Dominância maior que Influência. Um indivíduo eficiente é direto e assertivo, mas tende a ter pouco interesse em assuntos pessoais. Eles adotam uma visão objetiva e analítica, e buscam seus objetivos de forma determinada e implacável. Eles precisam ver resultados e podem até estar dispostos a comprometer a qualidade ou os detalhes para obtê-los.

Entusiasmo: é um subfator DISC encontrado em perfis que mostram Influência maior que Estabilidade. Este é um subfator expansivo e extrovertido, que tem muito em comum com a Simpatia, mas com a dimensão adicional de energia e ritmo. Esse estilo animado mostra fortemente o interesse por um tema, e sua natureza efusiva pode atuar como um fator motivador para outros.

Estabilidade: o terceiro dos fatores DISC, Estabilidade, é mostrado no terceiro quadrante a partir da esquerda no gráfico DISC e é representado pelo "S" do nome DISC. Pessoas deste tipo são ouvintes pacientes e solidários, com um interesse real nos problemas e sentimentos dos outros, e são particularmente capazes de desempenhar papéis de apoio. Elas também têm uma abordagem persistente, com poderes de concentração que lhes permitem trabalhar de forma constante em uma tarefa. Embora outros tipos de perfil possam ficar entediados ou distraídos, o Alto S (ou seja, pessoa com alta estabilidade) continuará trabalhando até concluir uma tarefa.

Gráfico: os gráficos são ferramentas poderosas para visualizar dados e identificar tendências, padrões e *outliers* (pontos fora da curva). Eles ajudam a comunicar informações de forma clara e concisa, tornando mais fácil entender dados complexos. É um meio padrão de exibição de resultados DISC. Um gráfico DISC típico traça os valores de Dominância, Influência, Estabilidade e Conformidade e os conecta para formar um desenho de perfil identificável.

Independência: é um subfator DISC encontrado em perfis que mostram Dominância superior a Conformidade. Esse tipo de pessoa sente-se frustrada com regras e regulamentos – muitas vezes segue as suas próprias ideias ou trabalha em posições de autoridade. Este subfator é comum, por exemplo, em estilos empreendedores.

Influência: a influência é o segundo fator descrito por um gráfico DISC, e o "I" do DISC. O estilo comunicativo e socialmente confiante daqueles com alta influência tende a ser equilibrado por uma abordagem bastante impulsiva e, às vezes, até irracional da sua vida e do seu trabalho. O desejo de se relacionar e impressionar as pessoas ao seu redor pode levar essa pessoa a agir de maneira altamente expressiva e, também, às vezes, imprevisível.

Objetividade: na análise de características, Objetividade é uma medida da capacidade do perfilado de ver uma situação de uma forma racional e imparcial. Está relacionada tanto com Dominância quanto com Conformidade, de forma que perfis que apresentem ambos em alto nível terão maior objetividade.

Orientado às pessoas: na análise de características, orientação às pessoas ou "Orientação Social" é uma medida do nível de foco do perfilado em questões de sociabilidade e interação com outras pessoas. Está relacionado tanto com a Influência quanto com a Estabilidade, de forma que perfis que apresentem ambas em alto nível terão maior orientação social.

Paciência: é um subfator DISC encontrado em perfis que mostram Estabilidade maior que Dominância. Esse estilo de pessoa tem pouco senso de urgência e um ritmo lento, o que significa que é capaz de trabalhar em situações que outras pessoas considerariam repetitivas ou enfadonhas. Eles têm um estilo submisso e estão prontos para aceitar que há algumas coisas que eles não podem mudar.

Perfil estrutural: é um dos três gráficos componentes de uma série de perfis DISC. Esse gráfico descreve o estilo "interior" de uma pessoa, o tipo de comportamento que pode ser esperado quando se sente completamente à vontade. Por outro lado, esse estilo também pode ser observado quando certas pessoas são colocadas sob forte pressão, porque tal pressão limita a sua capacidade de adaptação. O perfil estrutural tende a permanecer mais constante ao longo do tempo do que o perfil situacional.

Perfil resultante: os perfis estrutural e situacional fornecem informações específicas valiosas sobre as atitudes e percepções de uma pessoa. Na realidade, porém, o comportamento de uma pessoa raramente se baseia completamente em um ou outro desses estilos, e o perfil resultante combina informações dos dois para apresentar uma visão do estilo de comportamento mais provável de uma pessoa.

Perfil situacional: é um dos três gráficos componentes de uma série de perfis DISC. O objetivo do perfil situacional é descrever o estilo de comportamento que um indivíduo considera apropriado às suas circunstâncias atuais. O perfil situacional pode mudar consideravelmente ao longo do tempo, à medida que a situação e o ambiente de uma pessoa mudam – tais modificações acompanham, frequentemente, acontecimentos importantes na vida, como começar em um novo emprego ou frequentar uma nova comunidade.

Perfil técnico: na análise de características, perfil técnico ou potencial técnico descreve a capacidade do perfilado de trabalhar com cuidado e diligência em tarefas detalhadas. Está relacionado tanto com a Estabilidade quanto com a Conformidade, de modo que os perfis que apresentem ambos em alto nível terão o maior potencial técnico.

Persistência: é um subfator DISC encontrado em perfis que mostram Estabilidade superior à Conformidade. Pessoas persistentes lidam particularmente mal com mudanças. Uma vez estabelecidas em um *status quo,* têm muita dificuldade em sair dele e adaptar-se a uma nova situação. Isso significa que farão o que puderem para manter a situação atual, demonstrando grande lealdade e resiliência na defesa do seu ambiente e círculo social atuais.

Sensibilidade: é um subfator DISC encontrado em perfis que mostram Conformidade superior à Estabilidade. Pessoas desse tipo são extremamente conscientes de seu ambiente e das mudanças que ocorrem nele, a ponto de, muitas vezes, perceberem pontos sutis que outras pessoas não percebem ou ignoram. Por si só, esse é um fator positivo, mas tem como consequência um limiar de tédio muito baixo e se distraem facilmente.

Simpatia: é um subfator DISC encontrado em perfis que mostram Influência superior à Dominância. Pessoas amigáveis adoram conversar – a comunicação é o elemento mais forte desse estilo. Elas são extrovertidas e expansivas, mas não acham nada fácil se concentrar em tarefas rotineiras, e são facilmente distraídas do trabalho pela oportunidade de interação social.

Subfator: é uma medida específica baseada na relação entre dois fatores DISC. Em cada caso, dois fatores são comparados, e seus níveis relativos entre si fornecem uma medida do subfator. Por exemplo, perfis onde a Dominância é superior à Conformidade apresentam o subfator da Independência e, quanto maior a diferença entre os dois, mais independente é a pessoa. Existem doze subfatores no total.

Precisão: é um subfator DISC encontrado em perfis que mostram Conformidade superior à Influência, também chamado de "Cuidado". O tipo de pessoa a quem se refere odeia cometer erros – verifica o seu próprio trabalho repetidamente e é propenso a corrigir erros dos outros no trabalho, quer tenha sido solicitado ou não a fazê-lo. Essa necessidade de certeza significa que raramente correrá riscos, a menos que seja absolutamente necessário. Ela também é cautelosa na comunicação, raramente revelando mais sobre si mesma do que o mínimo.

Referências

ALESSANDRA, Tony. *DISC workbook*. Alessandra & Associates, Inc. Edição do Kindle.

AYERS, E. Keith. *Demystifying DISC*. New Jersey: John Wiley, 2021.

BERRIAULT, Jeremy. *Help, fix my agile*: DISC strategies to transform team dynamics and deliver results. Berriault and Associates. Edição do Kindle.

CHRISTFORT, Kim; VICKBERG, Suzanne. *Business chemistry*. New Jersey: John Wiley, 2018.

DAUTH, Georg. *The DISC code*. New Jersey: John Wiley, 2024.

ERIKSON, Thomas. *Cercado de idiotas*. Rio de Janeiro: Intrínseca, 2020.

ERIKSON, Thomas. *Cercado de psicopatas*. Rio de Janeiro: Intrínseca, 2021.

HEDGE, Jason. *Training with DISC*. California, EUA: STAR Publishing, 2015.

MARSTON, William Moulton. *As emoções das pessoas normais*. São Paulo: Success for You, 2016.

ROBBINS, Trina. *A psicologia da mulher maravilha*. São Paulo: Gente, 2017.

ROBINSON, D. Craig. *High performance team with DISC profiling* EUA: CDR Publishers, 2016.

WATLING, Jason. *DISC handbook of explanations*. EUA: Kindle, 2023.